U0117947

企业销售
数据化管理及可视化分析

王加男 著

电子工业出版社·
Publishing House of Electronics Industry
北京·BEIJING

内 容 简 介

要满足日常的销售数据分析，其实并不需要太多高深和复杂的公式，主要看两方面：一方面是对业务有深刻的理解；另一方面是将简单的工具进行灵活的搭配和运用，并梳理出一套清晰的报表计算逻辑和框架，从而在确凿的数据分析结论的基础上，有针对性地开展未来的商业计划。

本书分为准备篇和实战篇两个部分。准备篇共 5 章，从销售数据分析常用的基本概念入手，深入浅出地介绍了销售数据分析工作该如何开展，承载销售数据分析工作结果的图表制作过程，实现销售数据分析常用的 Excel 公式和工具，以及动态报表的制作工具和制作方法。实战篇凝结了作者近 20 年的实战经验，整理、汇总了 4 个最典型的销售管理报表的计算逻辑和制作过程，覆盖了销售任务的拆分、销售商机的管理、销售日报表的搭建，以及销售人员奖金核算报表的制作；同时提供了 4 个常用的销售业绩可视化报表的制作方法，其中涉及不同难度的销售业绩分析可视化报表及产品数据分析可视化报表。

本书适合只会 Excel 简单操作的读者、只会技术但不熟悉销售业务的读者、希望通过提升业务能力升职加薪的读者，以及致力于加强数字化管理的企业管理者。

图书在版编目（CIP）数据

企业销售数据化管理及可视化分析 / 王加男著. —北京：电子工业出版社，2024.4

ISBN 978-7-121-47502-3

Ⅰ. ①企… Ⅱ. ①王… Ⅲ. ①可视化软件－应用－企业管理－销售管理－数据管理 Ⅳ. ①F274-39

中国国家版本馆 CIP 数据核字（2024）第 055850 号

责任编辑：王　静　　　　　特约编辑：田学清
印　　刷：北京市大天乐投资管理有限公司
装　　订：北京市大天乐投资管理有限公司
出版发行：电子工业出版社
　　　　　北京市海淀区万寿路 173 信箱　　　邮编：100036
开　　本：720×1000　　1/16　　印张：17.5　　字数：373 千字　　彩插：1
版　　次：2024 年 4 月第 1 版
印　　次：2024 年 4 月第 1 次印刷
定　　价：99.00 元

凡所购买电子工业出版社图书有缺损问题，请向购买书店调换。若书店售缺，请与本社发行部联系，联系及邮购电话：（010）88254888，88258888。

质量投诉请发邮件至 zlts@phei.com.cn，盗版侵权举报请发邮件至 dbqq@phei.com.cn。

本书咨询联系方式：faq@phei.com.cn。

自　序

20 年前大学毕业的时候，我有幸进入联想（北京）有限公司，从事销售助理的工作。那时各个部门就很重视数据分析工作，大部门还成立了销售运营部，专门做销售商机管理和销售数据分析等工作。不过，作为销售助理，当时我的工作内容就是协助部门做一些日常工作，其中也会使用 Excel 制作一个简单的表单，用于记录日常工作摘要。但是有一天，一位老板给我展示了一个类似系统界面的报表，里面有各种控件、图表，单击控件时图表还会随之变化，超级酷炫。这个报表彻底颠覆了我对 Excel 的认知：本以为 Excel 只能用来记录数据，最多进行加减乘除运算，没想到居然可以实现这样的效果。带着这份惊奇，我买了一堆有关 Excel 的技术图书，开始自学。不到一个月，我就为部门搭建了第一个商机管理报表。

自从第一个商机管理报表搭建完成后，无论是对报表的创建思路还是对报表的呈现形式，我都有了更深入的了解。几个月后，我也顺利地从销售助理转岗为数据分析专员。我在新的岗位会接触了更多的数据类型和数据需求，从工作内容看，其中涉及简单的销售数据提供、销售报表制作及发布，以及销售商机分析、销售业绩分析、市场竞争分析等工作。

在这段时间里，由于公司的系统不完善，我们面临大量的人为操作：从原始数据的处理到分析报表的制作。手动处理的工作量繁重，数据易出错，所以我开始研究 Access 和 SQL。由于没有编写代码的经验，SQL 相关的书我看了几页就放弃了。而 Access 相对简单一些，我在不会编写代码的情况下，按照书里介绍的内容，为部门成功搭建了一套逻辑完整的进销存系统。在学习了表连接后，我知道 Access 还可以进行表与表之间的整合，包括行数据的合并和列数据的连接。而这两个功能的使用逻辑就很像现在的 Power Query 和 Power Pivot。有了这个基础，再来学习 Power BI 时相对顺利了很多。

使用 Access 可以大大减少对原始数据的加工处理工作。由于减少了很多人为操作，因此数据的准确性大大提高了。更重要的是，Access 的表连接逻辑直至现在还深刻地影响着我搭建数据报表和可视化的思路。

在提高了数据处理的效率后，接下来就需要解决如何快速地将销售数据明细表转换为销售数据报表的问题。起初我通过数据透视表计算总数，将总数填写到表格中相应的位置，但是一个新的问题出现了，有些指标的计算不能通过数据透视表直接得出结果。于是，我就开始研究常用的 Excel 公式，如 VLOOKUP、SUMIFS、SUMPRODUCT、COUNTIFS 等，还有很多公式由于只是在特定的需求时使用过，现在已经记不清了。有些朋友总说记不住 Excel 公式，其实常用的公式就几个，只要掌握并灵活使用，就能制作出很棒的数据报表。这就好像学习武功，招式和套路就那么多，只要熟练掌握并且灵活运用，就能发挥很大的威力。

当我从烦琐的数据堆里解脱出来后，就有更多的精力考虑如何提高工作的价值感。提高价值感需要从两方面考虑：一方面是外在的，即如何为业务方提供对其真正有用的信息，而不仅仅是提供数据，那就需要对业务、对产品、对流程有非常深刻的理解；另一方面是内在的，即如何提高自己的专业知识和技术能力，更好地为业务方提出合理的建议。

最后也是最重要的一点，就是要一直保持着一颗好奇的求知心。对于新的技术、新的业务模式都充满了好奇心，才可以真正地让自己沉下心，去研究、去学习。同时，在遇到技术难点或难题时，好奇心可以促使我们不断地深挖根因，一探究竟。在既定的现有报表、现有流程面前，好奇心可以让我们具有不断改进的动力，无论是报表的搭建逻辑还是业务的流程设定，都需要通过不断改进才能变得更有效、更合理。与此同时，随着能力的提升和业务知识的增加，好奇心又会反过来促使我们学习先进的技术和理念，这样就形成了积极且合理的正向循环。所以，本书虽然着眼于通过简单的公式和方法来搭建实用的销售数据管理报表体系，但是仍然鼓励读者通过学习掌握更多高难度的技术，优化现有的知识结构，完善现有的报表体系。

为什么要写这本书

思考

通过和身边朋友的交流，我发现了一个很大的问题：大部分的 Excel 使用者还停留在极其简单的基本操作上，每天陷于复制和粘贴操作中。其实，通过简单的学习，进行合理的报表搭建，完全可以将自己从烦琐的人为操作中解脱出来，从而让自己的工作变得更有价值，让自己更有成就感。同时，这也是在为下一份工作积攒经验和筹码。

很多公司都有企业级的数据报表系统，如商机系统、订单系统、财务结账系统等。无论是 Salesforce 还是 ERP，其中提供的数据和报表都是格式化、统一化的，因为这些系统的搭建就是基于公司层面的，而不是针对独立的某个部门的特有需求来单独设置的。对众多 Excel 使用者来说，他们很难直接使用公司层面的报表，通常需要从系统中调出原始数据，通过 Excel 进行再加工，然后制作出适合各个部门的个性化报表。如何让这些报表也能够实现自动化、图表化，这些就是本书重点要讲的内容。

外企，尤其是 IT 行业的外企，其多年积累和沉淀的运营管理经验和精细化管理的思路都是很值得我们学习和借鉴的。因此，希望通过本书将我多年的工作经验整理并分享给大家，为大家打开更广阔的数据分析的思路。

落地

市面上有很多的数据可视化工具，这些专业的可视化工具虽然功能齐全，呈现效果美观，但是其中很多细节的设置反倒不如 Excel 灵活，而且在使用这些工具绘制较为复杂的图表时，对销售数据分析来说，太过复杂。对于我们用很多时间精心设计的图表，可能收到报表的人根本看不懂图表的逻辑。另外，专业化软件的部署需要较高的成本，企业很难为了某个部门而专门采购，即使购买了软、硬件产品，输出的结果也势必是公司层面或专门的数据分析部门使用的，对于销售部门等也只能看到分析的结果和导出的相关原始数据，这就需要通过 Excel 为部门制定专有的销售数据分析体系。

基于以上这些原因，我编写了这本书。该书是一本集合了理论、技术、经验、实战于一体的工具书。

这本书是写给谁看的

只会 Excel 简单操作的人

本书所涉及的知识点都是 Excel 中最简单的部分，并结合实际工作经验，以及图表的制作技巧，使数据分析工作自动化、可视化。所以，读者在阅读本书时不用担心自己是否精通 Excel，是否具有编程经验。

只会技术但不熟悉销售业务的人

很多技术人员只是接收业务方的数据或报表需求，对业务了解得不够深入，有时即使有了数据，也不知道这些数据具体的用途。通过阅读本书读者可以拓展业务常识、了解业务流程和精细管理思路，从而实现与业务方无障碍沟通，在提高自我认知的同时，增加对业务方的了解。

希望通过提升业务能力升职加薪的人

数据分析师经常会被称为"大表姐""大表哥",我是极其反感这类称呼的。因为数据分析师的目标不仅仅是停留在提供数据和制表的层面,而是通过对业务和流程的了解,进一步分析业务的发展情况,最好能在业务出现问题之前,避免产生这些问题。通过本书,读者除了可以学习基本的操作技能,还可以学习销售数据分析报表搭建的逻辑思维和数据可视化的实现技巧,这些都会有效地帮助读者提高工作效率和提升专业性,为升职加薪做准备。

致力于加强数字化管理的企业管理者

精细化管理尤其是销售团队的精细化管理对企业业绩的影响是很大的:通过对销售情况的实时追踪,可以更精准地把握销售情况;结合详细的数据分析,可以有效、及时地调整策略和改进业务流程,从而避免更多的损失。通过 Excel 销售报表体系的搭建和数据可视化的呈现,以及结合日常的管理思路,企业管理者可以提升自身的销售管理能力。

这本书难不难

很多朋友误以为 Excel "大神"都是技术高手,其实不然,至少本书所涉及的内容,无论是实现数据分析报表还是实现数据分析可视化看板,都不超过 3 个常用公式。比如,第 7 章的案例 1 只使用了 1 个公式就可以实现数据可视化自动更新的功能。所以,要满足日常的销售数据分析需求,其实并不需要太多高深和复杂的公式,主要是需要对业务有深刻的理解,可以灵活地搭配和运用简单的工具,从而梳理出一套清晰的报表计算逻辑和框架。如果将公式扩大到 2~3 个,再结合本书中介绍的图表制作技巧,就可以轻松地实现动态可视化报告的制作。

通过阅读本书,读者可以了解并最终自行构建销售分析、业绩分析、产品分析、竞争分析等最贴合实际业务需求的分析报告和报表,从而在确凿的数据分析结论的基础上,有针对性地开展未来的商业计划。

本书内容梗概

本书共分为两个部分:第一篇"准备篇"和第二篇"实战篇"。

第一篇　准备篇

该篇共 5 章,从销售数据分析常用的基本概念入手,深入浅出地介绍了销售数据分析工作该如何开展,承载销售数据分析工作结果的图表制作过程,实现销售数据分析常用的 Excel 公式和工具,以及动态报表的制作工具和制作方法。

通过对这部分的学习,读者可以完成销售数据分析工作扎实而实用的知识和技能的储备。

第二篇　实战篇

该篇凝结了作者近 20 年的实战经验,整理、汇总了 4 个最典型的销售管理报表的计算逻辑和制作过程,覆盖了销售任务的拆分、销售商机的管理、销售日报表的搭建,以及销售人员奖金核算报表的制作;同时介绍了 4 个常用的销售业绩可视化报表的制作方法,其中涉及不同难度的销售业绩分析可视化报表及产品数据分析可视化报表。

读者可以通过阅读本书,跟着作者逐步进行实战操作,从而完成销售数据分析相关的报表创建。读者还可以通过结合自身的实际工作情况,融会贯通,设计并制作出适合自己企业或部门的数据报表。

作　者

目 录

第二篇　实战篇

第一篇　准备篇

第 1 章

销售数据分析常用的基本概念

1.1 数据的分类

在介绍销售数据分析之前，我们先确定一个概念，即销售数据分析的客体——数据，这里指与销售有关的数据。那么数据具体是什么呢？数据按照数据形态、数据来源、数据范围等存在不同的分类方法。

1.1.1 按数据形态分类

按数据形态不同，我们可以将数据分为数据报表、文字材料、图像信息、多媒体资料（声音、视频）等，如图 1.1-1 所示。

图 1.1-1

1. 数据报表

数据报表指以表格形式进行存储、统计的报表，如常见的销售订单明细表、商品价格表等。这类数据大多只有一行标题，下面逐行进行详细内容的记录和统计。较为常见的数据报表就是 Excel 报表（包括从系统中导出的 Excel 表格）。

2. 文字材料

文字材料指通过文字进行记录的材料。想要对文字材料进行分析，还需要对其进一步进行分类、提炼，并进行一系列的加工。在社会调查中，问卷是收集文字材料常用的工具。

3. 图像信息

图像信息是指以图片的形式进行记录、传播的信息。比如，我们在百度中按照关键字搜索到的图片，均为图像信息。

4. 多媒体资料

多媒体资料更多的是指视频、声音文件。随着移动互联网的高速发展，移动通信技术从早些年的 2G 时代到了 5G 时代。数据传输速度的提升让人们的信息交流形式变得多元化，最显著的变化就是各大多媒体平台的兴起，如抖音、小红书、快手等，多媒体资料急剧增加。不难想象，如果在 2G 时代，是很难流畅地播放小红书的视频的。

1.1.2　按数据来源分类

按照数据来源渠道不同，我们可以将数据划分为用户数据、产品数据、订单数据、代理商数据、售后数据、财务数据等，如图 1.1-2 所示。

图 1.1-2

1. 用户数据

用户数据指以用户基本信息为主的记录报表。这类报表主要记录了用户的姓名、单位、地址等相关信息，一般系统会自动生成一个唯一的用户编号。

2. 产品数据

产品数据可以被理解为产品报表，其中记录了产品编号、产品名称、生产批次、成本、售价、生产日期、出厂日期等与产品基本属性相关的信息。对一家生产厂商来说，产品数据还可以分为材料数据、部件数据和成品数据。以一家 IT 硬件厂商为例，材料数据会精细到一根电线、一个螺丝钉。部件数据体现为一块主板、一根内存条、一个机箱。而成品数据则体现为可销售的商品的清单，如一台安装完备的服务器。部件数据和成品数据是可以存在交集的。例如，一个订单中除了包括一台笔记本电脑，还包括一根比标配容量更大的内存条。那么，这时额外购买的内存条就是作为成品级产品在出售。不过，这里会将部件的内存条和作为成品出售的内存条分别指定两个不同的商品编号，如部件的内存条编号为 A187397439，成品出售的内存条为 B187397439 或 A187397439B。这样就可以通过编号的不同进行类别的识别。

3. 订单数据

订单数据是指偏重记录订单的下单日期、购买的商品、发货日期、用户名、收件地址等与订单基本属性相关的数据报表。这类数据也是销售数据分析最重要的数据内容。

4. 代理商数据

很多生产厂商都需要通过建立代理商管理体系进行市场销售的推进。代理商级别通常细分为总代（总代理商）、二代（二级代理商）、三代（三级代理商）等，其中二代、三代只能通过总代进行购买，不可以直接从厂商采购。除此之外，还可以按照钻石、金牌、银牌等不同等级将代理商进行分类，这种分类的代理商之间没有约束关系，只是根据等级的不同，销售任务和奖励的比例有所不同。代理商数据则是记录每个代理商的基本属性，如代理商编号、代理商名称、城市、税号、联系人、代理商类型、级别等。这里需要注意"城市"这个字段，有些厂商为了防止跨区域的恶意竞争、串货、倒货，会进行市场现货的排查，即按照产品编号查询订单的收货城市。如果不符即为串货，会对代理商进行相应的惩罚和警告。

5. 售后数据

售后数据包括销售后针对特定客户进行的回访记录、部分客户的报修记录、客户满意度调查等数据。

6. 财务数据

由财务部门进行核算并发布的财报数据，可视为官方报表。此类数据由于极其敏感，因此数据发布时仅限小范围管理层人群查阅。销售团队的数据分析是否能使用财务数据，一般需要特殊审批。使用的财务数据一般会采用比值形式，如使用同比、环比增长率或占比等比值类数据。

1.1.3　按数据范围分类

从前面两个分类方式中可以看出，数据的种类众多。针对不同的数据需求，我们需要选取不同的数据进行分析，那么被选择的数据就为该项数据分析的有效数据，而未被选择的数据则为无效数据，如图 1.1-3 所示。

图 1.1-3

例如，现在需要对 2021 年销售团队的销售数据进行分析，那么销售订单明细、客户信息、产品信息等就是分析时会涉及的数据源，也可以将其理解为有效数据。而此时的客户报修数据就为无效数据。但有效数据、无效数据的划分不是绝对的"一刀切"，或者"非黑即白"，而是没有明确界限的。当我们做客户回访的数据分析时，客户报修数据就变为有效数据了。

还有一个例子可以说明有效数据和无效数据的界限问题。比如，同样做销售数据分析，我们收到一份销售数据明细，以下因素可能导致这份销售数据明细无法使用，成为无效数据。

- 销售记录不完备，有的订单记录缺失。本月应该有 2100 张订单，但是只记录了 1800 张订单的数据。那么，基于这样的销售记录做出来的分析就是无效的，这份销售数据明细就是无效数据。
- 销售记录完备，但是部分字段错误。比如，部分订单的售价错误。

基于这些不确定性的因素，我们在日常工作中接触到的数据报表众多，哪些数据才是我们需要的呢？这里就涉及如何识别"有效数据"。有效数据通常有以下几个特点。

1．及时的数据

及时的数据不言而喻，指数据是具有时效性的。暂且不谈时效性极强的股票价格、飞机航班价格等数据，就是工作中使用的数据的时效性也十分重要。为了追踪业绩进展情况，一般公司都会发布销售周报表，这就需要保证编写周报表的原始数据至少是以周为发布频率进行更新的，这样每周的周报表才能及时地反映当下业务的进展情况。很多公司在季度末甚至会以日为单位进行业绩报表的更新，这时原始数据报表就同样需要以日为单位进行更新，从而得到每天最新的业务进展情况。

2．准确的数据

数据要确保准确，如果编写报表的原始数据就是不准确的，那么报表编写得再专业、再深刻，分析出来的结论都是错的。就像厨师做菜，如果原材料是不新鲜的，那么即使制作工序和调料配比再完美，做出来的菜的味道也不会好。所以，我们需要根据众多的数据源进行反复的试算、筛查，最后确定可用数据。

3. 字段内容完备的数据

字段内容要具有完备性，在很多系统导出的数据表或线下收集的报表中，如果某些必需的字段信息不全（有空项，或者没有填写完整），就会导致此列信息无法使用。比如，在分析销售订单的下单节奏时，发现从系统中导出的销售数据报表中，部分订单由于特殊原因，下单日期为空，在分析下单节奏时，此类信息就为无效信息。无效信息的存在会导致很多分析维度无法进行。

> **注意：** 是否为有效数据不局限于以上 3 点，而是根据不同的业务场景，通过分析内容而定。但有一点是相同的，那就是在做数据分析之前，先要保证使用的原始数据是有效数据，才能进一步细化分析，这样分析出来的结果才有业务指导意义。

1.2 销售数据分析的作用

人们常说"数据爆炸了，信息满天飞"，这里涉及两个概念，什么是数据，什么是信息。数据是信息的表现形式，在前文中进行了详细说明。而信息是在烦乱的数据中通过对数据进行筛选、分析后获得有用数据的结果，如图 1.2-1 所示。解读这个概念需要注意以下几点。

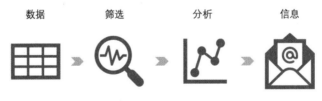

图 1.2-1

- 数据的形式是多样的，按照前文介绍的数据类型可以看出，数据报表、文字、图表、图像、音频、视频等都可以被称为数据。
- 数据是根据不同的分析目标而定的，因此在选取数据时侧重也会不同。
- 通过对数据进行一系列的筛选、分析、汇总后输出分析结果，这个分析结果的输出过程就是信息的传递过程，这个分析结果就是从数据里获得的信息。

现在是大数据时代，大数据无处不在，这使数据的获取和利用也更加容易了。例如，淘宝网等各大电商平台可以通过大数据分析营业情况，以及进行客户分析；银行可以通过大数据分析用户的存款信息、信用情况；医院可以通过大数据分析病人过往的检查结果和复查情况。铺天盖地的大数据冲击着我们的日常，在信息膨胀的时代，就更需要挑选有用的数据进行解读和吸收。经过挑选和分析后的数据就成了我们需要认真解读的信息。正是因为数据量之大，信息源之多，才体现出分析这个环节的重要性。用户每天"刷"的朋友圈、翻看的公众号、浏览的短视频，其中哪些信息是用户比较关注的、愿意去了解的，系统都会进行分析，从而进行精准推送。这就是数据分析目前被如此看重的主要原因。

1.3　如何做销售数据分析

在介绍数据分析内容之前，我们先谈一个很轻松的话题：做一个旅游计划。假设你计划休年假，并且攒了 2 万元的旅游基金，那么这时你需要做哪些工作呢？

首先，去哪玩、玩什么、怎么玩都有一个大的前提，那就是有多少钱。所以预算的多少决定了前面说的几项内容。

其次，去哪玩、玩什么、怎么玩这些信息是从哪里获得的呢？我们可以查看携程、马蜂窝等旅游 App 上的攻略，可以询问百度、抖音、小红书，可以在茶余饭后向同事们获取旅游建议，还可以查看很多有关旅游的公众号，微博上的"大 V"等，甚至可以问问 ChatGPT。这些都是获得去哪玩、玩什么、怎么玩的主要途径，且得到的信息也都是相对比较可用的。这里的"可用"是指查到的信息相对可靠且可执行。

再次，目的地基本锁定了，就该设计每天的具体行程了。如何合理地安排这几天的行程，做到时间、路径、效率和经费都是经济、有效的？当然，如果你是"土豪"请忽略，但"土豪"的闲暇时间也需要付出很大的成本。

最后，确定行程安排。通过前面几步的准备工作，这一步就是结果的确定和输出，此时就该开始着手订酒店和机票，并把几天的行程计划打印出来，购买旅游用品等。

我们可以将数据分析的过程看作一次旅游攻略的制作过程，具体介绍如下。

1.确定数据范围

预算的多少决定了旅游的大方向，那么数据分析的主题就决定了数据范围。比如，要做最近一年中国 A 股市场的分析，我们需要去菜市场问蔬菜价格吗？再比如，要做一份高考录取分数线的分析，我们需要查找过去一年小学生的毕业考试成绩吗？其实当老板给我们分派工作时，这个数据范围就已经确定了。比如，老板说现在需要看 2018 年全年所有产品在分销渠道的销售情况，这个数据的时间范围就是 2018 年全年，产品范围是所有产品，销售模式范围是分销渠道，这样大的数据范围就被确定下来了。接下来的分析不管怎么做，都跳不出这个数据范围。如果要看增长率，则需要查看历史时期的数据，但这也仅是作为对比基数使用，不是分析的重点。

2. 数据获取

目的地的选择需要多方面打探、查询信息，这个过程就像数据的获取和筛选。数据的获取可以是多途径的，如调查问卷、报表系统导出、网络下载等。

3. 数据分析

设计路线就是将上面打探到的资料进行整理、筛选，从而确定对自己而言行之有效的路线。这个过程就像数据分析的过程。当我们拿到一个或多个数据表时，此时各种独立的数据表就相当于制作旅游攻略前得到的各种线索。只是目前的线索还是碎片化的、凌乱的，需要通过系统的、科学的逻辑把它们串起来。串起来的过程可能会反复修改，直到形成最终的旅游计划，但此时的计划还停留在草稿纸上或者大脑中，没有形成最终的计划稿。

4. 数据分析报告输出

这一步就是最后一步，输出行程安排，并打印以便携带，这时就可以出发了。我们只需带好整理过的旅游计划，轻装上阵，而不是把从信息收集开始到最后攻略形成的所有资料都携带上。数据分析报告也是一样，通过上一步对各个数据报告逻辑的梳理，现在需要将分析的结果按照一定的逻辑顺序呈现出来。

数据分析报告的输出顺序与分析过程的顺序是相反的。简单来说，分析是演绎的过程，而数据分析报告的输出是归纳的过程，但在分析环节中也会有无数次演绎归纳的环节。所以，当我们看到一份数据分析报告时，可能只有简单的几页幻灯片，但是背后所做的分析工作是繁重的，其间可能还会推翻几次方案。这里为大家推荐一本很值得阅读的书——《金字塔原理》。无论是基于 Excel 做数据分析，还是用 PPT 做工作汇报，抑或是使用专业的数据分析工具在产品发布会上做演讲，这本书里的方法都是适用的，其中分享的是一种思维方式。

例如，现在需要做一份数据分析报告，在收集数据后，对数据进行加工、处理、筛选等环节。在进行结论输出，即编写数据分析报告时，此时的顺序与分析的顺序是相反的，因此需要注意以下几点。

- 结论先行，让读者第一时间了解到结论；再进一步说明得出这个结论的原因，或者数据支撑的理由。
- 采用最适合的分析方法和图表来展示需要强调的结果。不同的分析方法和图表所强调、突出的侧重点不同，会给读者传递不同的结论引导。
- 不是所有的结论、所有的原因都要在数据分析报告中体现，切记不要把数据分析报告做成数据的堆积。满眼的数字罗列会让读者不知道观点是什么，不知所云，读者看完报告后也没有任何记忆点。

这时就要用断舍离的心态进行平衡，是希望数据简明、观点清晰，让读者看完印象深刻并产生共鸣，还是将辛苦总结的数据都罗列出来，让老板看到我们的工作很辛苦。如果选择后者，那么会让读者看完云里雾里，还要花很多时间研究这个报告在讲什么，不用多说自然选择前者。在进行数据分析的过程中会产生很多过程数据，但一定不要将过程数据都罗列在数据分析报告中，就像写文章没有主次，这样的文章读起来很枯燥，读完让人感觉抓不到重点。数据分析和汇报的顺序如图 1.3-1 所示。

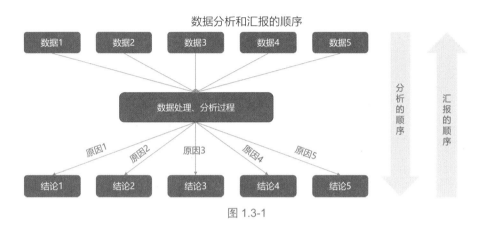

图 1.3-1

现实中的业务比这里所举的实例要复杂得多，上面的实例仅有一层维度的分析。在现实的业务中，往往存在交叉分析。例如，产品维度和区域维度的交叉分析，客户维度和产品维度的交叉分析，或者是今年销售情况和去年同期销售情况的交叉分析等。要想在错综复杂的业务中梳理出分析主线，就需要一个清晰的分析逻辑。总之，制作数据分析报告的一个原则就是"Clean and Clear"。

图 1.3-2 所示的是某公司的业务类型划分示例图，从这个图中可以看出，该公司的销售模式主要分为 3 种，即直销业务、代理业务和分销业务；从区域角度划分，可以分为北区、东区、南区和西区。在区域之下可以查看不同区域的产品线的销售情况。这个逻辑关系是可以互换的，即可以先分析产品维度，再分析区域，最后分析销售模式。确定的依据是数据分析报告的主要目的是什么。如果想了解哪些区域销售目标完成有风险，则需要先细分区域，再细分产品，这样就可以知道哪些区域销售得不好，在哪些产品上可以有突破口。假设我们在产品部门，现在要了解各个产品的销售情况，则需要先将销售数据按照产品类别进行划分，分析哪些产品销售得不好，再将这些产品的销售情况细分到区域，将问题落实到具体每个人，从而可以在进一步推行产品策略时有针对性，在业绩追踪时有明确的责任人。

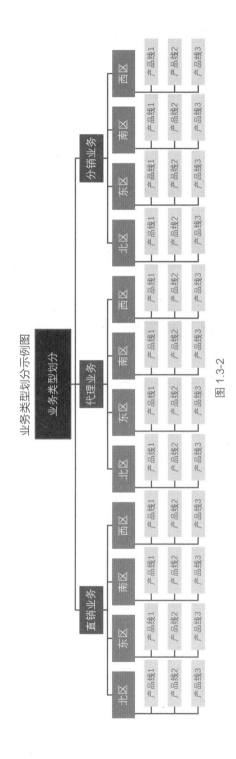

图 1.3-2

假设同样是根据图 1.3-2，我们最近发现业绩有所下滑，那么需要从哪里入手分析业绩下滑的原因并提出解决方案呢？

在我刚毕业参加工作时，对于这样的问题，我首先会将数据分析报告中产品维度、区域维度、业务模式维度等各个能想到的维度都进行一级细分，然后进行所谓的数据分析，其实仅是数据的罗列。记得当时每个月都要输出一份月度分析报告，并要求将每种数据维度都贴到 PPT 中，这样一份数据分析报告就多到 100 页了。相信收到报告的领导们是没有时间和耐心认真读每一页的数据的，而做报告的我也毫无成就感，感觉自己就像一个取数机器，对于分析完的报告自己都说不出结论是什么，甚至被领导们问及某些业绩情况时，会记不住结果，还要翻看报告后再回答。同时，对于一份没有清晰结论的数据分析报告，个人解读角度和信息不对称等原因会导致每个人解读的结论都不一致，所以这样就不如只将与结论相关的信息在 PPT 中展示，并依据金字塔原理中"结论先行"的方法，第一时间将结论传递给阅读者，再进行详细的说明，这样产生歧义的可能性就大大降低了。

现在我看到同样的数据，就不会罗列很多页的数据，而是用下面一句话说明原因：

2017 上半年业绩与去年同期相比下降 30%，主要原因是直销业务业绩下滑，其中东区的产品线 3 和南区的产品线 2 的销售业绩分别下降了 45% 和 37%，这两部分在总销售业绩中占比 60%。这两类产品销售业绩下降主要是因为新旧产品切换，市场对老产品需求减少，对新产品处于观望状态。

1.4　销售数据分析的要点

1.4.1　准确性

准确性不言而喻，在做数据处理、加工时每个环节都要保证数据是准确无误的。如果数据是错误的，无论用什么方法进行分析，用多美的图表进行展示，结果都是错误的。就像做一道菜，做完的菜品再好看，把盐当作糖放进去了，那这道菜也是难以下咽的。

这里的"准确"，一方面指数据来源的准确、可信。在多数情况下，我们从系统中导出的数据，经过多次核对后发现数据是不准确的，这样的数据源，即使计算过程再精准，最后的结果也是没有意义的。比如，一般公司都会有商机系统（Pipeline Management 或 Funnel Management），每个销售人员的行为习惯不一致，有的是有意隐瞒商机情况，以获取更优的价格谈判时机；有的是对客户需求做了调整导致订单金额变化，但销售人员没有及时在系统中做调整；还有就是填错的，无论是产品类别、预计下单时间，还是合同金额，各种错误都会遇到。这样的数据即使能获取到，参考意义也不大。

另一方面指数据处理过程不能出现错误。比如，串行串列、需要求和却进行了计数、公式使用不当，或者加权逻辑不对，最后都会导致数据结果的错误。

为了避免这样的错误出现，可以采用以下 3 个有效的办法。

1．多检查

操作几步就对一下总数，在最后做完时，将几个维度的数据都核对一下。

2．自动化

如果很多数据指标是定期需要的（比如，周报表、月报表、季度报表等），则对于这类报表尽量使用公式自动完成，不要每期都手动进行数据核算。一定要记住，多一步操作就多一分犯错的风险，能用公式计算的尽量用公式计算，每期只更新数据源即可。具体操作方法在后续章节中有详细的介绍。

3．熟悉业务

记住主要的数据。比如，今年的总体任务量，全年任务量在 4 个季度的分配比例，主营业务在销售业绩中的占比，销售收入排名前三的行业及其收入占比等。这些数据记住了，你的"业务感"也就出来了，当制作完报表时，和心里的数据对比一下，就知道数据靠不靠谱了。

1.4.2　可比性

在做对比分析时，一定要注意数据的可比性。比较常见的就是销售数据与销售目标的对比。比如，要计算销售团队中北区的销售目标完成情况，则需要用北区的销售实际值与北区的销售目标值进行对比，而不是与全国的销售目标值进行对比。再比如，对比两个销售团队的业绩，可以对比完成率，但是如果两个团队的销售能力和人员配比悬殊，则直接对比销售金额并不科学。

看到这里你可能会问谁会这么比呢，但其实在日常工作中，这是一个经常被忽略的问题。

假设需要统计今年相比去年的销售业绩增长情况，这时就特别需要考虑今年与去年相比业务有什么大的调整，如产品线的合并和剥离、销售团队行业划分和人员的调整等。这时就需要将去年或更早的数据按照今年的数据口径进行调整，以便在进行对比时使用。比如，按照今年公司的部门调整，将低端服务器出售给其他公司，那么在分析今年销售业绩增长时，就需要将去年销售业绩中有关低端服务器的金额进行扣除。

一般来说，进入新的财年，都会在一个集中的时间，将过去 3 年或 5 年的历史数据进行集中的调整，这个调整会被细分到各个维度，常见的有销售团队、销售行业、产品线等。

这里还需要注意的是，如果是以美元为单位进行统计的，除划分维度有变化之外，销售定价、订单金额和产品成本等与金额有关的字段都需要按照今年的汇率进行重新换算。这样整理过的数据就相当于一份历史数据的数据仓库，今年做任何分析都以这些修正过的数据为统一口径。

1.4.3　全面性

导致数据不够全面主要有两个原因：一个是数据不完备，出现数据缺失，另一个是考虑不够充分，数据选取不当，进而出现分析结果有偏差。

造成数据缺失主要有以下原因。

1．系统问题

从报表系统中导出数据时，一定要对数据进行核对（例如，核对总金额是否合理、订单条数是否正常、字段是否完备等），核对完成后再开展进一步的分析工作。

2．人工收集错误

有些数据无法从系统中导出，需要人工通过 Excel 报表进行填写、收集、合并。人工收集数据时涉及多环节的操作，很容易出现操作错误，如漏填、错填等。解决办法是，一方面要注意仔细核对，另一方面可以通过 Excel 文件的一些设定减少错误的发生。具体操作可以通过数据验证限定字段的类型，或者填写的内容被限制为下拉列表中的可选项，如图 1.4-1 所示。

图 1.4-1

除此之外，还可以通过某个字段的限定来制约其他字段不能为空，这样才能将数据进行保存。以图 1.4-2 为例，如果订单编号和客户名称其中一个字段不为空，则订单金额和购买产品字段不能为空，这样才能将数据进行保存。

订单编号	客户名称	订单金额	购买产品
AB20221011293A	AAA	250023	aaa

图 1.4-2

再有，假设需要收集的 Excel 报表里面有些内容的设置或公式的计算不允许填报者修改，或者一旦修改就会影响填报结果，这时可以使用保护工作簿功能，将不需要更改的单元格锁定，将需要更改的单元格用特殊颜色突出体现，进行填报。图 1.4-3 所示为简易的订单填报表格，通过保护工作簿功能，可以在填报订单信息时，对于白色的单元格进行手动输入，对于蓝色的单元格进行锁定，不允许进行编辑。这样报表中的所有与公式有关的单元格就被保护住了，在统一汇总时，可以保证结果的准确性。

图 1.4-3

对于数据选取不当的情况，需要对业务多了解、多思考，以便快速判断出需要什么范围的数据，数据分析从何处入手，如何使呈现的分析结果既准确又直观。

1.4.4　保密性

对从事数据分析工作的人员来说，对于数据的保密性一定要有敏锐性。因为无论是销售目标数据，还是业绩考核结果数据，在公司内部都是高度保密的。我们在工作中也经常会遇到打听消息的人，遇到这种情况一定注意坚守最基本的职业底线。为了避免麻烦，可以通过以下几点防止信息泄露。

1．多请示

当涉及的数据是敏感的数据时，在发布数据或报表之前一定要请示领导这些内容是否可以发出，最好是以邮件形式询问。这个"请示"可以由你自己来做，也可以要求需求方发邮件给领导，同时抄送给你，这样你可以在领导回复邮件时第一时间了解审批结果。即使得到确认，在发送邮件时，也需要在醒目的位置，用明显的字体、颜色标明"敏感数据，请勿转发"。

2．反复确认

在发送数据相关的邮件时，反复确认收件人姓名和附件内容，以确认万无一失，尤其要注意公司内部姓名重复的人。

3. 远离 "包打听" 的人

公司中经常有一些爱打听的人，他们喜欢四处了解各种动向，为了保证数据的保密性，很多信息我们在正式发布之前不可以在闲谈中泄露。如果是关系好的朋友，则向其说明原因，他们定会理解的。

1.4.5　客观性

我们现在思考一个问题：数据真的是可靠的吗？或者说数据就一定是客观的吗？从数据分析报告的角度来说，答案一定是否定的。影响数据客观性的因素主要有以下几点。

- 根据不同的汇报目的，数据会经过人为筛选。
- 因为信息收集得不全面，从而导致数据结果片面。
- 因为对业务情况不够熟悉，从而导致数据选取不当。

由于上述原因，自然会导致数据分析结果的片面性，因此没有绝对的对与错，只看数据分析的结论和你要验证的结果是否一致。如果不一致，则需要进一步对比分析或者扩大数据范围，以便说明这种差异的合理性。

当看到图 1.4-4 时，你凭直觉会得出什么结论？大部分人可能觉得 B 公司的业绩不如 A 公司，这是事实，但这样就能说明 B 公司的业务做得不好吗？

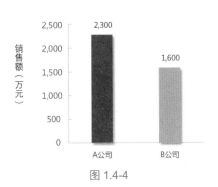

图 1.4-4

接下来，为了验证 B 公司做得好不好，将 B 公司去年的销售业绩数据找出来做进一步的对比分析，如图 1.4-5 所示。从中可以看出，B 公司今年的销售业绩与去年同期相比增长 68%。所以，与去年相比 B 公司的销售业绩是有所提高的。但现在下结论还是为时过早，进一步结合图 1.4-6 就可以了解到更全面的情况。

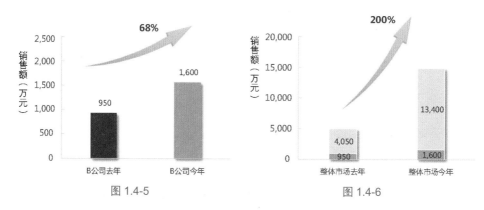

图 1.4-5　　　　　　　　　　　　　　　　图 1.4-6

图 1.4-5 说明了 B 公司今年的销售业绩与去年同期相比增长 68%，但是如果我们放眼于整个市场，则会发现，整体市场今年的销售业绩与去年同期相比增长 200%。也就是说，B 公司的今年销售业绩虽然与去年同期相比增长了 68%，但是相比整体市场 200% 的增长率，还是落后于市场平均增长率的。也可以理解为，即使 B 公司今年的销售业绩有所增长，但增长的动力主要是来源于整体市场容量的增大，并且因为增速低于整体市场，B 公司在进一步丢失市场，或者说业务萎缩。这样通过综合分析可以看出，B 公司在市场中已经岌岌可危：不仅销售业绩不如其他公司，而且自己已有的市场份额也在被别的公司瓜分。

作者曾看到过一句话，运营就是为了解决问题。但作者认为真正好的运营，应该在对市场、业务、产品，以及公司内部规章制度充分了解的前提下，预知问题并避免问题的产生，即事前运营。而好的运营离不开运营工具的使用，正是通过各种运营工具的使用，在不同的生产销售研发环节中，可以事前监控各类指标，做到各个环节可控，从而可以针对各类指标所反映的业务含义来提前预防要出现的问题，进而实现事前预防。

1.5　数据可视化的实现

1.5.1　数据可视化的重要性

图表是实现数据可视化的基础，但是数据分析的目的不是炫技，而是从错综复杂的逻辑关系中梳理出分析的线索。如果我们能够进一步通过图表实现数据可视化，就可以进一步将总结出的观点呈现得更加明晰易懂。

接下来，我们通过几个实例来说明数据可视化的重要性。

实例 1：2016 年中国汽车音响行业市场发展现状

中国汽车产业迅速发展，汽车部件、零件产业也随之高速增长。目前，中国汽车音响行业市场九成份额被外资品牌所占据。自 20 世纪 90 年代初第一台飞利浦汽车音响进入中国以来，汽车音响行业市场已发展成年销售额将近 30 亿元的大型专业市场，是 10 年前的 300 倍以上。截至 2016 年年底，中国汽车音响行业市场规模接近 30 亿元。然而，在中国汽车音响行业市场中，日系品牌占据了五成份额，欧美品牌占四成，而中国本土品牌只占一成。

上文是从网络上找到的一份有关汽车音响行业市场的分析报告，需要说明的是，引用此段文字仅是为了说明文字、数字，以及图形对于数据分析的效果差异。

我们将上述文字进行简单的数字化处理，即可得出如图 1.5-1 所示的报告及结论。

2016年中国汽车音响行业市场发展现状

· 截至2016年年底，中国汽车音响行业市场规模接近**30亿元**，是10年前的**300倍**以上。

· 中国品牌在中国市场销售仅占**10%**的市场份额，增长空间较大。

销售额（万元）

2006年	2016年
1,000.00	300,000.00

销售额（万元）

品牌	销售额	销售占比
日系品牌	150,000.00	50%
欧系品牌	120,000.00	40%
国产品牌	30,000.00	10%
总计	300,000.00	100%

图 1.5-1

这里不难发现，当读者阅读大篇文字时，需要从中摘取主要的信息内容或关键词，同时由于读者所处的站位不同，角度不同，以及了解的信息背景不同，即使看到的是同样的一份报告，解读出来的结论也会有所不同。在这种情况下，分析报告如果遵循了金字塔原理（结论先行，再给出论据），则会避免让读者在解读时产生误解。同时，这里重要说明的是，数字和文字对读者的冲击力是不同的。对比大段的文字和一些精选出来的数字，自然是数字更易读，而且便于记住。

那我们再进一步，将数字变成图表。结论不变，仅将上述表格变成柱形图和饼图，并通过不同的颜色标识将重点突出，以这种形式传达出的结论比表格更直观，并且更容易让人记住，如图 1.5-2 所示。这样的效果更是文字段落不能比拟的。

- 截至2016年年底，中国汽车音响行业市场规模接近**30亿元**，是10年前的**300倍**以上。

- 中国品牌在中国市场销售仅占**10%**的市场份额，增长空间较大。

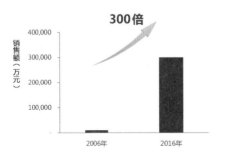

中国汽车音响行业市场份额增长图

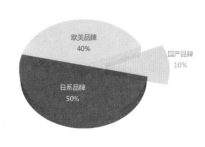

中国汽车音响行业市场占比图

图 1.5-2

实例2：某公司绩效考核奖金表

下面在数据分析报告中直接复制了这样一个报表，并且没有任何结论总结，如图 1.5-3 所示。该数据分析报告可以理解为最简单直接的数据罗列。

单位：人民币（万元）

序号	分公司	销售目标	实际完成销售额	完成率	业务发展奖励金额	班子成员人数	人均奖励金额
1	北京	5,637	4,593	81%	299	30	10
2	上海	2,980	3,450	116%	268	23	12
3	杭州	1,625	1,295	80%	81	17	5
4	广州	1,588	2,372	149%	331	23	14
5	深圳	1,122	1,561	139%	211	11	19
6	哈尔滨	663	482	73%	28	11	3
7	南京	457	403	88%	30	7	4
8	乌鲁木齐	355	218	61%	0	10	0
9	大连	126	490	389%	87	17	5
10	贵阳	66	50	76%	0	8	0
总计		**14,619**	**14,914**	**102%**	**1,335**	**157**	**9**

图 1.5-3

与实例1一样，第一步进行简单的分析操作。基于图 1.5-3，这里进行以下操作，生成如图 1.5-4 所示的图表。

- 通过套用表格格式，将行与行之间进行颜色区隔，这样阅读起来不易串行。
- 针对"实际完成销售额"列进行降序排列，这样让读者在阅读数据时容易找到重点（这里没有按照"完成率"列进行降序排列，因为销售额大的区域是我们分析的重点区域）。
- 针对完成率或其他较重要的指标，通过条件格式进行颜色的标注。

单位：人民币（万元）

序号	分公司	销售目标	实际完成销售额	完成率	业务发展奖励金额	班子成员人数	人均奖励金额
1	北京	5,637	4,593	81%	299	30	10
2	上海	2,980	3,450	116%	268	23	12
4	广州	1,588	2,372	149%	331	23	14
5	深圳	1,122	1,561	139%	211	11	19
3	杭州	1,625	1,295	80%	81	17	5
9	大连	126	490	389%	87	17	5
6	哈尔滨	663	482	73%	28	11	3
7	南京	457	403	88%	30	7	4
8	乌鲁木齐	355	218	61%	0	10	0
10	贵阳	66	50	76%	0	8	0
总计		14,619	14,914	102%	1,335	157	9

图 1.5-4

通过这样的修改，此报表的逻辑看起来比较清晰了。下面进一步将数据进行以下的可视化处理，从而生成如图 1.5-5 所示的图表。

- 将论点提前，并将数字进行突出显示，以突出结论的数字依据。
- 将数据降序排列，由大到小，从柱形图中可以依次分析哪些区域做得好，哪些做得不好。
- 将完成任务的区域的实际完成值用红色表示，以突出销售目标完成的区域。
- 依照二八原则，在饼图中列出业务发展奖励排名前 4 的地区（北京、上海、广州、深圳），其上半年总奖励金额占总体的 83%。

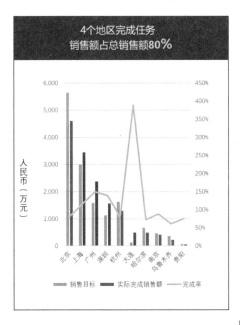

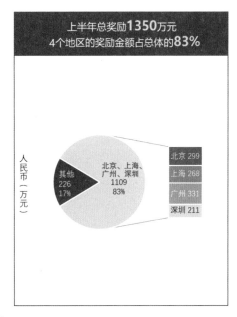

图 1.5-5

介绍到这里，通过以上两个实例，相信大家已经可以体会到通过图文并茂的形式对分析结果的呈现效力是文字或表格无法企及的。但它也有缺点，图表原本是为了更直观地表达观点，如果图表制作得过于复杂或混乱，则会适得其反。所以，这里引用一个化妆产品的广告语：Clean & Clear ，就是做出来的图表既要整洁干净，又要清晰有条理。

1.5.2 数据可视化的技巧

如果图表不清楚，则会带来阅读障碍，如图 1.5-6 所示。

- 2017年Q1好件率为85.23%。人为操作问题和物料问题为主要原因，详见下页分析！

图 1.5-6

图 1.5-6 与图 1.5-7 的数据来源一致，但因为图表制作的效果不同，从而导致信息传达的效果也不同。

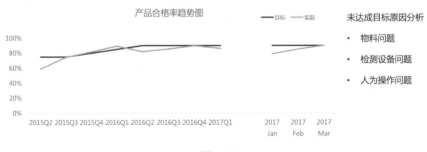

图 1.5-7

通过对比这两个图表可以看出：

- 图 1.5-6 中的线条较多，标记繁杂，难以阅读。此时仅需要列出主要的两条线即可。

- 图 1.5-6 中的数据标签多，阅读起来不好找到重点。由于数据标签混乱，因此在阅读线形图时感觉杂乱无章。修改的建议是去掉数据标签，通过坐标轴可以对比出数据的高低水平。在一定需要数据标签的情况下，仅标出几个处于高点或低点位置的数据标签，并尽量显示为整数即可，这样图表看起来就会清晰很多。
- 图 1.5-6 没有明确说明该图表得出的分析结论，阅读者很难了解图表要表达什么观点。
- 图 1.5-6 没有图例，无法猜测每条线代表什么含义。
- 图 1.5-6 仅对数据进行了展示，但是没有进一步分析原因，或者有分析但不在此页面。这样就需要在分析报告中反复翻页来查看，不利于分析报告的理解。如果能将图表制作得清晰一些，分析报告页面中有空间来阐述分析的原因或结论，让论点、论据在同一页面，则十分便于读者理解作者的观点。
- 图 1.5-6 中也有文字描述，但是只说明好件率为 85.23%，无法说明这样的结果是好还是不好。就像大家常讲的，没有对比就没有伤害：要么和历史数据比，要么和既定目标比，要么和同行业企业相同指标比。所以在图 1.5-7 的分析中，补加了一句"距任务完成差 4.77%"。单独从 85.23% 这个数字看，不算低，但如果和目标相比，还是没有达到目标。就好比家长问孩子考试得多少分，孩子说得了 90 分。家长刚要表扬孩子时，觉得哪里不对劲，紧接着又补一句，总分多少？孩子说总分150 分。相信这会儿家长脸瞬间变青，再问班里最高分多少，孩子说自己就是班里最高分。这时家长的脸色又缓缓由青转红。

修改点汇总如图 1.5-8 所示。

修改点	修改前	修改后
图形设计	线条较多，标记混乱	线条清晰，突出重点
数据标签	标签繁杂	清除标签，图表干净整洁
结论	数据罗列，无结论	有分析、有结论
文字说明	仅对图标文字进行陈述	通过比较分析，输出有价值信息

图 1.5-8

1.5.3 图表的选择

除了要懂得数据的基本处理和操作，在厘清业务分析逻辑后，还需要了解图表的选择和制作。这里提到了图表的选择，麦肯锡在早些年就发布过图表选择的拓扑图，如图 1.5-9 所示。

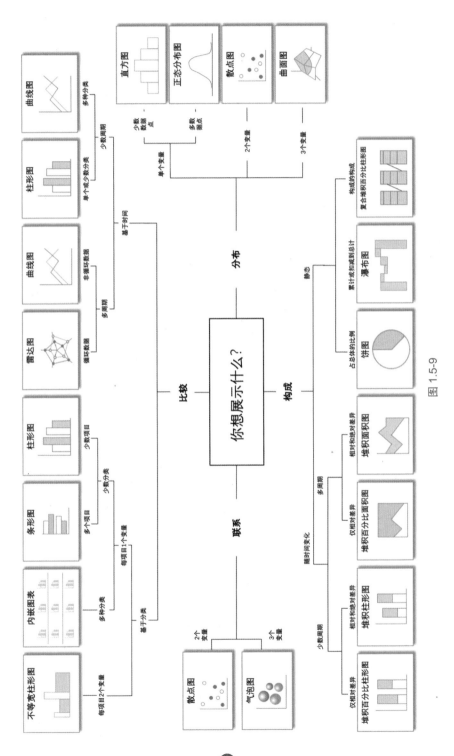

图 1.5-9

　　由于每个图表传达的数据逻辑侧重点不同,因此在表达不同观点或结论时应选择恰当的图表来呈现,从而达到事半功倍的效果。但如果选错了图表,就会有一种不知所云,词不达意的感觉。

　　我们通过如图 1.5-10 所示的练习,可以体会到选择正确的图表来呈现观点或结论是多么的重要。下方有 4 句针对数据表述的语言,分别指向右侧某一个图表,请大家连连看。

A.　各产品半年总销售额的占比,其中Product C销售额占比最高

B.　在过去的6个月中,6月份的销售额最高

C.　各产品在过去半年的销售收入趋势变化

D.　过去半年销售额的构成情况

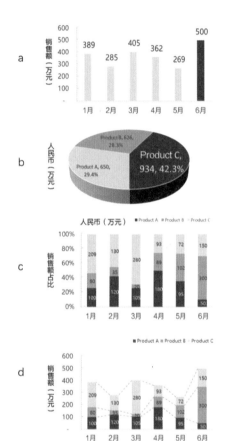

图 1.5-10

　　上面这个练习很清楚地体现了不同图表呈现的侧重角度不同。如果将信息进一步整理,再经过细心筛选,可以得出如图 1.5-11 所示的分析结论。

6月份销售业绩创半年新高，主要是因为**Product B**的销售量显著增加，与5月份相比增加了**194%**。

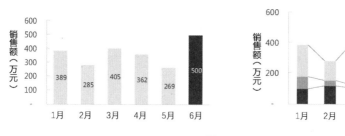

图 1.5-11

接下来趁热打铁，我们再做两道练习题，现有 3 个产品，分别为 Product A、Product B、Product C，选一选哪个图表可以更加准确地表达文字内容。

- 销售额整体增长 30%，主要原因是 Product A 增长了 150%，如图 1.5-12 所示。

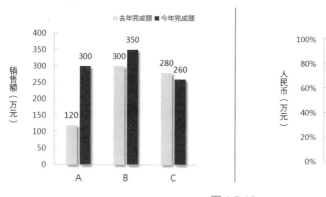

图 1.5-12

- 对比 3 个产品的销售目标完成情况，如图 1.5-13 所示。

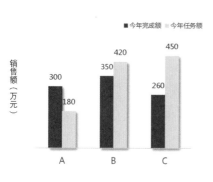
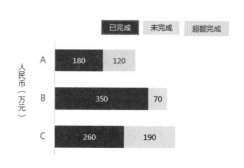

图 1.5-13

到这里，我们已经清楚地了解到数据可视化的重要性。让我们着眼于实际业务管理，用数字来说话。在《人类简史》里也提及，现代人通过编造故事来搭建帝国，而企业均习惯用数字说话。这段文字是这样表述的：

> 文字对人类历史所造成的最重要的影响：它逐渐改变了人类思维和看待这个世界的方式。过去的自由连接、整体思考，已经转变为分割思考、官僚制度。几个世纪过去，官僚制度式的数据处理方式与人类自然思考方式的差异越来越大，重要性也越来越高。还不到 9 世纪的时候，发明了另一种部分表意的文字，让储存和处理数据的效率一日千里，成为重要的里程碑。这种文字是由 10 个符号组成，代表 0 到 9 的数字。虽然这整套体统仍然只是种部分表意的文字符号，但这已经成为全世界的一大重要语言。几乎所有国家、企业、组织和机构，不管讲的是阿拉伯语、印度语、英语还是挪威语，都必须使用数学符号来记录和处理数据。只要能将信息转成数学符号，储存、传播和处理的速度和效率就能快到令人叹服。因此，如果哪个人想打动政府、组织和企业，就必须学会"用数字说话"。而专家也费尽心力，甚至像是"贫穷"、"幸福"和"诚实"这些概念，都能翻译成一个又一个数字，成了"贫穷线"、"主观幸福感程度"和"信用等级"。而像是物理和工程方面，几乎整个知识领域都快要和人类的口语语言脱节，而由数学符号独挑大梁。这是根据相对论所推导出来的公式，能够计算质量重力加速度。大多数一般人只要见到这个公式一眼就只能瞠目结舌，像是鹿在路上被车灯照到一样。这种反应其实很自然，并不代表这个人天生愚鲁或是缺乏好奇。除了极少数例外，人类大脑就是没有思考像是相对论或量子力学这些概念的能力。物理学家之所以能这样思考，是因为他们抛下了传统的人类思维方式，从头学习如何在外部数据处理系统的协助下思考。他们的思考过程有很重要的一部分并不是在他们的脑子里，而是在计算机里或是教室黑板上。

1.6　销售数据分析常用的指标含义

为了报表简洁清晰，分析结果一目了然，很多人经常用英文缩写来代替较长的中文指标名称。本节将详细介绍在销售报表中常见的一些指标及其含义。

QTD：Quota to Day，表示截至当天，或者报告数据更新的日期，本季度完成总值。如果统计的是收入，那么就是截至当天的收入总值；如果统计的是利润，那么就是截至当天的利润总值。

Budget/Target：本年、本季度、本月的销售任务或目标，具体是什么时间范畴这个就因报表需求而定了。

Budget/Target Achievement%：QTD/Target，如 QTD 除以本季度的销售任务，表示季度完成率。

QTD Target：按照月或周细分销售任务，表示截至当天，或者报告数据更新的日期，应该完成的收入总值。如果 QTD 大于 QTD Target，则代表销售进度超过当前目标进度，提前完成应该完成的任务；如果 QTD 小于 QTD Target，则代表销售进度落后当前目标进度，需要督促各部门加快销售节奏。

QTD Target Achievement%：即 QTD/QTD Target，如果这个数值大于 100%，则说明销售进度超过当前目标进度；如果这个数值小于 100%，则说明销售进度落后当前目标进度。但是，由于这个维度过于精细化，因此是否有必要用 QTD Target 和 QTD Target Achievement% 来精细化管理业务，这个要看企业或老板们看业务的习惯和精力了。

YoY：今年收入/去年收入-1，或者(今年收入-去年收入)/去年收入，表示年与年同比增长率。同理，还有 QoQ（Q2/Q1-1，当季度与上一季度相比的增长率），以及 MoM（M2/M1-1，当月与上月相比的增长率）。

PY（Previous Year）：上一年同期数值。比如，现在计算第三季度的收入，那么去年第三季度的收入就是 PY，具体是否需要细分到月、周或者天，这个视业务需要细分的程度而定。

Delta（Gap）：表示差异值。比如，将 QTD 与 Target 进行对比，Delta 等于 Target-QTD，表示还差多少能够达到目标；将 QTD 与去年同期进行对比，Delta 等于 QTD-PY，表示还差多少能够达到去年同等水平。

MIX：一般指占比。比如，一家公司一季度的收入是 2000 万元，其中 3 个销售部分的收入分别为 1200 万元、300 万元、500 万元，因此其 MIX 分别为 60%、15%、25%。这个指标可以被视为贡献率，并且比例越高，对总数值的贡献越大。

AR（Attach Rate）：意为捆绑率，通过这个指标一方面可以看出市场是否健康，另一方面可以挖掘哪些商机可以有交叉销售的空间。如果是服务器产品，则用选件的数量除以主机台数，从而得出这个比例。一般硬盘、内存、处理器等选件与主机台数的 AR 都相对稳定，如果比值出现了异常，就可以进一步发现问题、分析问题。例如，在零售行业，用户在淘宝上买产品，下方都会有推荐那些买 A 商品的用户还买了 B 商品；在超市里面，货架的摆放也是有依据的，如果能计算出哪些产品出现在一个购物单的可能性更大，就能有效地指导货架的摆放。

PR（Penetration Rate）：两个具有相关性产品的销售渗透程度。比如，服务产品很多需要与硬件产品捆绑销售，那么服务产品的 PR 等于服务产品的收入除以对应捆绑的硬件产品的收入。也可以理解为 AR 是数量的比值，PR 是金额的比值。

V 值：商机的总额除以剩余的销售任务即为 V 值。V 值在不同的行业中标准也有所不同，一般认为 V 值为 2～5 是相对比较健康的。如果 V 值过低，就说明商机保有量不足，完成销售任务压力较大，需要尽快获取更多的市场机会；反之，如果 V 值过高，就要考虑商机报备的有效性和参考性了。如果是虚假商机较多，严格把控商机报备条件就可以起到明显的作用。但是，如果市场确确实实存在这么多商机，而我们的任务依然无法完成，就要考虑是任务制定得不够合理，还是企业自身的产品、价格等因素不具有竞争力。

WOI：硬件库存周转率，一般厂商都用这个指标监控代理商的库存健康程度。即使在季度末或者年末需要冲刺销售任务时，也不能盲目地推行放货。厂商可以先通过此指标看出哪些代理商的库存状况良好，还有吃货的空间；哪些代理商的库存积压较多，积压的品类是什么，再考虑是否进行有针对性的促销活动，帮助代理商消化库存，进而促使代理商提升吸收新商品的能力和财力，以实现新旧产品的迭代。对 IT 硬件厂商来说，产品不同，WOI 的标准也会不同。一般认为 PC 产品的 WOI 在 3 到 4 周为合理状态，超过此标准则为库存积压，低于此标准则为可吸纳更多商品。对服务器产品来说，WOI 的标准一般在 8 周左右。

LP（List Price）：有些公司也将其称为 GL（Guideline Price），指商品上市时确定的标价或原价。

NP（Net Price）：基于 LP，按照一定的折扣计算出的折扣价，或者特价审批后的成交价格。我们在做销售数据统计分析时，大多数都是在分析 NP。

GM（Gross Margin）：利润或毛利。

NR（New Revenue）：可以理解为服务产品或软件产品的第一年收入。此部分收入可计入当年财务收入。

ARR（Annual Recurring Revenue）：年度经常性收入，一般用于统计服务产品或软件产品的收入。例如，在一份合同中签署了关于多年订购 SaaS 产品的条款，其中就会明确说明从第一年开始，每年需要收取的费用。除了第一年的部分，每年需要收取的金额就是 ARR。由于每家公司的战略不同，因此有的公司设定 ARR 每年相同，有的公司设定 ARR 每年按照一定的比例进行增长。依照财务准则，每年的 ARR 收入计入相应年份的财务收入。比如，公司在 2022 年签署了一份 3 年期 SaaS 合同，那么 2022 年的收入计入当年的 NR，从 2023 年开始，ARR 金额计入 2023 年和 2024 年的财务收入，并以实际到款日期为准，而不是以合同签署日期为准。

以上这些是较为常用的指标，除此之外，由于行业的不同、产品特性的不同，肯定还有很多特有的指标。比如，互联网行业就有点击率、再次购买率等很多指标。

第 2 章
销售数据分析常用的方法

正是因为数据量大、来源多、从繁杂的数据中读取信息费时费力，数据分析才显得异常重要。通过数据分析，可以根据不同的分析需求，有针对性地提取紧要信息，从而帮助读者节省筛选信息的时间。此外，数据分析还可以避免不同人对数据的不同解读。

从错综复杂的数据中挖掘出有用的信息也是有法可循的，而且这些方法基本不会受到行业的限制，方法论都是触类旁通的，这也是写这本书的宗旨所在。在具体工作中，总结出以下几个销售数据分析常用的方法。

2.1　典型法

从典型企业或主流产品中可以发现市场需求状况和未来发展趋势，例如：沪深 300 指数，它是由沪深证券交易所于 2005 年联合发布的反映沪深 300 指数编制目标和运行状况的金融指标，也是投资业绩的评价标准。沪深 300 指数具有表征市场股票价格波动情况的价格揭示功能，是反映市场整体走势的重要指标之一。这个指数就是具有代表性的典型法的使用。

再比如，BAT（百度、阿里巴巴与腾讯的统称）企业在采购服务器时，由于这 3 家企业的应用场景对 IT 产品的技术性能要求极高，对技术更新、变革敏感性极强，因此它们选取的配置标准将会代表互联网行业对 IT 产品的技术需求标准，而其他中小型互联网企业会模仿其需求进行配置。有时其他行业也会参照 BAT 企业的配置标准进行自我需求评估，从而确定最终的选型标准。所以，从行业中挑选前几名企业作为重点关注对象，是数据分析较为普遍使用的方法。

日常销售业绩管理经常会用到典型法。比如，大单的分析（Top Deal）、大客户的分析

（Top Account）等。在服务器收入分析中，可以针对典型配置机型的收入和成本进行分析，即根据市场需求情况模拟出最常见的配置模型，并按照此模型核算收入和成本，做进一步的对比分析。在各个行业中最常见的典型法的使用场景就是二八原则，从字面意义上理解就是从客户、产品、人员等各个维度来看，80%的收益往往来自20%的资源。从客户维度来说就是 80%的收入来自20%的客户，这个就是 Top Deal 的使用原理。从产品维度来说，企业在一定时间内的 80%收入得益于 20%的产品产出（Top Product/SKU）。

Top Deal 主要分析的信息一般有每个客户或产品的总销售额，以及收入占比，如果要细分订单进度的状态或者采购产品的分类，则需要进一步细分，大致的图表如图 2.1-1 所示。

订单明细表

客户名称	下单时间	采购总金额(万元)	收入占比	产品线1销售额(万元)	产品线2销售额(万元)	产品线3销售额(万元)
B	20190312	5,000	20%	3,800	600	600
C	20190825	4,800	19%	3,500	300	1,000
E	20190823	3,900	16%	2,950	200	750
A	20190301	3,000	12%	1,500	200	1,300
D	20190317	3,000	12%	1,750	600	650
其他		5,000	20%	3,200	180	1,620
总计		24,700	100%	16,700	2,080	5,920

图 2.1-1

除了罗列图表的方式，帕累托图是展示二八原则较为直观的方式。我们将所有订单金额进行区间划分，如图 2.1-2 所示。将一个季度的订单金额按照如下区间进行分类，会发现近 80%的收入来自订单金额大于 1000 万元的大单。从订单数量来看，大于 1000 万元的订单数量为 200 个，仅占订单数量总量的 15%；从客户维护、需求沟通、下单流程、订单管理等流程来看，对大单和小单付出的心血有些是相当的；从战略角度来看，大单不仅可以抢占市场份额，还可以加强客户关系，甚至可以降低或分摊生产成本。所以，企业往往鼓励和支持多签约大单。

金额区间(万元)	总金额(万元)	收入占比	收入累计占比	订单数量(个)	订单数量占比	订单数量计占比
>5,000	58,000	32%	32%	39	3%	32%
>2,000	45,000	25%	58%	53	4%	58%
>1,000	36,800	21%	78%	108	8%	78%
>500	21,000	12%	90%	325	24%	90%
<500	18,000	10%	100%	843	62%	100%
总计	178,800	100%		1,368	100%	

图 2.1-2

如果用如图 2.1-3 所示的帕累托订单分布分析图表示就更清楚了，该图的具体做法后面的章节会详细介绍。

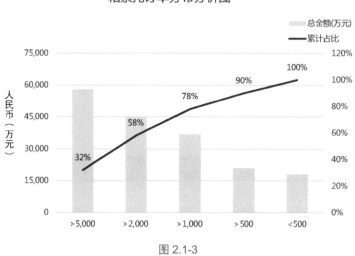

图 2.1-3

所以，二八原则主张将更多的（80%）精力和资源投放到较少的（20%）有价值的客户上。但并不是说小于 1000 万元的订单就可以彻底放弃，而是要通过其他的方式来维护和拓展这部分市场。小单客户虽然订单金额较小，但也有其重要性和价值。一方面小单客户的议价能力较低，这部分客户有助于利润率的提升；另一方面，如果小单客户还在创业期或者孵化期，那么一旦未来这样的客户做大，其忠诚度会很高，并成为未来大客户的主要来源。所以，对于这部分客户企业，一般会通过电话销售或者渠道伙伴进行布局销售。

客户挖掘和拓展是这个道理，产品开发和拓展也是同理，将 80% 的精力投放到 20% 赚钱的或者对未来市场具有战略意义的产品上，就能有的放矢地确定行动目标，矢志不移地向目标努力。

2.2　比较法

这个方法是分析数据时常见的方法，顾名思义，就是将两个或两个以上具有可比性的数据进行比较，通过对数据进行比较得出定性的结论。这个比较涵盖了加、减、乘、除等多种运算。在日常的销售管理分析报告中，比较法也是常见的、使用范围最广的方法。需要强调的是，在进行数据分析时一定要将具有可比性的数据进行比较（Apple to Apple）。比如，在计算年与年同比增长时，由于公司战略调整，对行业的划分进行了变更。在去年，互联网行业归属于企业行业范畴，但由于这几年互联网行业市场需求增长迅猛，因此在今年将互联网行业从企业行业中独立出来，视为一个独立的行业进行业绩考核。这时，我们在计算企业的同比增长率时，就不能用今年的企业行业收入与去年的企业行业收入直接进行对比分析，而是要将去年的互联网行业的收入减掉后再进行对比分析。这样两年的企业行业收入都是不包含互联网行业的，即所谓的"Apple to Apple"。

当我们说一个季度业绩完成得好与坏时，只看当期的数据是无法判断的，这时就需要与目标值比较，如与去年的数据比较，横向上还可以进行部门间、产品间的比较。面对整个市场时，需要与同行业其他厂家的营业情况进行比较。这些都可以通过比较的方法来衡量业绩完成得好与坏。比较法除了能够衡量业绩完成得好与坏，还可以挖掘更多的商机。比如，当我们发现某一项业务下滑较严重，但是其他厂商反倒增长时，就要进一步分析原因，看哪个环节需要改进，从而赢回市场。

图 2.2-1 所示为某公司销售业绩报告，这个报告是相对简洁且常见的表格形式。

某公司销售业绩报告

销售部门	销售收入（万元）	销售目标（万元）	完成率%	目标差距（万元）	销售占比	去年同期（万元）	同比增长率
北区	10,900	15,000	73%	4,100	25%	13,000	-16%
东区	19,200	18,000	107%	-1,200	44%	15,000	28%
南区	12,500	13,000	96%	500	29%	12,000	4%
西区	950	800	119%	-150	2%	650	46%
总计	43,550	46,800	93%	3,250	100%	40,650	7%

图 2.2-1

通过这个报告我们可以解读出以下信息。

（1）从公司整体业绩来看，目前已完成第一季度销售任务的 93%，距完成任务还差 3250 万元。虽然距离完成任务还有差距，但与去年同期相比已经增长 7%。截至季度末这个比例还会有所增加。

（2）细分各销售部门的业绩，目前东区和西区均已超额完成任务，北区和南区都还有差距。南区虽然与目标相差 500 万元，但是差值较小，较容易实现，而且南区已经实现了同比正增长。而北区与目标差距最大，为 4100 万元，而且同比增长为负增长，这显然不是销售目标设定过高造成的。这时就要对北区进行进一步的分析和调查，从而发现问题所在并采取相应措施。

上面这个例子就是典型的比较法,通过用销售收入(QTD)分别与销售目标(Target)和去年同期(PY)比,同时将 4 个销售部门的业绩进行对比,从而说明销售业绩完成得好与坏。这里主要介绍比较法的使用,具体的案例在第二篇实战篇中会具体说明。

2.3 分组分析法

顾名思义,分组分析法就是将数据表中的明细按照不同的维度进行分组后再进行组别间的对比。常见的分组维度有销售团队、产品线、客户行业、同行业厂商。通过这样的分组分析,可以对各种维度具有可比性的数据进行逐层细化,从而得出最终的分析结论。

例如,现在需要分析各销售团队的销售业绩的完成情况,那么就需要将销售数据按照销售团队进行分组,如图 2.3-1 所示。

如果从产品线角度来分析哪些产品卖得好,哪些产品需要着重关注、扶持,则需要将销售数据按照产品线维度进行逐层分析,如图 2.3-2 所示。

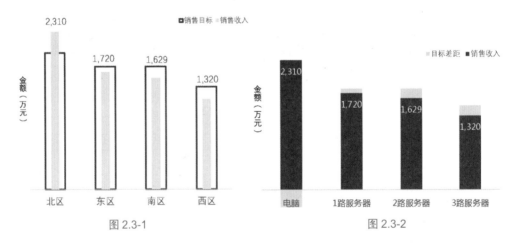

图 2.3-1　　　　　　　　　　　　　　　图 2.3-2

但在销售数据分析过程中,每类分组都不是独立使用的。比如,我们在分析销售团队的销售业绩时,将销售数据先按照大区分类,再按照下一层销售团队进行细分,最后在分析销售结果不好的原因时,还需要将该区域的销售数据按照产品、行业等维度进行细分,只有这样才能得出最根本的原因。

我们在前面的章节中也介绍过,由于分析的目的不同,在进行销售数据分析时,分组的先后顺序也会有所不同,因此具体按照哪个维度进行分组,取决于分析的目的。分组示例如图 2.3-3 所示。

图 2.3-3

2.4 交叉分析法

交叉分析法先通过横向、纵向数据的同时分类对比,再通过两个不同维度指标的细分对比,从而进一步发现业务的亮点和存在的问题,因此也被称为立体分析法。在销售数据管理中,交叉分析法是数据分析非常常见的方法。

比如,在分析销售业绩的完成情况时,除了将销售业绩细分到销售团队,还会细分到季度、月份。这里采用了销售团队和时间维度两个指标进行交叉分析,如图 2.4-1 所示。

人民币(万元)

销售团队	1季度	2季度	3季度	4季度
销售1组	856	154	1,963	1,953
销售2组	1,798	500	1,932	1,779
销售3组	1,622	1,228	1,564	298
销售4组	235	857	1,955	1,872
销售5组	632	419	389	1,178
合计	5,143	3,158	7,803	7,080

图 2.4-1

再比如,同样是分析销售业绩的完成情况,如果将销售数据细分到销售团队和产品线,则细分后可以得出哪个销售团队擅长销售哪类产品。如果销售团队是按照客户行业属性划分的,则可以一目了然地知道哪些行业倾向于采购哪类产品。这里采用了销售团队(客户行业)和产品线两个指标进行交叉分析,如图 2.4-2 所示。因此,我们可以将交叉分析法理解为多维度的分组分析。

人民币(万元)

销售团队	产品线1	产品线2	产品线3	产品线4
销售1组	1,963	1,953	856	154
销售2组	1,932	1,779	1,798	500
销售3组	1,564	298	1,622	1,228
销售4组	1,955	1,872	235	857
销售5组	389	1,178	632	419
合计	7,803	7,080	5,143	3,158

图 2.4-2

但需要注意的是，不是多步骤的分组都是交叉分析。比如，将销售业绩先细分为销售大区，再细分为销售团队，虽然分组分析了两次，但是销售大区和销售团队都是针对销售群组的不同颗粒的细分，所以不算是两个维度的指标，如图 2.4-3 所示。

人民币（万元）

销售团队	北区	东区	南区	西区
销售1组	1,963	1,953	856	154
销售2组	1,932	1,779	1,798	500
销售3组	1,564	298	1,622	1,228
销售4组	1,955	1,872	235	857
销售5组	389	1,178	632	419
合计	7,803	7,080	5,143	3,158

图 2.4-3

在实际的数据分析工作中，分析的过程会通过交叉分析法多步骤、多层次地开展，但是分析报告结果的呈现应是简单明了的分析结论陈述，不需要将分析过程详细呈现。比如，图 2.4-4 中的销售 1 组和销售 2 组的 2 季度销售业绩与其他季度的销售业绩相比明显落后，我们可以将这两个数据对应的销售明细提取出来，做进一步细化。

人民币（万元）

销售团队	1季度	2季度	3季度	4季度
销售1组	856	154	1,963	1,953
销售2组	1,798	500	1,932	1,779
销售3组	1,622	1,228	1,564	298
销售4组	235	857	1,955	1,872
销售5组	632	419	389	1,178
合计	5,143	3,158	7,803	7,080

图 2.4-4

以销售 1 组的数据为例，该销售团队在 2 季度的销售业绩为 154 万元。先将 154 万元按照客户行业进行划分，同时和去年同期的数据进行对比，发现是"电信"行业的销售数据降低明显；再将客户细分到具体的客户主体上，可以进一步发现是客户 3 在今年的采购中明显降低，如图 2.4-5 所示。因此，我们可以针对客户 3 进行调查，是该客户取消了销售计划，还是转向了竞争对手。

作为数据分析人员，这时就可以和负责这个客户的销售人员进行沟通，从而了解数字背后的真实原因。通过了解得知该客户正在转型期，我们的产品无法满足其转型需要。接下来，我们就可以结合企业的战略规划来确定是需要研发新产品，还是暂时放弃该客户，维持现有产品布局。

在日常工作中，一定要随时记录一些重要事件，如新产品发布、重要客户集中采购时间、组织结构重组、企业战略调整，以及供应商新品发布、竞争对手动向等。这些信息都会直接影响销售业绩的结果，但是这些信息带来的数据影响一般是滞后的。所以，当这些重大事件发生时，我们可以初步预判销售结果的走势，这样在做数据分析时就可以有相对清晰的方向。另外，针对新产品发布这个事件，在我们得知有新品发布时，就需要及时调整与产品相关的分析报表结构，同时在分析报告中，单独增加新产品销售情况的分析专题。这样既可以让需要了解新品的领导和同事及时获取信息，也可以提高自身的业务感。

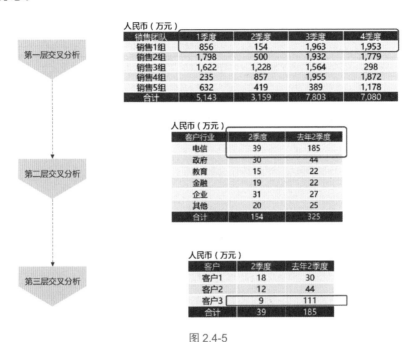

图 2.4-5

交叉分析法主要的体现形式为表格，以及基于表格呈现的数据分析图表。从 Excel 工具角度来看，常见的交叉分析法的工具就是大家最熟悉的数据透视表。数据透视表的具体做法，在后面的章节中会有详细说明。

2.5　四象限分析法

四象限分析法是设定两个指标分别作为横坐标轴和纵坐标轴，在确定轻重、大小等方向后，画出四个象限，将分析的客体分别摆放在对应的象限中，对不同象限的分析对象采取不同的应对措施。最典型的应用就是时间管理，如图 2.5-1 所示。将横坐标轴定义为重要程度，将纵坐标轴定义为紧急程度，这样我们手头上的烦琐工作就可以按照这样的四个象限进行归类，从而厘清什么样的工作需要如何安排。

图 2.5-1

再举一个常见的案例——Granter 的魔力象限，即通过四个象限将不同厂商的市场角色或地位进行划分，以表示企业的实力和潜在竞争力，如图 2.5-2 所示。

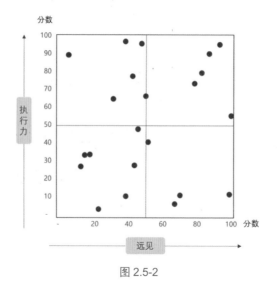

图 2.5-2

四象限的具体制作实例将在后面的章节中进行详细的介绍说明。

2.6　因素分析法

有时由于一些政策的调整，或者规则的变化，会对业绩的完成或者奖励结果造成一定的影响。当我们复盘时，大多数情况下只知道总体的结果是如何的，但对主要是哪些因素带来了影响，每个因素影响的权重是多少等不够了解，这时就需要用到因素分析法（也被称为权重分析法）。

这样说可能会让读者有点云里雾里的，为了说明得较为清晰，这里举个相对简单的例子，实际遇到的情况会复杂得多。

假设现在统计渠道销售奖励，发现今年奖金总额为 112.0 万元，比去年多了 54.3 万元。如果只给老板看今年的奖金总额，一定会被问到今年奖金总额怎么会这么高，这时就需要用到因素分析法来说明是什么原因导致了今年的奖金总额比去年高出 54.3 万元，如图 2.6-1 所示。

渠道编号	营业收入（万元）	任务完成率	奖金类别	今年台阶系数	今年奖金总额（万元）	去年台阶系数	去年奖金总额（万元）	奖金差额（万元）
A001	154	90%	<100%	80%	6.2	70%	3.2	3.0
A002	280	102%	>=100%,<120%	120%	16.8	110%	9.2	7.6
A003	301	119%	>=100%,<120%	120%	18.1	110%	9.9	8.2
A004	450	145%	>=120%,<150%	150%	33.8	120%	16.2	17.6
A005	190	98%	<100%	80%	7.6	70%	4.0	3.6
A006	120	105%	>=100%,<120%	120%	7.2	110%	4.0	3.2
A007	90	75%	<100%	80%	3.6	70%	1.9	1.7
A008	102	89%	<100%	80%	4.1	70%	2.1	2.0
A009	140	125%	>=120%,<150%	150%	10.5	120%	5.0	5.5
A010	103	91%	<100%	80%	4.1	70%	2.2	1.9
总计	1,930				112.0		57.7	54.3

图 2.6-1

需要注意的是，这里不仅要说明今年奖金总额为什么比去年高，还需要将主要的影响因素分别影响多少程度分析出来，即对影响因素进行定量分析。这个方法最主要的步骤如下。

第一步：将能考虑到的影响因素进行罗列，挑选出其中的 3～5 个主要因素进行分析。比如，在这个实例中，影响因素有渠道自身销售业绩的增长、奖励系数的变化、台阶系数的变化、渠道数量的增加、产品价格的调整、新市场的开拓等。但在这些因素中有哪些因素对最终奖励金额影响较大，哪些因素又不是那么重要呢？比如，某个渠道伙伴换老板了，或者某个竞争对手推出了新产品，这些不用重要的因素是较难量化的，这时就需要把重点集中在影响力较大的几个因素上进行进一步分析。

第二步：罗列出几个较为重要的因素后，假设其他因素不变，有且只有一个因素发生变化，这时计算出这个因素变化后的数值与原数值的差值。如果罗列出 3 个因素，那么就这样计算 3 次，得出 3 个差值。假设哪个因素发生变化，就是在计算哪个因素的影响程度。在这个例子中，为了计算方便，假设两个因素发生变化，一个是奖励系数从去年的 3% 调整为 5%，另一个是不同奖金类别的台阶系数有所调整，如图 2.6-2 所示。

奖励系数

今年	去年
5%	3%

台阶系数

奖金类别	今年台阶系数	去年台阶系数
<100%	80%	70%
>=100%,<120%	120%	110%
>=120%,<150%	150%	120%

图 2.6-2

首先将计算出来的差值求和，再计算占比情况，即可得出每一个因素对结果的影响比例；然后用总差值与这个比例相乘，得出的数值就代表了每一个因素对结果的影响程度。

我们使用上面的例子进行具体的计算演示，大家就清楚这个过程了。

第一步：假设各渠道今年和去年的营业收入一样（仅为计算方便，这项一定是不同的），目前影响渠道销售奖励金额变化的因素只有两个：第一个是奖励系数从去年的 3% 调整为 5%，第二个是不同奖金类别的台阶系数有所调整。

第二步：假设今年奖励系数从去年的 3% 调整到 5%，但是不同奖金类别的台阶系数与去年相同，则渠道销售奖励金额=营业收入×5%×去年台阶系数，求和后得出奖金总额为 96.5 万元（见图 2.6-3），与 112.0 万元相差 15.5 万元，即奖励系数的调整对渠道销售奖励总额的影响为 15.5 万元。但需要注意的是，这里的 15.5 万元只是假设的数值，并不是最终影响的绝对数，我们需要用这个数字进一步计算得出比例。绝对数没有实际的含义，但是比例对比关系是可以说明问题的。

渠道编号	营业收入（万元）	任务完成率	奖金类别	去年台阶系数	此条件计算的奖金总额（万元）
A001	154	90%	<100%	70%	5.4
A002	280	102%	>=100%,<120%	110%	15.4
A003	301	119%	>=100%,<120%	110%	16.6
A004	450	145%	>=120%,<150%	120%	27.0
A005	190	98%	<100%	70%	6.7
A006	120	105%	>=100%,<120%	110%	6.6
A007	90	75%	<100%	70%	3.2
A008	102	89%	<100%	70%	3.6
A009	140	125%	>=120%,<150%	120%	8.4
A010	103	91%	<100%	70%	3.6
总计	1,930				96.5

图 2.6-3

同理，假设今年奖励系数保持 3% 不变，但是不同奖金类别的台阶系数有所调整，则渠道销售奖励金额=营业收入×3%×今年台阶系数，求和后得出奖金总额为 67.2 万元（见图 2.6-4），与 112.0 万元相差 44.8 万元，即台阶系数的变化对渠道销售奖励总额的影响为 44.8 万元。

第三步：对两个影响结果进行权重计算。

即两个因素的变化所带来的渠道销售奖励金额为：

15.5+44.8=60.3 万元

奖励系数的变化对渠道销售奖励金额的增长影响程度为：

15.5÷60.3=26%

渠道编号	营业收入（万元）	任务完成率	奖金类别	今年台阶系数	此条件计算的奖金总额（万元）
A001	154	90%	<100%	80%	3.7
A002	280	102%	>=100%,<120%	120%	10.1
A003	301	119%	>=100%,<120%	120%	10.8
A004	450	145%	>=120%,<150%	150%	20.3
A005	190	98%	<100%	80%	4.6
A006	120	105%	>=100%,<120%	120%	4.3
A007	90	75%	<100%	80%	2.2
A008	102	89%	<100%	80%	2.4
A009	140	125%	>=120%,<150%	150%	6.3
A010	103	91%	<100%	80%	2.5
总计	1,930				67.2

图 2.6-4

台阶系数的调整对渠道销售奖励金额的增长影响程度为：

44.8÷60.3=74%

这里我们可以再往前计算一步，在最开始我们统计今年奖金总额与去年奖金总额的差值为 54.3 万元。现在将计算出来的 26% 和 74% 与 54.3 万元分别相乘得出：

奖励系数的变化对渠道销售奖励金额带来的金额增长为：

26%×54.3=14.1 万元

台阶系数的调整对渠道销售奖励金额带来的金额增长为：

74%×54.3=40.2 万元

通过上面的计算就可以清楚地得出结论：今年与去年相比渠道销售奖励金额增加了 54.3 万元，其中有 14.1 万元是由奖励系数从 3% 调整到 5% 带来的增长，有 40.2 万元是由台阶系数的调整带来的增长。

通过这个方法就可以将主要的影响因素从感性的角度转变成相对客观的定量分析，有时得出结论的瞬间，定量的结果会完全推翻感性判断的猜测，这就是数据分析的魅力所在。另外，因为在分析过程中我们尽量使用了定量分析，就是将每个影响因素量化，并计算出每个因素对结果的影响权重，所以在分析结果明确后，读者更关注的是定性结果，就是大家更关注哪个因素是主要原因，哪个因素是次要原因，但具体影响有多大其实并不重要。

2.7　方法论分析法

大家耳熟能详的方法论如 4P 营销理论、SWOT 分析、Scorecard、PEST 等，这些方法论广泛应用于各行各业，并被证实是行之有效的理论。所以，大家可以在合适的场景下大胆地套用。下面对几个理论进行简单的介绍，具体的内容还请查找相关书籍。这些方法论分析法大部分属于定性分析，与数据分析还是有一定差别的，不是本书介绍的重点。但由于定性和定量可以混合使用，因此还是建议读者多了解、多学习。

2.7.1　4P 营销理论

4P 营销理论是 1960 年杰罗姆·麦卡锡提出的著名营销理论，这里的 4P 是指产品（Product）、价格（Price）、渠道（Place）、宣传（Promotion），正好这 4 个词的首字母都是 P，通过灵活、有效的战略将 4P 结合起来就搭建出一套完整的营销策略，如图 2.7-1 所示。随着理论的发展和演变，后来人们还发明了 6P、7P、10P 等营销理论，但是这些理论的基础都是 4P 营销理论。因此，做好 4P 营销理论是这些衍生理论发挥作用的最根本的基础。

图 2.7-1

2.7.2　SWOT 分析法

SWOT 分析法通过对一个决策或行为即将产生的优势、劣势、机会和威胁进行系统的

分析，最终得出下一步的措施，因此常用于公司战略层面，或者产品、市场某个决策时使用。另外，在分析市场情况与竞争对手时，也经常会使用 SWOT 分析法。这里的 SWOT 分析法包括两部分：第一部分为 SW，代表优势和劣势的分析，主要针对企业内部的环境进行分析；第二部分为 OT，代表机会和威胁的分析，与第一部分相对应，主要针对外部市场的竞争进行分析，如图 2.7-2 所示。从战略的角度看，这个分析的过程有助于公司决策的确定。

图 2.7-2

2.7.3　Scorecard 分析法

Scorecard 分析法直译就是计分卡分析法，即先对不同的行为赋予不同的分值，再将得分进行分析。

科莱斯平衡计分卡是由哈佛大学教授 Robert Kaplan 与诺朗顿研究院（Nolan Norton Institute）的执行长 David Norton 于 20 世纪 90 年代提出的一种绩效评价体系。目前，平衡计分卡已经发展为集团战略管理的工具，在集团战略规划与执行管理方面其重要性不可小觑。但本书意在做到简洁、实用，所以这里提及的 Scorecard 不是科莱斯平衡计分卡，而是最简单的计分卡，大家可以想成调查问卷。针对不同的行为给予不同的选项，并对每个选项给予不同的分数，将所有的报告收集后，再进行统计分析，就可以知道大家对每种行为的普遍选择了。最常见的实例就是心理测验，现在好多心理测验都是对每个选项赋予了得分，在计算出总分数后，根据总分数对照出测验的结果。这些都是通过对选项进行赋值，将文字类信息进行数字化的过程。在企业管理中，也可以使用这个方法进行分析，如下面的 HR 或者培训部发起的公司员工培训需求调查问卷，如图 2.7-3 所示。

***公司员工培训需求调查问卷

Q1：您在本公司的年限？（单选）

1 年以内

1～3 年

3～5 年

5～8 年

8 年以上

Q2：您是否接受过由公司提供的有关工作技能提升与发展的培训？（单选）

是

否

Q3：在过去 1 年中您参加培训的次数是？（单选）

没有

1 次

2～3 次

3～5 次

5 次以上

Q4：您希望参加哪类培训？（多选）

企业文化培训

岗位专业技能

个人自我管理技能

职业道德与素养

办公自动化

行业、市场及产品信息

人际关系及沟通技能

英语（外语）方面的培训

图 2.7-3

除此之外，还有很多常被大家使用的数据分析的方法，如鱼骨图、EOI 分析法，5W1H 等。这些更偏向文字类的分析，具体的使用方法读者在网上都能查到，这里就不再赘述了。

第 **3** 章

实用图表的制作技巧

前文用了大量篇幅介绍数据分析中数据可视化的重要性及图表的选取，下面详细介绍一些常用且实用的图表的制作技巧。在了解这些图表的制作技巧后，再结合前文讲的数据分析的方法，就可以将日常报告做成可视化数据报告，同时通过几个简单的数据公式自动计算，可以将报告做成半自动化工具。这样一来，节省出的时间可以用来制作各个维度的报告，也可以用在业务思考或工作改进方面。同时，可视化数据报告能够展现出制作者对业务的深入理解和专业性。所以，后面的章节一方面会分别介绍图表工具的使用方法，另一方面会结合公式来制作图表，从而带领读者一起完成几套销售数据看板的制作。

3.1 圆环图和饼图

圆环图和饼图适用于比例或占比数据的表达。比如，实际收入占销售目标的比例，即完成率；市场几家头部厂商营业额占比，即市场占有率等。这类数据可以通过圆环图和饼图进行呈现。

3.1.1 实例 1：完成率圆环图的制作方法

通过多个系列的设置，再搭配由浅入深的颜色渐变，可以使圆环图具有一定的设计感，如图 3.1-1 所示。虽然此图有多个系列，但是所有系列都引用一个指标，所以只能显示一个指标的完成情况。

数据源格式

系列数据如图 3.1-2 所示。

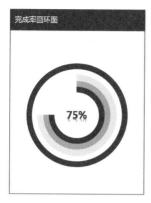

图 3.1-1

行数	完成率	未完成率
第一行	100%	
第二行	100%	
第三行	75%	25%
第四行	75%	25%
第五行	75%	25%

图 3.1-2

制作步骤

第一步：选中"完成率"和"未完成率"数据列，其中未完成率=1-完成率。选择"插入"选项卡，单击"圆环图"图标，创建圆环图。

第二步：选中图表，在"图表设计"选项卡中单击"切换行/列"图标，如图 3.1-3 所示。

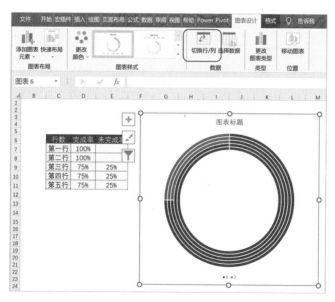

图 3.1-3

第三步：选中图表，单击鼠标右键，在弹出的快捷菜单中选择"选择数据"命令，在"选择数据源"对话框中将第一行、第二行数据移到底端，也就是圆环图的最外层，如图 3.1-4 所示。

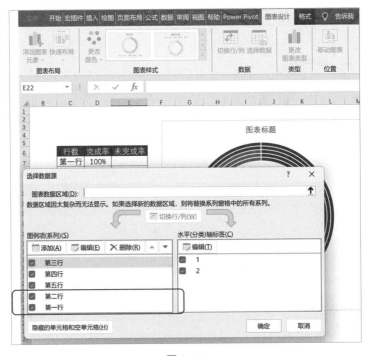

图 3.1-4

第四步：将各环形部分填充上需要的颜色。

其中，将第一行数据的环形填充和轮廓均设置为深蓝色，第二行数据的环形填充和轮廓均设置为透明色（或者与背景色同色），第三行至第五行的数据完成率部分的环形填充和轮廓设置为由深蓝至浅蓝的渐变色，未完成率部分的环形填充和轮廓设置为透明色。

第五步：添加数据标签，这个圆环图就制作完成了。

3.1.2 实例 2：计时器风格圆环图的制作方法

计时器风格圆环图通过将圆环图碎片化，使圆环图更具动感。类似表盘的外形使展示的指标具有时间性和急迫性，如图 3.1-5 所示。

数据源格式

系列 1 数据如图 3.1-6 所示。

系列 2 数据：1,1,1,1,1,1,1,1,1,1,1,1,1,1,1,1,1,1,1,1,1,1,1。

如果希望切块多些，就增加 1 的个数；如果希望切块少些，就减少 1 的个数。

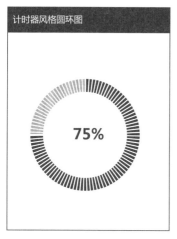

图 3.1-5

完成率	未完成率
75%	25%

图 3.1-6

制作步骤

第一步：选中"完成率"和"未完成率"数据列，插入圆环图，形成系列 1。单击"选择数据"图标，在弹出的"选择数据源"对话框中单击"添加"按钮。在弹出的"编辑数据系列"对话框中，添加系列 2，在"系列值"下方的文本框中输入多个 1，并用英文逗号分隔，如图 3.1-7 所示。

图 3.1-7

第二步：系列 1 呈现圆环图的完成率部分，而系列 2 呈现碎块区隔效果，并且添加的 1

的个数越多，块数越多，图表分裂的程度越大。将系列 1 填充为图表最终需要的颜色后，将系列 2 的完成率部分改为透明色，将未完成率部分改为浅蓝色，并设置透明度为 30%。在"更改图表类型"对话框中，将系列 2 调整为次坐标轴，如图 3.1-8 所示。需要注意的是，更改次坐标轴这个操作一定要在填充颜色之后进行，顺序不能颠倒，最后添加数据标签。

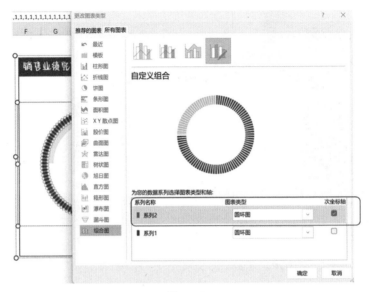

图 3.1-8

3.1.3 实例 3：3D 立体饼图的制作方法

3D 效果的图表会使分析报表更加生动立体，尤其是将需要的重点单独分离体现，可以更突出地展现分析结论，如图 3.1-9 所示。

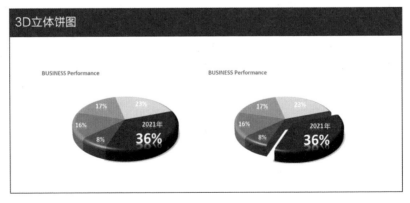

图 3.1-9

数据源格式

系列数据如图 3.1-10 所示。

制作步骤

第一步：选中"完成率"数据列，在"插入"选项卡中单击"三维饼图"图标。双击饼图的各个部分，单独将饼图的各个部分的填充设置为从深蓝至浅蓝色，将最主要、最突出部分的填充设置为深蓝色，这样饼图的效果更为显著。调整饼图的角度，将需要突出显示的深蓝色部分正对读者，如图 3.1-11 所示。

销售团队	完成率
销售一组	8%
销售二组	16%
销售三组	17%
销售四组	23%
销售五组	36%

图 3.1-10

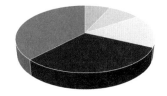

图 3.1-11

第二步：在"三维格式"选区中，将顶部棱台的"宽度"设置为"17 磅"，"高度"设置为"15.5 磅"，并将材质效果设置为"塑料效果"，如图 3.1-12 和图 3.1-13 所示。

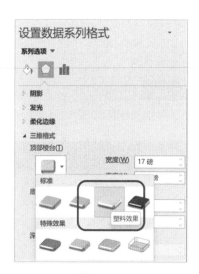

图 3.1-12

图 3.1-13

第三步：添加数据标签，调大字号，设置文字映像效果（见图 3.1-14），这个商务风饼图就制作完成了。

为了进一步突出和强调，还可以将突出和强调的部分做成分离效果。

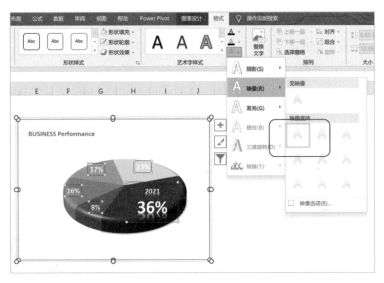

图 3.1-14

3.1.4　实例 4：复合饼图的制作方法

复合饼图将饼图占比较高的部分通过辅助的饼图进行进一步的细分，让数据体现得更加直观、多维、立体。从图 3.1-15 中可以看出，83%的收入来自服务器产品，其中北区贡献最多，占总收入的 40%，南区和东区各占总收入的 20% 左右，从而可以更清晰地看出收入的主要来源分布。

数据源格式

电子产品销售明细如图 3.1-16 所示。

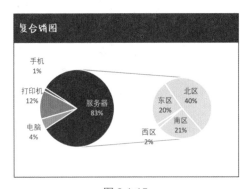

图 3.1-15

总收入

分类	收入（万元）
电脑	57
打印机	171
手机	19
东区	281
北区	564
南区	296
西区	32
合计	1,420

图 3.1-16

制作步骤

第一步：数据整理。

图 3.1-17 所示为根据电子产品销售明细制作的数据透视表结果，其中左侧是按照产品类别制作的总收入，以及按照销售区域进行细分的服务器收入；右侧是将服务器用 4 个销售区域的数据进行体现的总收入。

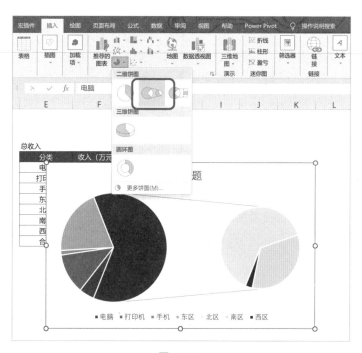

总收入

产品类别	收入（万元）
服务器	1,173
电脑	57
打印机	171
手机	19
总计	1,420

服务器收入

区域	收入（万元）
东区	281
北区	564
南区	296
西区	32
总计	1,173

总收入

分类	收入（万元）
电脑	57
打印机	171
手机	19
东区	281
北区	564
南区	296
西区	32
合计	1,420

图 3.1-17

第二步：创建复合饼图。

创建复合饼图时，需要注意不要将"合计"一行选中。选中数据，单击"复合饼图"图标，插入复合饼图，如图 3.1-18 所示。

图 3.1-18

第三步：设置复合饼图。

图表的重点在于绘图区的设置。在图表上，单击鼠标右键，在弹出的快捷菜单中选择"设置数据系列格式"命令。在右侧的设置栏中，将"第二绘图区中的值"改为"4"，如图 3.1-19 所示。第二绘图区就是右侧小饼图，体现的是服务器收入在 4 个销售区域的分布，4 个销售区域需要 4 个值来体现。

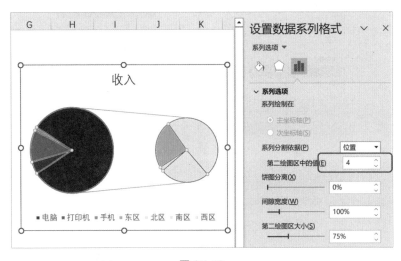

图 3.1-19

第四步：添加数据标签，并进行设置。需要注意的是，"其他"的字样是默认的，需要双击数据标签，并手动修改为"服务器"。

3.1.5 实例 5：双层饼图的制作方法

双层饼图可以实现在一个图表中同时呈现两个指标的分布情况。例如，在一个饼图中呈现收入占比和数量占比两个维度，如图 3.1-20 所示。同时，相同的分类可以用同样的颜色表示，以便更直观地进行对比分析。比如，收入占比中的 2 路服务器和数量占比中的 2 路服务器在图表中均用深蓝色表示。

数据源格式

系列数据如图 3.1-21 所示。

制作步骤

第一步：插入饼图，添加系列 1 为收入占比，系列 2 为数量占比，如图 3.1-22 所示。

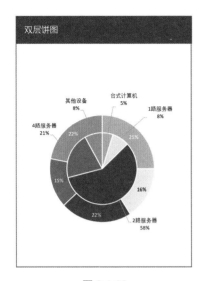

图 3.1-20

收入占比		数量占比	
台式计算机	5%	台式计算机	25%
1路服务器	8%	1路服务器	16%
2路服务器	58%	2路服务器	22%
4路服务器	21%	4路服务器	15%
其他设备	8%	其他设备	22%
总计	100%	总计	100%

图 3.1-21

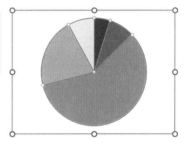

图 3.1-22

第二步：将系列 1 调整为次坐标轴，并将"饼图分离"设置为"50%"，如图 3.1-23 所示。

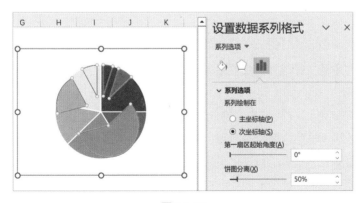

图 3.1-23

第三步：双击系列 1 饼图中的一个部分，按住鼠标左键向圆点拖动，同样分别将各部分拖至圆点。将系列 1 和系列 2 相同类别名称的部分填充同样的颜色。双层饼图类别较多，建议使用同类颜色深浅度渐变。

3.1.6 实例 6：双层递进饼图的制作方法

这个双层饼图与实例 5 有所区别。实例 5 中的系列 1 和系列 2 的类别是一一对应的关系，是从收入占比和数量占比两个维度进行不同的划分。但实例 6 的双层饼图是将系列 1 中的分类进行二次细分，因此系列 2 同类别的占比总和与系列 1 的占比值相等，系列 1 和系列 2 是从属关系，如图 3.1-24 所示。

数据源格式

系列数据如图 3.1-25 所示。

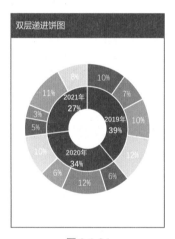

图 3.1-24

年份	年度收入（万元）	季度	季度收入（万元）
2019年	3,078	一季度	804
		二季度	563
		三季度	791
		四季度	920
2020年	2,727	一季度	501
		二季度	926
		三季度	497
		四季度	803
2021年	2,131	一季度	365
		二季度	263
		三季度	876
		四季度	627

图 3.1-25

制作步骤

第一步：将年度收入作为系列 1，将季度收入作为系列 2，如图 3.1-26 所示。

第二步：将系列 1 修改为"次坐标轴"，将"饼图分离"修改为"50%"，如图 3.1-27 所示。

第三步：同实例 5 一样，双击实例 6 中系列 1 的饼图，将各部分拖至圆点，并将系列 1 和系列 2 中各部分填充为需要的颜色。这里填充颜色的技巧和实例 5 不同，可以将系列 1 填充相同颜色或不同颜色，系列 2 中与系列 1 对应的类别填充同色系的渐变色。

为了显示更加清晰，这里系列 1 填充了相同颜色，而系列 2 中相同的类别名称使用了相同颜色，从而可以清晰地呈现各个部分的划分边界。

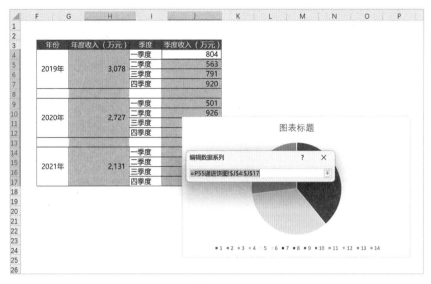

图 3.1-26

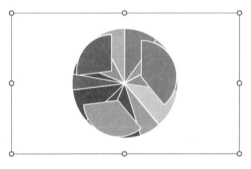

图 3.1-27

3.1.7　实例 7：多层圆环图的制作方法

通过如图 3.1-28 所示的多层圆环图可以在一个图形中体现各类别的完成率。比如，按照产品部门进行划分，多层圆环图可以体现各产品部门的销售目标完成情况。

数据源格式

系列数据如图 3.1-29 所示。

制作步骤

第一步：选中数据，插入圆环图。单击"切换行/列"图标，在图表上方单击鼠标右键，在弹出的快捷菜单中选择"设置数据系列格式"命令。在右侧的设置栏中，将"圆环图圆环大小"调整为"50%"，如图 3.1-30 所示。

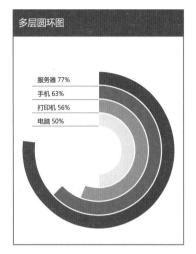

图 3.1-28

产品线	目标完成率	剩余完成率
电脑	50%	50%
打印机	56%	44%
手机	63%	37%
服务器	77%	23%

图 3.1-29

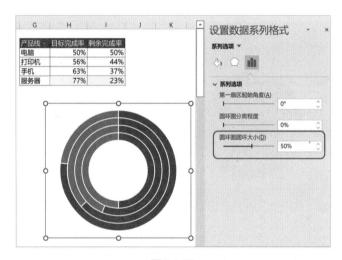

图 3.1-30

第二步：将完成率部分的圆环填充为需要的颜色，将未完成率部分的圆环填充为透明色。最后添加数据标签。

除此之外，还可以将两个圆环图进行叠加，以便同时对比各厂商的销售收入占比和销售数量占比。

数据源格式

通过观察发现各厂商的销售收入占比和销售数量占比均不超过 20%，为了让环形图中表示的比例尽量明显，这里需要添加一个辅助列，赋值均为 0.2，即 20%（环形图半圈的单位比值为 20%）。销售收入占比和销售数量占比如图 3.1-31 所示。

销售收入占比

厂商名称	收入占比	0.2-收入占比	0.2为100%
厂商1	2%	18%	0.2
厂商2	2%	18%	0.2
厂商3	2%	18%	0.2
厂商4	4%	16%	0.2
厂商5	4%	16%	0.2
厂商6	5%	15%	0.2
厂商7	5%	15%	0.2
厂商8	6%	14%	0.2
厂商9	6%	14%	0.2
厂商10	7%	13%	0.2
厂商11	7%	13%	0.2
厂商12	7%	13%	0.2
厂商13	7%	13%	0.2
厂商14	8%	12%	0.2
厂商15	15%	5%	0.2
厂商16	15%	5%	0.2

销售数量占比

厂商名称	数量占比	0.2-数量占比	0.2为100%
厂商1	1%	19%	0.2
厂商2	1%	19%	0.2
厂商3	3%	17%	0.2
厂商4	4%	16%	0.2
厂商5	4%	16%	0.2
厂商6	4%	16%	0.2
厂商7	4%	16%	0.2
厂商8	5%	15%	0.2
厂商9	6%	14%	0.2
厂商10	6%	14%	0.2
厂商11	6%	14%	0.2
厂商12	8%	12%	0.2
厂商13	10%	10%	0.2
厂商14	11%	9%	0.2
厂商15	11%	9%	0.2
厂商16	15%	5%	0.2

图 3.1-31

销售收入占比和销售数量占比都只体现为半圆，为了让圆环的面积较大、效果较好，这里将 100%单位设置为 0.2，如图 3.1-32 所示。

需要注意的是，将其中一个圆环图的"第一扇区起始角度"设置为"180°"，如图 3.1-33 所示。

图 3.1-32

图 3.1-33

3.1.8　实例 8：杂志风圆环图的制作方法

工作报表使用简单的图表呈现就足以满足日常工作需要了，但对一些专业的分析报告或者管理看板来说，需要其呈现的效果更具有设计感，因此就需要对简单的图表进行海报式的设计。这样的设计可以通过 Excel 做出专业 BI 或其他专业作图工具制作出来的效果，如图 3.1-34 所示。

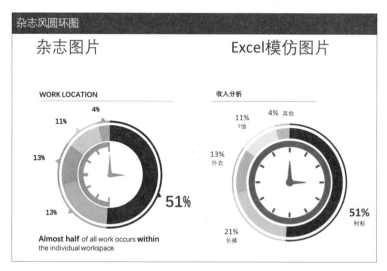

图 3.1-34

此实例通过圆环图呈现各类产品的销售收入占比。亮点是通过不同宽度的环形重叠设计来增加美感，同时通过数据标签来突出显示数字、弱化类别名称。这样图表就具有了层次感。

数据源格式

各类产品的销售收入占比如图 3.1-35 所示。

销售收入占比

产品类别	系列1	系列2	系列3	系列4	系列5	系列6	系列7	系列8	系列9	系列10
衬衫	51%	51%	51%	51%	51%	51%	51%	51%	51%	51%
长裤	21%	21%	21%	21%	21%	21%	21%	21%	21%	21%
外衣	13%	13%	13%	13%	13%	13%	13%	13%	13%	13%
T恤	11%	11%	11%	11%	11%	11%	11%	11%	11%	11%
其他	4%	4%	4%	4%	4%	4%	4%	4%	4%	4%

图 3.1-35

制作步骤

第一步：为了设计出不同宽度的环形，这里需要将销售收入占比复制为 10 列，后面 9 列最好为 "=第一列的数值"，这样可以减少日后数据更新的工作量。基于这个列表添加圆环图，如图 3.1-36 所示。

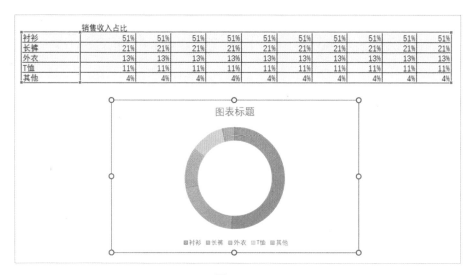

销售收入占比										
衬衫	51%	51%	51%	51%	51%	51%	51%	51%	51%	51%
长裤	21%	21%	21%	21%	21%	21%	21%	21%	21%	21%
外衣	13%	13%	13%	13%	13%	13%	13%	13%	13%	13%
T恤	11%	11%	11%	11%	11%	11%	11%	11%	11%	11%
其他	4%	4%	4%	4%	4%	4%	4%	4%	4%	4%

图 3.1-36

第二步：图表设置。

在圆环图中，选择靠近外圈的第二圈和第三圈并双击，将填充色和边框颜色修改为白色，从而制作出外圈的边框效果。接下来，在每个有颜色的扇形区域中双击，设置需要的颜色，这里需要注意一定将填充色和边框颜色设置为同一种颜色。第一次设置时会有些烦琐，但是日后更新数据时，图表不再需要进行调整。一个扇区设置完的效果如图 3.1-37 所示。

图 3.1-37

采用同样的方式将其他扇区调整完成，颜色设置完成后如图 3.1-38 所示。

第三步：标签设置。

在圆环图的任意一圈上，先单击鼠标左键选中圆环，再单击鼠标右键，在弹出的快捷菜单中选择"添加数据标签"命令。在"标签选项"选区中，勾选"类别名称"和"值"

复选框，取消勾选"显示引导线"复选框。将销售收入占比最高的产品类别的数据标签突出显示，可以有效地传递分析结果。在"衬衫"的数据标签上双击，进入标签编辑状态，将"类别名称"移到下方，将数字选中，调大字号，并用醒目的颜色显示，如图 3.1-39 所示。

图 3.1-38

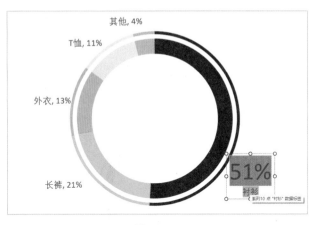

图 3.1-39

第四步：从网络上找到合适的图片放到圆环中间，这样杂志风圆环图就制作完成了。

3.1.9 实例 9：旋风圆环图的制作方法

旋风圆环图不同于玫瑰图，主要通过不同扇形面积的大小来突出主要部分，弱化不重要的部分，使图表更具有冲击力，如图 3.1-40 所示。

数据源格式

各类产品的销售收入如图 3.1-41 所示。

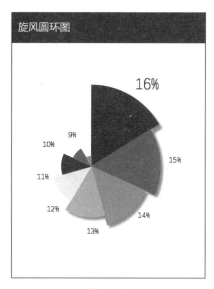

图 3.1-40

| 销售收入（万元） | | | | | | | | |
产品类别	系列1	系列2	系列3	系列4	系列5	系列6	系列7	系列8
衬衫	15	15	15	15	15	15	15	15
长裤	14	14	14	14	14	14	14	14
外衣	13	13	13	13	13	13	13	13
T恤	12	12	12	12	12	12	12	12
连衣裙	11	11	11	11	11	11	11	11
马甲	10	10	10	10	10	10	10	10
内衣	9	9	9	9	9	9	9	9
其他	8	8	8	8	8	8	8	8

图 3.1-41

制作步骤

第一步：数据准备。

产品类别有多少种，就复制多少列的数据。比如，图 3.1-41 中的产品类别分为衬衫、长裤、外衣、T 恤、连衣裙、马甲、内衣和其他 8 种，因此数据就为 8 列。同样建议用 "=" 实现。

第二步：选中数据，插入圆环图，将"圆环图圆环大小"设置为"0%"，其效果如图 3.1-42 所示。

第三步：设置圆环图颜色。

具体方法就是先从最大的扇形开始，逐一将外侧圆环区域设置为白色；再将保留的扇形部分设置为需要的颜色（如果类别种类较多，则建议采用同色系渐变）；最后为每个颜色最外圈的扇形部分添加阴影。

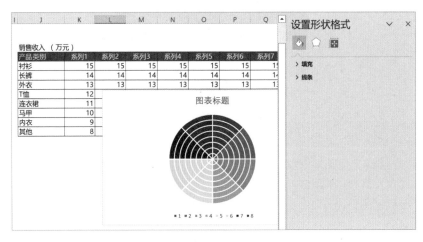

图 3.1-42

第四步：添加数据标签。

将数据标签的颜色设置为与扇形的颜色相同，并微调位置。最后，将面积最大的扇形的数据标签字体突出显示，这个旋风圆环图就制作完了。

3.1.10　实例 10：扇形圆环图的制作方法

与旋风圆环图不同，扇形圆环图呈现整个圆环的 50%部分，可更直观地在同一个水平面上对比指标间的变化，如图 3.1-43 所示。

数据源格式

各类产品的销售收入如图 3.1-44 所示。

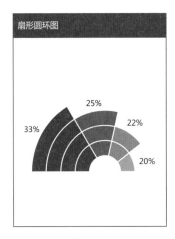

图 3.1-43

销售收入（万元）

产品类别	系列1	系列2	系列3	系列4
衬衫	80	80	80	80
长裤	62	62	62	62
外衣	53	53	53	53
T恤	50	50	50	50

图 3.1-44

与前面实例同理，产品类别有几种就将数据排列成几列。不同的是，在最下方添加一行求和结果。这样求和的结果值正好与上方 4 行的分项总值各占 50%。

制作步骤

第一步：选中数据范围，插入圆环图，进行行列转换后，得到如图 3.1-45 所示的效果。

第二步：圆环图的设置。

将"第一扇区起始角度"设置为"270°"，"圆环图圆环大小"设置为"1%"，如图 3.1-46 所示。

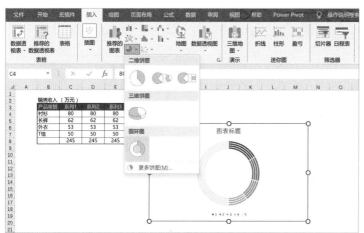

图 3.1-45

图 3.1-46

第三步：圆环图的颜色设置。

需要注意的是，将下方 50% 的扇形部分的"填充"和"边框"均设置为透明色。最后，添加数据标签。

3.2　柱形图和条形图

3.2.1　实例 1：错位条形图的制作方法

这个图表可以清晰地将两个柱形图归类为分组数据之间的对比。比如，按照年龄阶段分组，再按性别分组，这样各分组数据之间又有多维度的对比关系，如图 3.2-1 所示。

数据源格式

系列数据如图 3.2-2 所示。

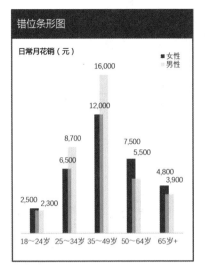

图 3.2-1

年龄段	女性花销 （元/月）	男性花销 （元/月）
18～24岁	2,500	2,300
25～34岁	6,500	8,700
35～49岁	12,000	16,000
50～64岁	7,500	5,500
65岁+	4,800	3,900

图 3.2-2

制作步骤

第一步：选中数据表，在"插入"选项卡中单击"簇状柱形图"图标，如图 3.2-3 所示。

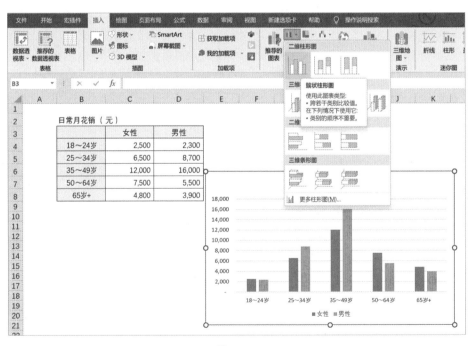

图 3.2-3

第二步：将网格线、纵坐标轴删除，使图表更清晰。在图表上单击鼠标右键，在弹出的快捷菜单中选择"设置数据系列格式"命令，如图 3.2-4 所示。

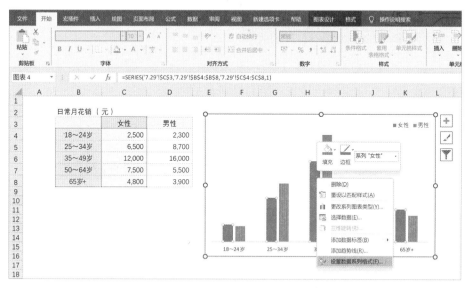

图 3.2-4

将"系列重叠"设置为"60%"，"间隙宽度"设置为"30%"，如图 3.2-5 所示。

图 3.2-5

第三步：调整颜色，并将透明度设置为 30%，这个图表就制作完成了。

3.2.2 实例 2：电池图的制作方法

为了使分析报告更有质感，我们也需要将一些基础的图表进行简单的美化，从设计的角度突破系统默认的图表形式。电池图就是最为典型的实例，如图 3.2-6 所示。

数据源格式

系列数据如图 3.2-7 所示。

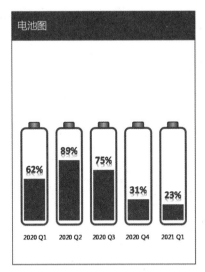

图 3.2-6

季度	业绩完成率
2020 Q1	62%
2020 Q2	89%
2020 Q3	75%
2020 Q4	31%
2021 Q1	23%

图 3.2-7

制作步骤

第一步：选中数据，单击"簇状柱形图"图标，如图 3.2-8 所示。

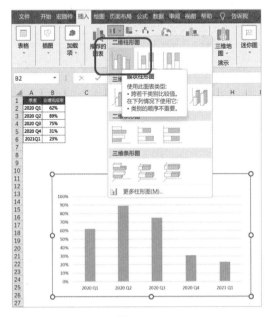

图 3.2-8

第二步：插入形状，绘制电池图，如图 3.2-9 所示。

图 3.2-9

将电池图设置为透明色，并移到柱形图上方，将柱形图的间隙宽度设置为 40%，如图 3.2-10 所示。

图 3.2-10

第三步：添加数据标签，同时插入文本框，标明数据的季度信息。这里也可以使用柱形图的横坐标轴来体现。

如果绘制一个小圆角矩形，复制矩形，并将其粘贴至柱形图上，就可以制作出如图 3.2-11 所示的效果。

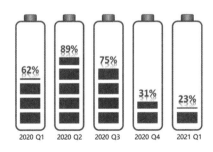

图 3.2-11

这里需要注意图片的设置，选中柱形图，单击鼠标右键，在弹出的快捷菜单中选择"设置数据系列格式"命令，将图片设置为"层叠"，如图 3.2-12 所示。

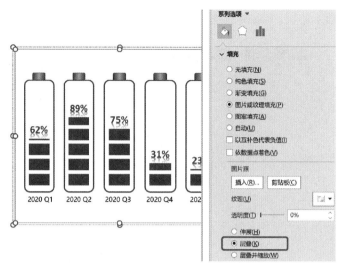

图 3.2-12

3.2.3　实例 3：误差线柱形图的制作方法

在如图 3.2-13 所示的误差线柱形图中，将销售目标与销售收入进行直观的对比，并通过误差线来突出目标与实际的差距。

数据源格式

系列数据如图 3.2-14 所示。

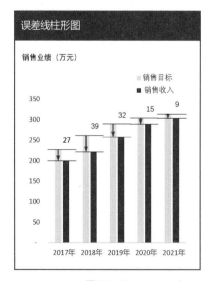

图 3.2-13

年份	销售目标（万元）	销售收入（万元）	差值（万元）
2017年	227	200	27
2018年	261	222	39
2019年	290	258	32
2020年	304	289	15
2021年	313	304	9

图 3.2-14

制作步骤

第一步：插入柱形图。

选中"销售目标（万元）"数据列和"销售收入（万元）"数据列，插入柱形图，如图 3.2-15 所示。

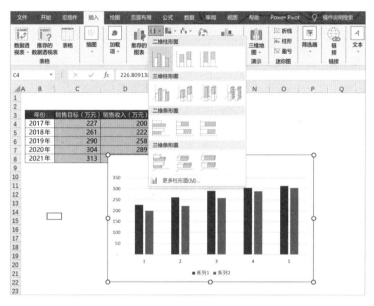

图 3.2-15

选中图表，单击鼠标右键，在弹出的快捷菜单中选择"选择数据"命令，如图 3.2-16 所示。

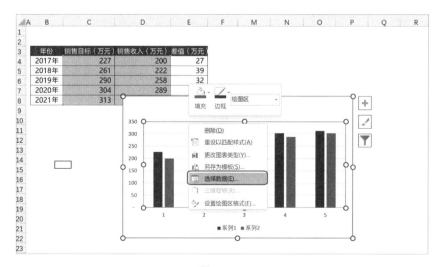

图 3.2-16

在"选择数据源"对话框中，单击"添加"按钮，如图 3.2-17 所示。

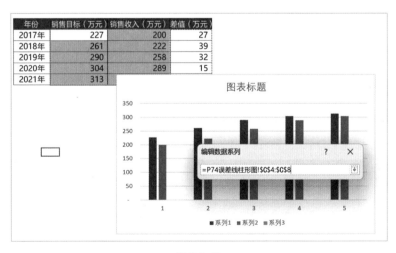

图 3.2-17

将系列值设置为"销售目标（万元）"数据列，如图 3.2-18 所示。使用同样的方法再添加一个系列，并将系列值设置为"销售收入（万元）"数据列。

图 3.2-18

设置完成后的图表效果如图 3.2-19 所示。

选中图表，在"图表设计"选项卡中单击"更改图表类型"图标，如图 3.2-20 所示。

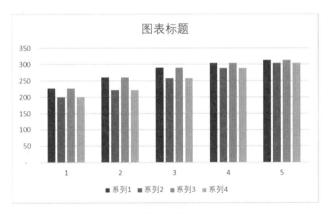

图 3.2-19

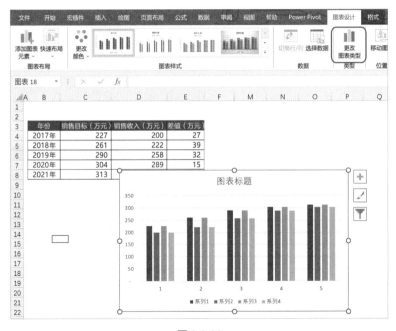

图 3.2-20

将"系列 3"和"系列 4"更改为"带数据标记的折线图",如图 3.2-21 所示。

此时,图表的基本雏形已经完成,下面的步骤就是对细节的设置。

第二步:图表的格式设置。

在页面任意区域内添加一段线段,按组合键"Ctrl + C"复制此线段。选中折线图中的标记,按组合键"Ctrl + V"进行粘贴,将折线图线条颜色设置为透明色,并对柱形图的颜色进行修改,如图 3.2-22 所示。

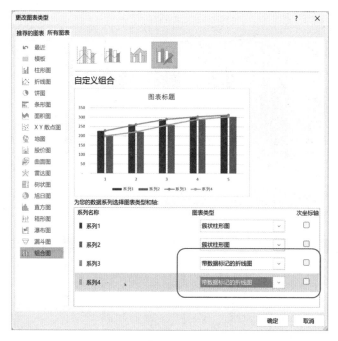

图 3.2-21

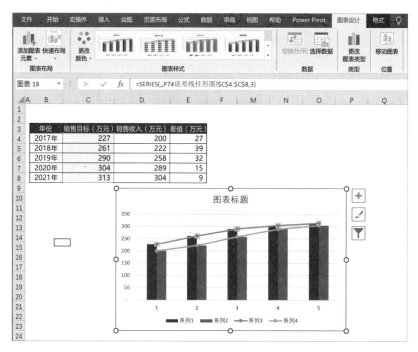

图 3.2-22

粘贴完的效果如图 3.2-23 所示。

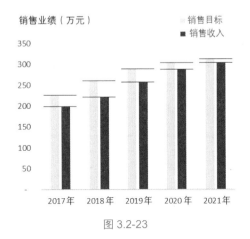

图 3.2-23

第三步：设置误差线。

选中图表中的"销售目标"系列，在"图表设计"选项卡中单击"添加图表元素"下拉按钮，选择"误差线"→"标准误差"选项，如图 3.2-24 所示。

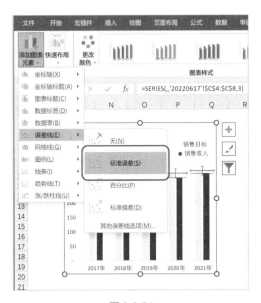

图 3.2-24

选中误差线，单击鼠标右键，在弹出的快捷菜单中选择"设置错误栏格式"命令，如图 3.2-25 所示。

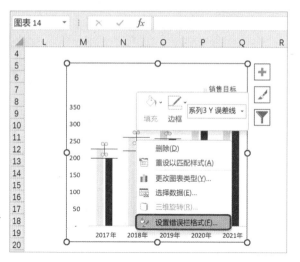

图 3.2-25

将"方向"设置为"负偏差","末端样式"设置为"无线端","误差量"设置为"自定义",如图 3.2-26 所示。在"自定义错误栏"对话框中,将"负错误值"设置为 E 列的差值项。

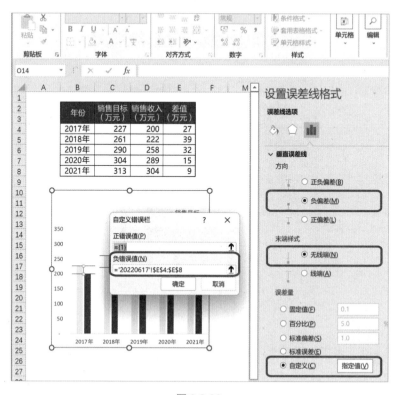

图 3.2-26

设置"结尾箭头类型",如图 3.2-27 所示。

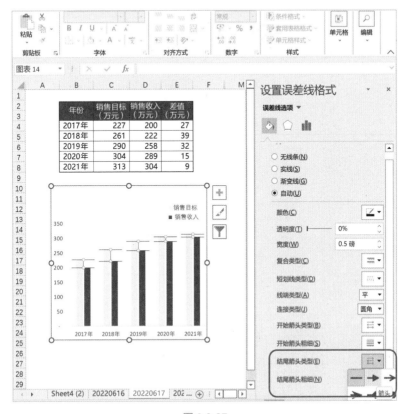

图 3.2-27

误差值的数据标签是通过插入矩形形状来实现的,如图 3.2-28 所示。

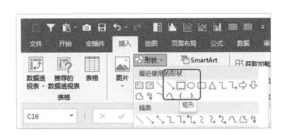

图 3.2-28

选中刚添加的矩形,在公式输入栏中输入"=",选择单元格 E4,按"Enter"键,并将矩形的填充色和边框颜色均设置为透明色,如图 3.2-29 所示。

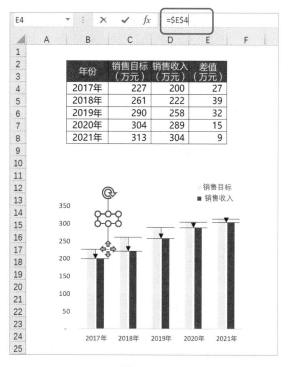

图 3.2-29

使用同样的方法为其他几个误差值添加数据标签，这样图表就绘制完成了。

3.2.4 实例 4：水滴图的制作方法

水滴图看似饼图，但其基础是柱形图，如图 3.2-30 所示。除此之外，我们还可以制作成不同形状的图表，读者在此实例的最后可以查阅。

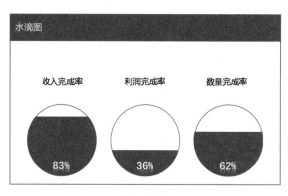

图 3.2-30

数据源格式

系列数据如图 3.2-31 所示。

完成率	
83%	100%
36%	100%
62%	100%

图 3.2-31

制作步骤

第一步：选中两列数据，单击"簇状柱形图"图标，如图 3.2-32 所示。

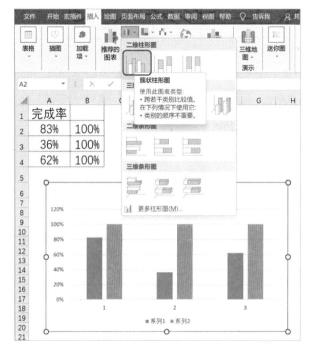

图 3.2-32

第二步：插入两个圆形形状，一个设置为深蓝色，另一个设置为透明色，如图 3.2-33 所示。

第三步：复制填充为透明色的圆形形状，将其粘贴至 100% 的系列上，复制填充为深蓝色的圆形形状，将其粘贴至完成率的系列上。将柱形图的"系列重叠"设置为"100%"，"间隙宽度"设置为"20%"，如图 3.2-34 所示。

图 3.2-33

第四步：将饼图的填充设置为"层叠并缩放"，如图 3.2-35 所示。

第五步：调整图表的高度至饼图为正圆形，添加数据标签，则此图表制作完成。

使用同样的方法，我们可以用其他图形来代替，从而制作出如图 3.2-36 所示的效果。

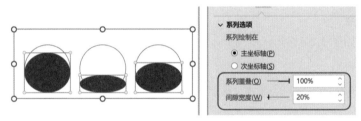

图 3.2-34

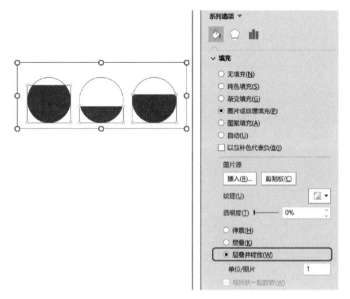

图 3.2-35

图 3.2-36

3.2.5 实例 5：商务风柱形图的制作方法

在如图 3.2-37 所示的商务风柱形图中，通过 3D 立体效果的柱形图的排列，可以呈现出该厂商飞速增长的业绩。

数据源格式

系列数据如图 3.2-38 所示。

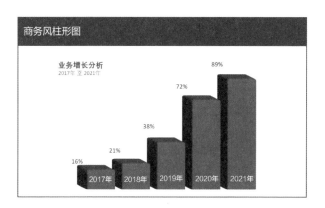

年份	完成率
2017年	16%
2018年	21%
2019年	38%
2020年	72%
2021年	89%

图 3.2-37　　　　　　　　　　　　　　图 3.2-38

制作步骤

第一步：选中数据表，单击"三维簇状柱形图"图标，如图 3.2-39 所示。

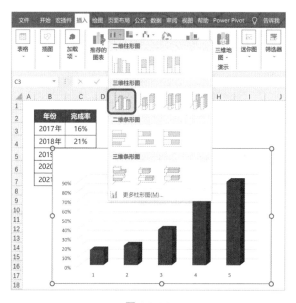

图 3.2-39

第二步：在图表上单击鼠标右键，在弹出的快捷菜单中选择"设置数据系列格式"命令。在"三维格式"选区中，将顶部棱台的"宽度"和"高度"分别设置为"10 磅"和"4磅"，如图 3.2-40 所示。

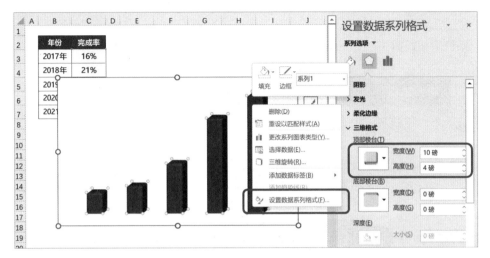

图 3.2-40

将材质设置为"暖色粗糙"，如图 3.2-41 所示。

图 3.2-41

第三步：在图表上单击鼠标右键，在弹出的快捷菜单中通过选择相应的命令来添加数据标签。

调大数据标签的字号，并增加"映像变体"效果，如图 3.2-42 所示。

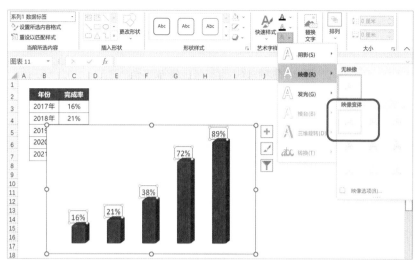

图 3.2-42

第四步：插入文字，添加图表的标题，图表就制作完成了。

3.2.6　实例 6：堆积柱形图的制作方法

在如图 3.2-43 所示的堆积柱形图中，可以直观地呈现今年每个季度的收入与去年每个季度的收入的对比情况，同时将今年每个季度的收入拆分为今年每个季度已完成收入和今年每个季度剩余目标。这样就增加了对比维度，既可以了解今年总目标水平，也可以明确目标完成进度。

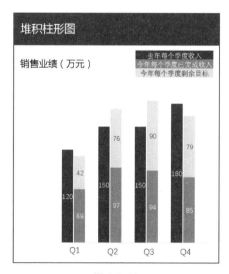

图 3.2-43

数据源格式

为了制作这个图表，我们需要将原始的数据格式进行调整，如图 3.2-44 所示。

指标	Q1	Q2	Q3	Q4
去年Q1收入（万元）	120	150	150	180
今年已完成收入（万元）	69	97	94	85
今年剩余目标（万元）	42	76	90	79

人民币（万元）

去年Q1收入	今年Q1	去年Q2收入	今年Q2	去年Q3收入	今年Q3	去年Q4收入	今年Q4
120	69	150	97	150	94	180	85
	42		76		90		79

图 3.2-44

制作步骤

第一步：选中数据源，单击"堆积柱形图"图标，如图 3.2-45 所示。

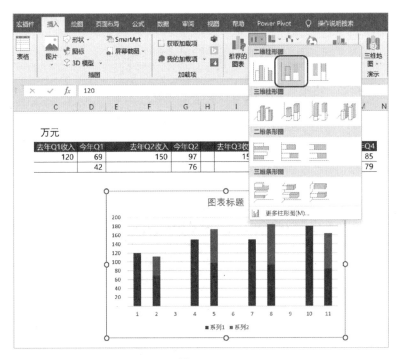

图 3.2-45

第二步：由于今年每个季度已完成收入与去年每个季度收入属于同一个系列，因此需要双击柱形图，分别设置 4 组柱形图的颜色，如图 3.2-46 所示。

第三步：由于这个柱形图的系列是混合的，因此图表工具中的图例没有办法直接使用。这里在 Excel 文件中直接占用 3 个单元格进行编写，并粘贴到图表中作为图例使用。最后，添加数据标签，这个图表就制作完成了。

图 3.2-46

3.2.7　实例 7：复合柱形图的制作方法

与单一的柱形图相比，如图 3.2-47 所示的复合柱形图的好处在于，既可以体现收入状态的分布情况，从而掌握销售节奏，也可以与销售目标进行对比，从而直观地看出距离销售目标还相差多远。

数据源格式

系列数据如图 3.2-48 所示。

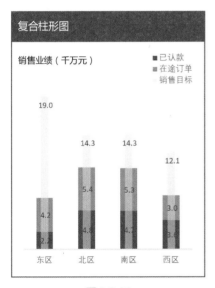

图 3.2-47

人民币（千万元）

区域	已认款	在途订单	销售目标
东区	2.2	4.2	19.0
北区	4.8	5.4	14.3
南区	4.7	5.3	14.3
西区	3.6	3.0	12.1

图 3.2-48

制作步骤

第一步：选中要创建图表的数据范围，在"插入"选项卡中单击"堆积柱形图"图标，如图 3.2-49 所示。

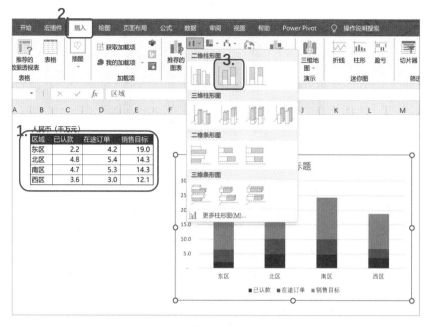

图 3.2-49

第二步：设置次坐标轴和柱形图宽度。

选中图表中"销售目标"系列，单击鼠标右键，在弹出的快捷菜单中选择"设置数据系列格式"命令，在右侧的设置栏中选中"次坐标轴"单选按钮。

将"销售目标"系列呈现在次坐标轴上。同时将主坐标轴的"间隙宽度"设置为"150%"，次坐标轴的"间隙宽度"设置为"450%"，如图 3.2-50 所示。

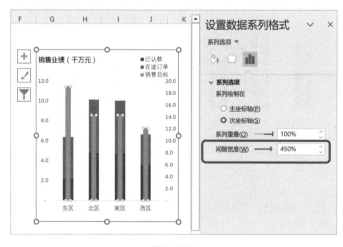

图 3.2-50

第三步：调整坐标轴。

因为主坐标轴与次坐标轴为统一计量单位，为了具有可比性，我们需要将两个坐标轴的刻度调整一致。

选中主坐标轴，单击鼠标右键，在弹出的快捷菜单中选择"设置坐标轴格式"命令。如果上一步的设置栏没有关闭，则首先在右侧的设置栏中，直接展开"坐标轴选项"选区，将最大值从 12.0 调整为 20.0，与次坐标轴最大值一致（此时选择主、次坐标轴中的最大值）；然后检查一下"单位"中的"大"和"小"选项，使主、次坐标轴调整一致；最后将坐标轴删除，或者将文字设置为白色，这个图表就制作完成了，如图 3.2-51 所示。

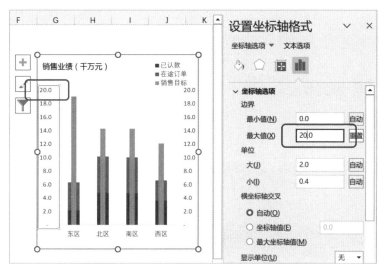

图 3.2-51

3.2.8　实例 8：不等宽百分比堆积柱形图的制作方法

现有 5 个销售团队的销售业绩情况，蓝色代表实际完成的销售收入，灰色代表与销售目标存在的差距。从如图 3.2-52 所示的 3 个图表中可以一目了然地对比出不等宽百分比堆积柱形图相对于单一的堆积柱形图和百分比堆积柱形图的优势。单一的堆积柱形图只能展示每个销售团队实际完成的销售收入和目标差距，销售团队之间的比较是横向的，没有办法从整体的角度分析每个销售团队的权重或者贡献度。单一的百分比堆积柱形图相对来说就更难有说服力，因为它将所有销售团队的销售目标都转换为百分数再进行对比，削弱了各销售团队的绝对值的影响力。而不等宽百分比堆积柱形图通过面积展示各部分对整体销售目标的权重，其图表中的面积越大，销售收入的占比越大；面积越小，销售收入的占比越小，从而实现一个图表多维度的交叉分析需求。

销售业绩（千万元）

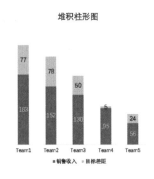

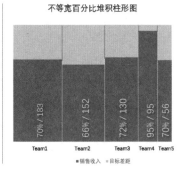

图 3.2-52

选用不等宽百分比堆积柱形图的好处，无论是从数据呈现的冲击力看，还是从数据展示维度的多样性看，都是显而易见的。

数据源格式（见图 3.2-54）

制作步骤

第一步：数据准备。

基于销售目标和销售收入，这里需要添加几列数据作为图表的取值范围，如图 3.2-53 所示。

人民币（万元）

销售团队	销售目标	销售收入	目标差距		完成率	未完成率	销售目标占比	销售目标占比累计
Team1	260	183	77		70%	30%	31%	
Team2	230	152	78		66%	34%	27%	58%
Team3	180	130	50		72%	28%	21%	79%
Team4	100	95	5		95%	5%	12%	91%
Team5	80	56	24		70%	30%	9%	100%
Total	850	616	234					

图 3.2-53

（1）完成率：销售收入/销售目标，计算实际销售收入完成率。

（2）未完成率：1-完成率。

（3）销售目标占比：每个销售团队的销售目标值在总目标值中的占比，如 Team1 的销售目标占比为 260/850。

（4）销售目标占比累计：计算完销售目标占比，将各销售团队的占比值进行累加，如 Team2 的累加值为 31%+27%。

完成率和未完成率在图表中决定了每个图形的上下比例分配，销售目标占比决定了每个柱形图的宽度，销售目标占比累计是为了方便作图。

第二步：数据格式编辑。

（1）在 Excel 表中输入一列从 1 到 100 的编号，将编号按照之前计算的销售目标占比累计值进行颜色区分。例如，1～31 区间为蓝色，32～58 区间为灰色，59～79 区间为蓝色，80～91 区间为灰色，92～100 区间为蓝色。这样递延间隔开，在进行数据选取时是非常容易定位的。

（2）将不同销售团队的完成率粘贴到相应的比例区间。例如，Team1 的完成率为70%，未完成率为30%，将这两个数据粘贴到 1～31 区间。Team2 的完成率和未完成率分别为 66% 和 34%，粘贴到 32～58 区间，以此类推。但这里需要注意的是，Team1 和 Team2 的列要错开排列，效果如图 3.2-54 所示。

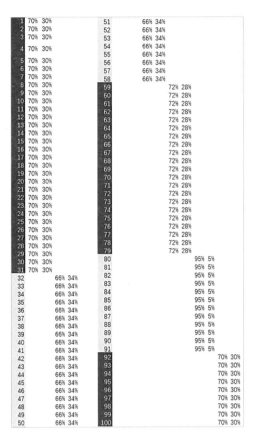

图 3.2-54

第三步：创建图表。

将第二步布局好的数据选中，单击"百分比堆积柱形图"图标，如图 3.2-55 所示，此时系统会默认生成一个柱形图。

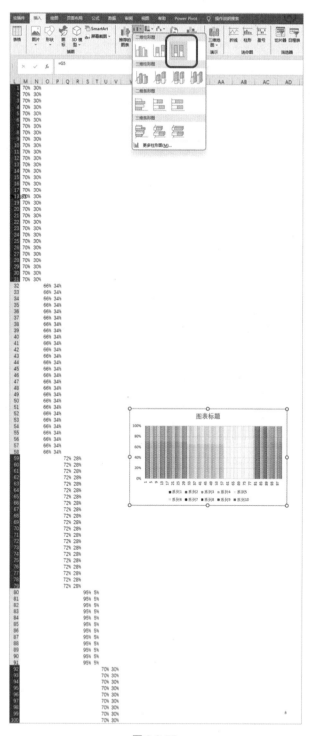

图 3.2-55

将图表不需要的元素删除掉，在图表上单击鼠标右键，在弹出的快捷菜单中选择"设置数据系列格式"命令，如图 3.2-56 所示。

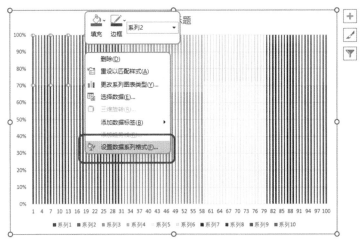

图 3.2-56

在右侧的设置栏中，将"间隙宽度"设置为"0%"，如图 3.2-57 所示。

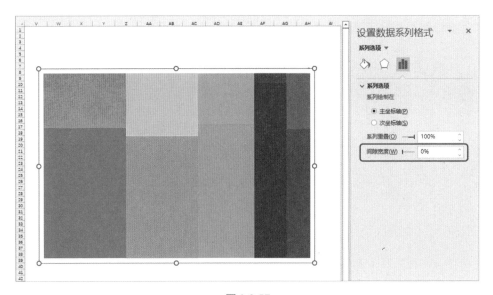

图 3.2-57

依次将各系列填充上需要的颜色。在"插入"选项卡中，单击"形状"下拉按钮，单击"直线"图标，将插入的直线作为各销售团队的区分线。操作时按住"Shift"键，这样可以绘制垂直或水平的直线。

第四步：数据标签的制作。

由于系列众多，没有办法用默认的添加数据标签进行，因此在这里分享这个图表数据标签的制作方法。

采用 ROUND 和&两个公式搭建一列新的字段，字段内容作为数据标签，这里的设置可以体现目标完成率和实际销售收入的绝对值，如图 3.2-58 所示。

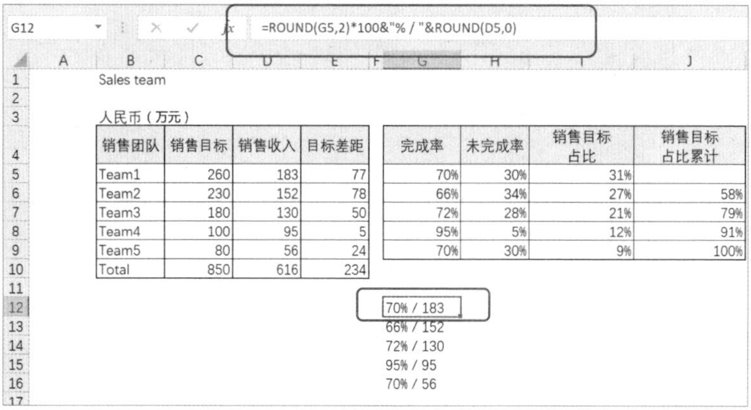

销售团队	销售目标	销售收入	目标差距	完成率	未完成率	销售目标占比	销售目标占比累计
Team1	260	183	77	70%	30%	31%	
Team2	230	152	78	66%	34%	27%	58%
Team3	180	130	50	72%	28%	21%	79%
Team4	100	95	5	95%	5%	12%	91%
Team5	80	56	24	70%	30%	9%	100%
Total	850	616	234				

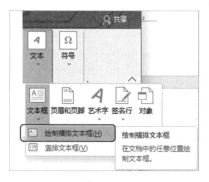

图 3.2-58

按照如图 3.2-59 所示的操作插入文本框。

图 3.2-59

选中文本框，在公式输入栏中输入“=”，并选中上一步创建的组合信息——单元格 G12，如图 3.2-60 所示。

使用同样的方法创建 5 个，并调整好方向，摆放到图表合适的位置。这里需要注意的是，每次文本框重新进行公式关联，格式都会变化，所以本书建议将公式都连接好后再进行颜色、字体等基本设置。

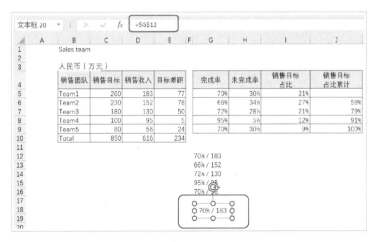

图 3.2-60

3.2.9 实例 9：蝴蝶图的制作方法

蝴蝶图可以将两个可比较的指标通过相同的分类维度进行比较。比如，将 2020 年和 2021 年的收入同时按照产品线进行对比分析，这样可以直观地横向对比当期增长或下降的原因，如图 3.2-61 所示。

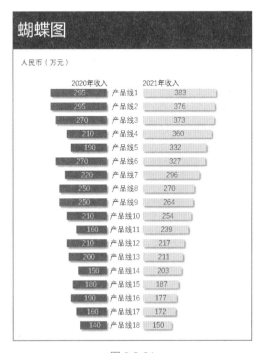

图 3.2-61

数据源格式

系列数据如图 3.2-62 所示。

	辅助列1	2020年收入（万元）	辅助列2	2021年收入（万元）
产品线1	88	295	192	383
产品线2	88	295	192	376
产品线3	113	270	192	373
产品线4	173	210	192	360
产品线5	193	190	192	332
产品线6	113	270	192	327
产品线7	163	220	192	296
产品线8	133	250	192	270
产品线9	133	250	192	264
产品线10	173	210	192	254
产品线11	223	160	192	239
产品线12	173	210	192	217
产品线13	183	200	192	211
产品线14	233	150	192	203
产品线15	203	180	192	187
产品线16	193	190	192	177
产品线17	223	160	192	172
产品线18	243	140	192	150

图 3.2-62

制作步骤

第一步：数据源格式说明，原始数据包含"2020 年收入（万元）"数据列和"2021 年收入（万元）"数据列。辅助列 1 中的值等于 2020 年收入和 2021 年收入中的最大值减去 2020 年收入中的值，这样可以使不同产品线辅助列 1 中的值加上 2020 年收入中的值都是相等的。图表效果是实现 2020 年收入向右对齐。辅助列 2 中的值等于 2020 年收入和 2021 年收入中最大值的一半，或者接近的一个整数，这个数值没有固定的限制，因需而定。图表效果是 2020 年收入和 2021 年收入两部分条形图中间的距离，且数据越大，宽度越宽。

第二步：选中图表后 4 列的数据，插入堆积条形图。删除不需要的元素，在删除纵坐标轴之前，将"坐标轴位置"设置为"逆序类别"，如图 3.2-63 所示。

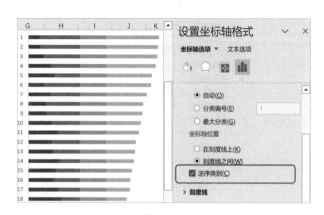

图 3.2-63

第三步：将"辅助列 1"系列和"辅助列 2"系列的颜色都调整为透明色，并将"间隙宽度"设置为"50%"，如图 3.2-64 所示。

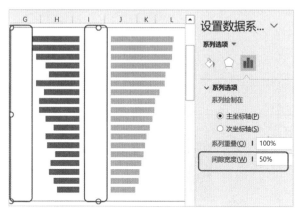

图 3.2-64

第四步：为"2020 年收入"系列、"2021 年收入"系列和"辅助列 2"系列添加数据标签。其中，将"辅助列 2"系列的数据标签设置为"单元格中的值"，范围选择产品线名称的数据列，如图 3.2-65 所示。最后，调整左、右两侧条形图的颜色，这个图表就制作完成了。

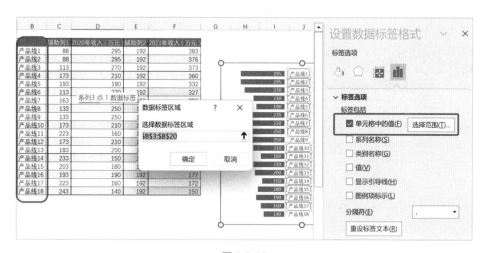

图 3.2-65

3.2.10　实例 10：瀑布图的制作方法

通过瀑布图可以清晰地分析出导致最终结果是增长还是下降的具体原因，同时分析出与目标的差距，如图 3.2-66 所示。

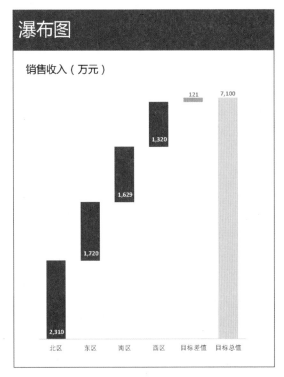

图 3.2-66

数据源格式

系列数据如图 3.2-67 所示。

大区	销售目标（万元）	销售收入（万元）
北区	2,000	2,310
东区	1,800	1,720
南区	1,800	1,629
西区	1,500	1,320
合计	7,100	6,979

大区	收入（万元）	辅助列（万元）
北区	2,310	-
东区	1,720	2,310
南区	1,629	4,030
西区	1,320	5,659
目标差值	121	6,979
目标总值		7,100

图 3.2-67

这里需要将左侧的数据表进行格式转换，辅助列中的值等于上一行辅助列中的值加上一行收入中的值，如图 3.2-68 所示。

大区	收入（万元）	辅助列（万元）
北区	2,310	-
东区	1,720	2,310
南区	1,629	4,030
西区	1,320	5,659
目标差值	121	6,979
目标总值		7,100

图 3.2-68

制作步骤

第一步：选中数据，单击"堆积柱形图"图标，如图 3.2-69 所示。

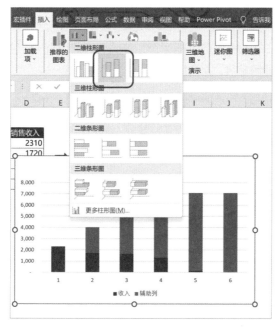

图 3.2-69

第二步：在"选择数据源"对话框中，将"收入"和"辅助列"两个系列数据进行顺序调整，如图 3.2-70 所示。

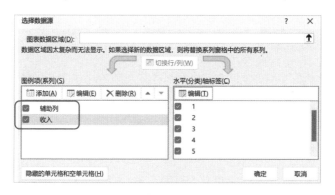

图 3.2-70

第三步：将"辅助列"系列的柱形图颜色调整为透明色，但需要双击"辅助列"系列最后一个柱形图进行单独的颜色填充。最后，添加数据标签。

3.3 散点图和气泡图

散点图在经营分析中的重要性不言而喻。比如，Gartner 魔力象限、性格四象限及《穷爸爸富爸爸》里面提到的 ESBI 象限，都可以通过量化的指标将个体以散点图的形式展示在图形中，再加之中位数或平均数等指标作为参照进行象限划分。这里提供几个实际的散点图和气泡图应用供读者参考，如图 3.3-1 所示。

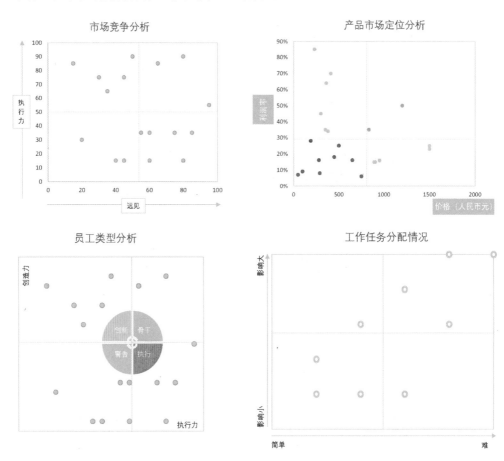

图 3.3-1

3.3.1 实例 1：竞争分析四象限图（散点图）的制作方法

在进行竞争力或者性格等文字表达性的判断时，可以通过一些经营指标或者行为方式进行打分。例如，常见的心理测试题，最后会形成分数。

数据源格式

系列数据如图 3.3-2 所示。

将"远见"数据列作为横坐标轴,"执行力"数据列作为纵坐标轴,就可构成一个象限图。

制作步骤

第一步:创建散点图,选中两个维度的数据范围,注意此时不要选择序列标签(A 列),只选择"远见"数据列和"执行力"数据列。在"插入"选项卡中,单击"散点图"图标,如图 3.3-3 所示。

第二步:将散点图调整为正方形,并添加横、竖两条直线,分别摆在远见和执行力平均值的位置,如图 3.3-4 所示。

公司名称	远见	执行力
A公司	50	90
B公司	65	85
C公司	85	35
D公司	80	15
E公司	75	35
F公司	30	75
G公司	15	85
H公司	20	30
I公司	45	15
J公司	95	55
K公司	40	15
L公司	60	35
M公司	80	90
N公司	35	65
O公司	60	15
P公司	55	35
Q公司	45	75
平均值	55	50

图 3.3-2

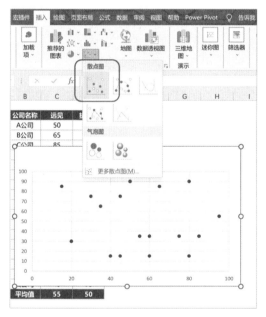

图 3.3-3

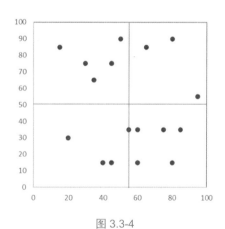

图 3.3-4

3.3.2　实例 2:ROI 分布图(气泡图)的制作方法

气泡图在较为常规的使用场景下同时存在 3 个指标,需要进行系列间的对比分析。例如,本案例中需要同时分析收入、利润和数量 3 个指标,这时就可以采用气泡图来呈现。其中,横坐标轴为利润,纵坐标轴为数量,最重要的收入用气泡的大小来表示,如图 3.3-5 所示。

数据源格式

系列数据如图 3.3-6 所示。

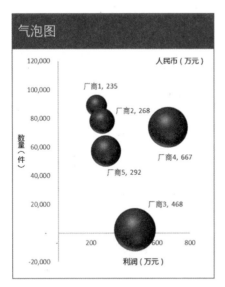

图 3.3-5

厂商	收入（万元）	利润（万元）	数量（件）
厂商1	2,351	235	89,011
厂商2	3,354	268	78,238
厂商3	9,353	468	2,316
厂商4	8,341	667	73,717
厂商5	4,866	292	57,212

图 3.3-6

制作步骤

第一步：创建气泡图。选中数据，单击"三维气泡图"图标，如图 3.3-7 所示。

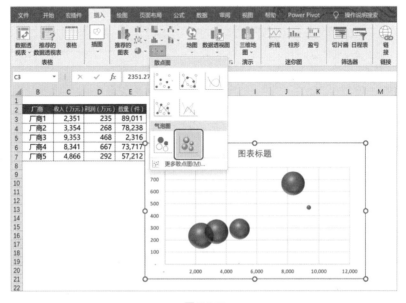

图 3.3-7

第二步：重新选择数据。在图表上单击鼠标右键，在弹出的快捷菜单中选择"选择数据"命令，将 X 轴设置为利润，Y 轴设置为数量，气泡大小设置为收入。由于气泡大小这个参数的呈现效果最为突出明显，因此可以根据需求，将最重要的指标（这里为收入）设置为气泡大小，如图 3.3-8 所示。

图 3.3-8

将不需要的图表元素删除，这个气泡图就制作完成了。不过需要注意的是，我们只添加了一个系列，如果要修改颜色，则需要逐一调整。同时，在添加数据标签中的类别名称时需要勾选"单元格中的值"复选框，在弹出的对话框中选中单元格 B3 到 B7 进行赋值，这样各厂商的名称就可以体现在数据标签中，如图 3.3-9 所示。

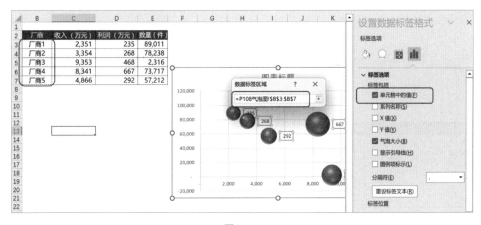

图 3.3-9

如果分析的维度又增加了一项，则可以尝试添加多个系列进行多维度呈现。这里就不详细说明了，读者可以自行练习。

3.3.3 实例 3：气泡图明星产品路线图的制作方法

当利用气泡图制作明星产品路线图（Roadmap）时，年份用来区分产品的上市时间，气泡的大小体现的是该产品销售收入的多少，如图 3.3-10 所示，其中字母代表不同的明星产品。

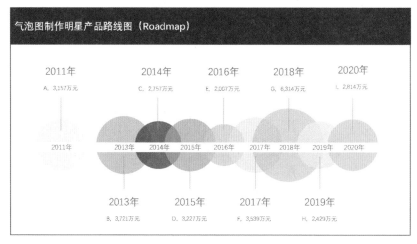

图 3.3-10

数据源格式

系列数据如图 3.3-11 所示。

数据源中添加了两行 2010 年的数据，其中辅助列为 1 和-1，这是为了实现气泡图垂直方向居中在 *X* 轴位置上，如图 3.3-12 所示。

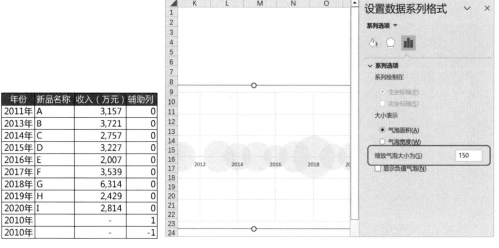

年份	新品名称	收入（万元）	辅助列
2011年	A	3,157	0
2013年	B	3,721	0
2014年	C	2,757	0
2015年	D	3,227	0
2016年	E	2,007	0
2017年	F	3,539	0
2018年	G	6,314	0
2019年	H	2,429	0
2020年	I	2,814	0
2010年		-	1
2010年		-	-1

图 3.3-11   图 3.3-12

第一步：选中数据，添加气泡图，其中 X 轴为年份，Y 轴为辅助列，气泡大小为收入。

第二步：调整每个气泡的颜色，同时按照需求可以调整 "缩放气泡大小为" 的数值（这里设置为 "150"，见图 3.3-12）。

3.3.4　实例 4：气泡图组的制作方法

气泡图组不仅可以将单一的气泡图的分析维度进一步扩大，还可以进行不同组别之间的交叉对比分析，如图 3.3-13 所示。

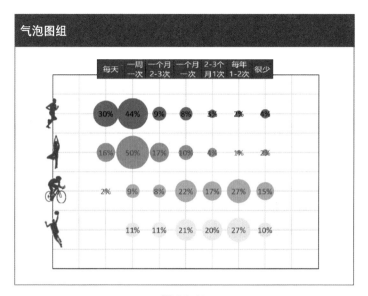

图 3.3-13

数据源格式

原始数据表如图 3.3-14 所示。

运动项目	每天	一周 一次	一个月 2-3次	一个月 一次	2-3个 月1次	每年 1-2次	很少
跑步	30%	44%	9%	8%	3%	2%	4%
跳操	16%	50%	17%	10%	4%	1%	2%
骑行	2%	9%	8%	22%	17%	27%	15%
其他	0%	11%	11%	21%	20%	27%	10%

图 3.3-14

我们需要先将数据格式进行调整，再添加辅助行 1 和辅助行 2，其中辅助行 1 决定了每个气泡的 X 轴位置，辅助行 2 决定了每个气泡的 Y 轴位置，如图 3.3-15 所示。

运动项目	每天	一周 一次	一个月 2-3次	一个月 一次	2-3个 月1次	每年 1-2次	很少
跑步	30%	44%	9%	8%	3%	2%	4%
	1	2	3	4	5	6	7
	4	4	4	4	4	4	4
跳操	16%	50%	17%	10%	4%	1%	2%
	1	2	3	4	5	6	7
	3	3	3	3	3	3	3
骑行	2%	9%	8%	22%	17%	27%	15%
	1	2	3	4	5	6	7
	2	2	2	2	2	2	2
其他	0%	11%	11%	21%	20%	27%	10%
	1	2	3	4	5	6	7
	1	1	1	1	1	1	1

图 3.3-15

制作步骤

第一步：在此数据表的基础上进行气泡图的制作。选中数据表中的任意一个数据，单击"气泡图"图标，在默认出现的图表中对数据进行进一步的设置，如图 3.3-16 所示。

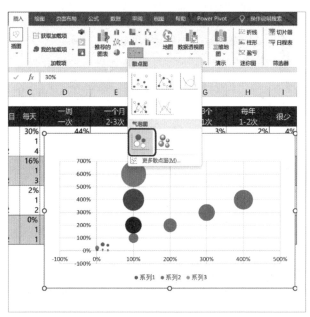

图 3.3-16

单击图表任意位置，并单击鼠标右键，在弹出的快捷菜单中选择"选择数据"命令，将"系列名称"设置为"跑步"，X 轴、Y 轴及气泡大小的设置如图 3.3-17 中标注颜色的部分。

第二步：使用同样的方法将"跳操""骑行""其他"3 个系列的数据进行设置。最后调整为需要的颜色，并添加数据标签，这个图表就制作完成了。

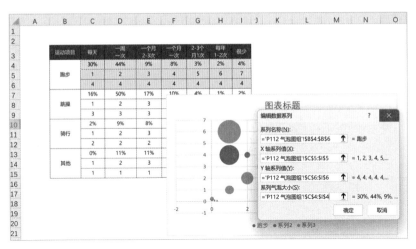

图 3.3-17

3.4 折线图

3.4.1 实例 1：商务风折线图的制作方法

商务风折线图可以为普通的折线图添加立体效果的标记，使图表更具动感和设计感，如图 3.4-1 所示。

数据源格式

系列数据如图 3.4-2 所示。

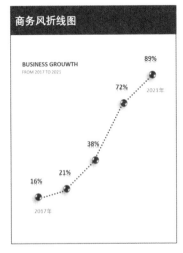

图 3.4-1

年份	完成率
2017年	16%
2018年	21%
2019年	38%
2020年	72%
2021年	89%

图 3.4-2

制作步骤

第一步：选中图表，单击"带数据标记的折线图"图标，如图 3.4-3 所示。

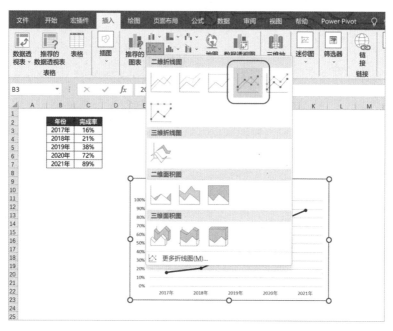

图 3.4-3

第二步：插入形状，单击"椭圆"图标，如图 3.4-4 所示。在按住"Shift"键的同时，按住鼠标左键并拖动鼠标绘制圆形。

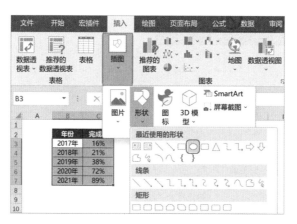

图 3.4-4

第三步：为圆形设置立体效果，这里选择预设 5 的效果，如图 3.4-5 所示。

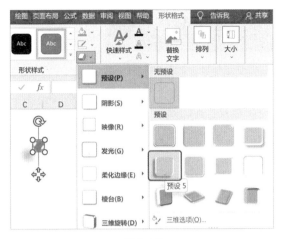

图 3.4-5

第四步：复制第二步绘制好的圆形，用鼠标左键选中折线图中的标记，并进行粘贴，如图 3.4-6 和图 3.4-7 所示。

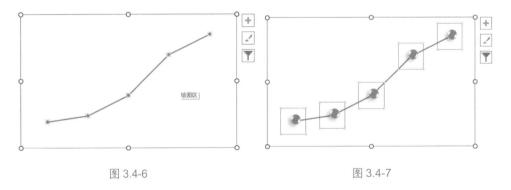

图 3.4-6　　　　　　　　　　　　　　　图 3.4-7

第五步：添加数据标签，此图表制作完成。

3.4.2　实例 2：分段折线图的制作方法

分段折线图除了可以清晰地看出长期的收入走势，还可以对每年数据进行分段分析，从而突出每年季节性的变化趋势，如图 3.4-8 所示。

数据源格式

系列数据如图 3.4-9 所示。

制作步骤

第一步：选中数据，单击"带数据标记的折线图"图标，如图 3.4-10 所示。

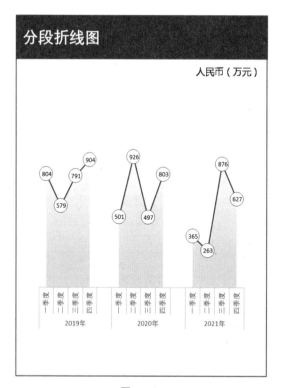

图 3.4-8

年份	季度	收入（万元）
2019年	一季度	804
	二季度	579
	三季度	791
	四季度	904
2020年	一季度	501
	二季度	926
	三季度	497
	四季度	803
2021年	一季度	365
	二季度	263
	三季度	876
	四季度	627

图 3.4-9

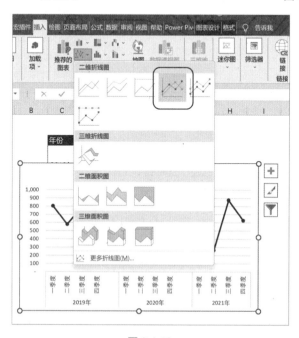

图 3.4-10

第二步：选中图表并单击鼠标右键，在弹出的快捷菜单中选择"选择数据"命令，在弹出的"选择数据源"对话框中添加一个系列并选取"收入（万元）"数据列。在"更改图表类型"对话框中，将其中一个系列改为面积图，如图 3.4-11 所示。

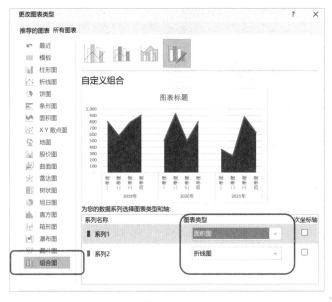

图 3.4-11

第三步：选中折线图，将标记设置为"内置-圆形"，"大小"设置为"18"，并填充白色，如图 3.4-12 所示。

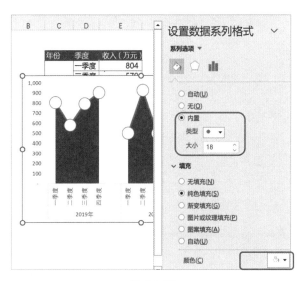

图 3.4-12

添加数据标签，将"标签位置"设置为"居中"，如图 3.4-13 所示。

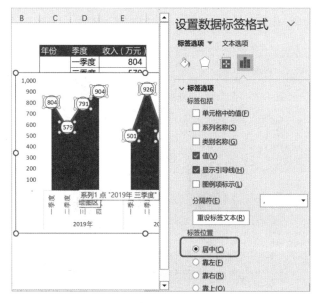

图 3.4-13

第四步：选中面积图，将其填充为渐变色，此时这个图表就制作完成了，如图 3.4-14 所示。

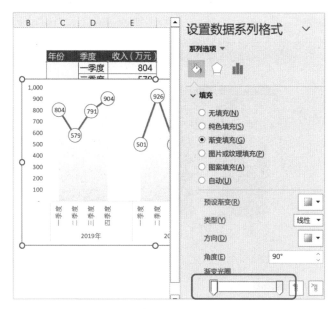

图 3.4-14

3.5　组合图

3.5.1　实例 1：多层坐标图的制作方法

多层坐标图可以在同一个图表中进行多角度或者多层级的分析，如图 3.5-1 所示。在一些 Office 版本中可以在默认推荐选项中进行选择，如果没有，则可以在通过调整数据源格式后，结合前面介绍的一些方法完成制作。

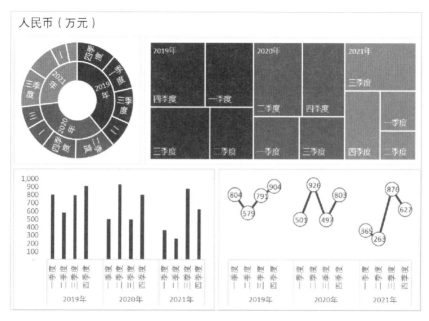

图 3.5-1

数据源格式

系列数据如图 3.5-2 所示。

制作步骤

第一步：选中数据表，单击"推荐的图表"图标，如图 3.5-3 所示。

第二步：在"插入图表"对话框的"推荐的图表"选项卡中，选择需要的样式，单击"确定"按钮，图表自动生成，如图 3.5-4 所示。

年份	季度	收入（万元）
2019年	一季度	804
	二季度	579
	三季度	791
	四季度	904
2020年	一季度	501
	二季度	926
	三季度	497
	四季度	803
2021年	一季度	365
	二季度	263
	三季度	876
	四季度	627

图 3.5-2

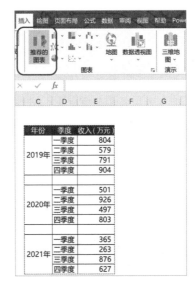

年份	季度	收入（万元）
2019年	一季度	804
	二季度	579
	三季度	791
	四季度	904
2020年	一季度	501
	二季度	926
	三季度	497
	四季度	803
2021年	一季度	365
	二季度	263
	三季度	876
	四季度	627

图 3.5-3

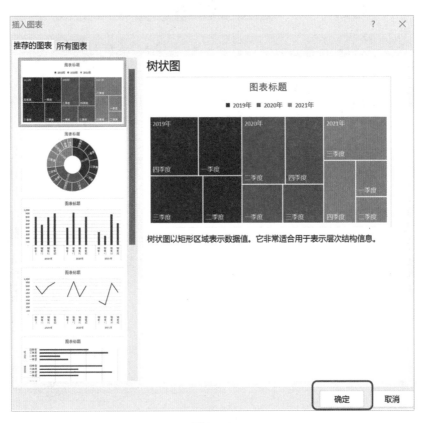

图 3.5-4

3.5.2　实例 2: 收入增长率组合图的制作方法

在业务分析中,非常常见的一个应用场景就是需要将一组绝对数和百分比的数据进行同步显示,这时就需要通过次坐标轴的设置将两个数据颗粒度的指标呈现在同一个图表中。收入增长率组合图如图 3.5-5 所示。

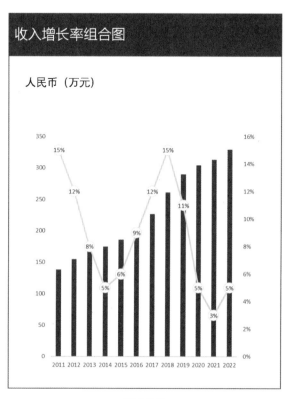

图 3.5-5

数据表格式

系列数据如图 3.5-6 所示。

制作步骤

第一步:选中"收入(万元)"数据列和"增长率"数据列,在"插入"选项卡中单击"推荐的图表"图标,如图 3.5-7 所示。

第二步:在弹出的"插入图表"对话框中,选择"所有图表"选项卡中的"组合图"选项。将"系列 2"设置为"带数据标记的折线图",同时勾选"次坐标轴"复选框,最后单击"确定"按钮,这样图表雏形就制作完成了,如图 3.5-8 所示。

年份	收入(万元)	增长率
2011	138	15%
2012	155	12%
2013	167	8%
2014	175	5%
2015	186	6%
2016	203	9%
2017	227	12%
2018	261	15%
2019	290	11%
2020	304	5%
2021	313	3%
2022	329	5%

图 3.5-6

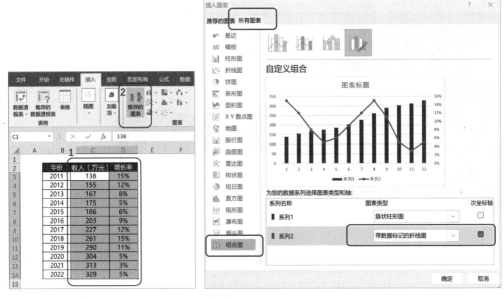

图 3.5-7   图 3.5-8

第三步：进行图表设置。用鼠标左键选中折线图，并单击鼠标右键，在弹出的快捷菜单中选择"设置数据系列格式"命令。在右侧的设置栏中，选择"填充与线条"选项卡，单击"标记"图标，将"标记选项"设置为"内置"，"大小"设置为"15"，同时将"颜色"修改为白色，如图 3.5-9 所示。

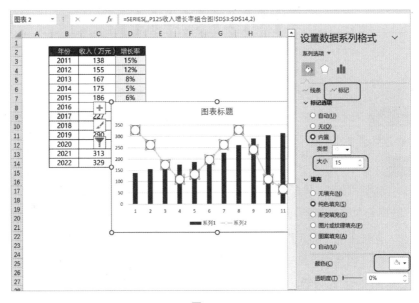

图 3.5-9

用鼠标左键选中标记，并单击鼠标右键，在弹出的快捷菜单中选择"添加数据标签"命令。在右侧的设置栏中，将"标签位置"设置为"居中"，并对图表的颜色和阴影等进行设置，这样组合图就制作完成了，如图 3.5-10 所示。

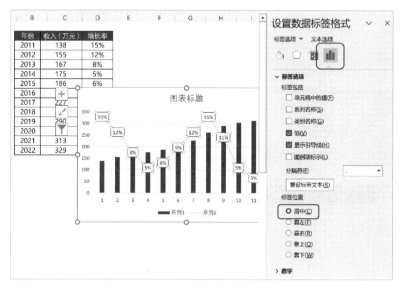

图 3.5-10

3.5.3　实例 3：复合条形图的制作方法

复合条形图适用于当前实际值与目标值或历史值的对比分析，如图 3.5-11 所示。

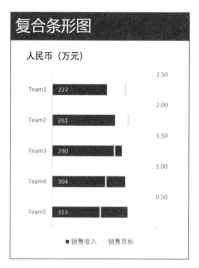

图 3.5-11

数据源格式

系列数据如图 3.5-12 所示。

销售部门	销售目标（万元）		销售部门	销售收入（万元）		间距
Team1	227		Team5	304		2.25
Team2	261		Team4	315		1.75
Team3	290		Team3	258		1.25
Team4	304		Team2	222		0.75
Team5	313		Team1	200		0.25

图 3.5-12

制作步骤

第一步：创建条形图。

选中"销售收入（万元）"数据列，单击"簇状条形图"图标，如图 3.5-13 所示。

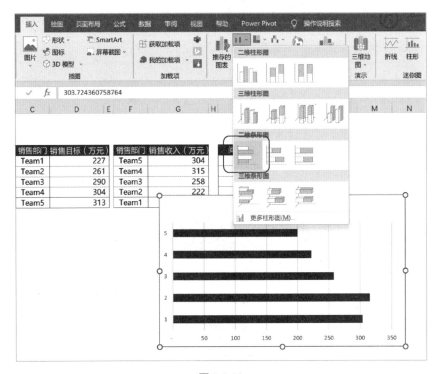

图 3.5-13

第二步：添加散点图。

选中图表，单击鼠标右键，在弹出的快捷菜单中选择"选择数据"命令，在弹出的"选择数据源"对话框中单击"添加"按钮，在"编辑数据系列"对话框中将"系列值"设置为"销售目标（万元）"数据列，如图 3.5-14 所示。

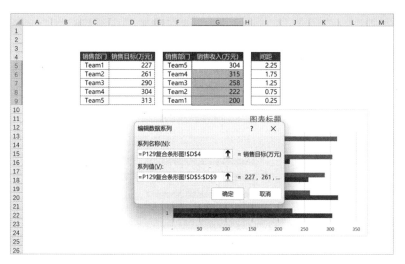

图 3.5-14

选中图表中系列 2 的条形图，单击鼠标右键，在弹出的快捷菜单中选择"更改系列图表类型"命令。在弹出的"更改图表类型"对话框中，将"系列 2"修改为"散点图"，并且勾选"次坐标轴"复选框，如图 3.5-15 所示。

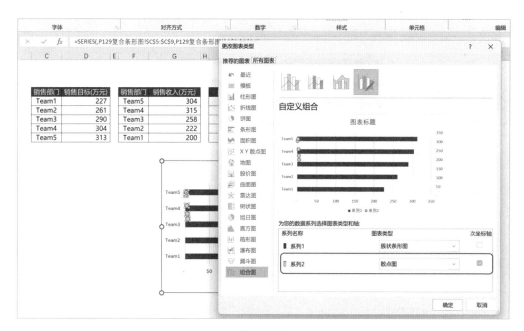

图 3.5-15

在"编辑数据系列"对话框中，将 X 轴设置为销售目标，将 Y 轴设置为间距，如图 3.5-16 所示。

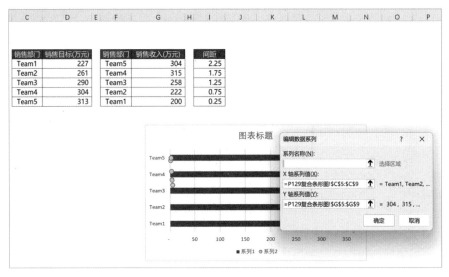

销售部门	销售目标(万元)		销售部门	销售收入(万元)		间距
Team1	227		Team5	304		2.25
Team2	261		Team4	315		1.75
Team3	290		Team3	258		1.25
Team4	304		Team2	222		0.75
Team5	313		Team1	200		0.25

图 3.5-16

第三步：设置散点图。

添加一段线段，如图 3.5-17 所示。

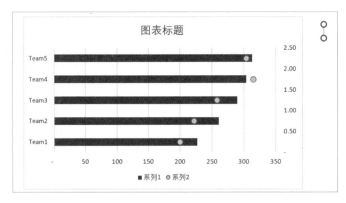

图 3.5-17

复制线段，选中图表中的散点进行粘贴，并调整颜色、坐标和数据标签等，这样图表就制作完成了。

说明：

（1）需要注意的是，如果销售收入升序排列，那么销售目标就要降序排列。

（2）间距用来设置线条的位置，具体数值可以根据条形图的实际位置进行调整，但一定要为等差数列。

（3）先将线段的颜色和粗细设置好后，再将其复制并粘贴到散点图上。

3.5.4　实例 4：多重堆积柱形图的制作方法

多重堆积柱形图可以多维度地体现跨年度收入情况，既可以通过对比分析每个区域的销售情况，也可以细分每个区域不同产品的销售分布情况，还可以将销售目标加进来，以便对比销售目标完成情况，如图 3.5-18 所示。

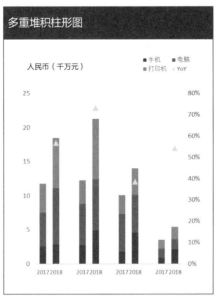

图 3.5-18

数据源格式

系列数据如图 3.5-19 所示。

将数据表进行调整，以便图表制作。调整形式如下，并且在下方添加一行，用来计算 YoY，如图 3.5-20 所示。

人民币（千万元）

区域	2017年第二季度			2018年第二季度		
	手机	电脑	打印机	手机	电脑	打印机
东区	2.5	5	4.3	2.8	8.3	7.4
北区	2.7	6.1	3.5	4.9	7.5	8.9
南区	1.8	5.5	2.8	4.5	5.6	3.9
西区	0.9	1.3	1.3	2.1	1.5	1.8

图 3.5-19

人民币（千万元）

区域	东区		北区		南区		西区	
年份	2017	2018	2017	2018	2017	2018	2017	2018
手机	2.5	2.8	2.7	4.9	1.8	4.5	0.9	2.1
电脑	5	8.3	6.1	7.5	5.5	5.6	1.3	1.5
打印机	4.3	7.4	3.5	8.9	2.8	3.9	1.3	1.8
YoY		57%		73%		39%		54%

图 3.5-20

制作步骤

第一步：选中要制作图表的数据区域，选择"插入"选项卡，单击"推荐的图表"图标，如图 3.5-21 所示。

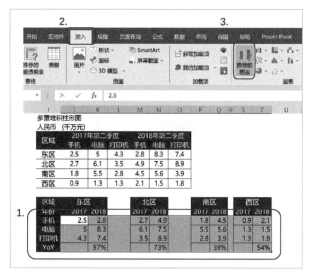

图 3.5-21

第二步：选择"所有图表"选项卡中的"组合"选项，将"手机""电脑""打印机"均设置为"堆积柱形图"，将"YoY"设置为"带数据标记的折线图"，同时勾选"YoY"右侧的"次坐标轴"复选框，如图 3.5-22 所示。此时，预览区就会出现修改后的效果图。

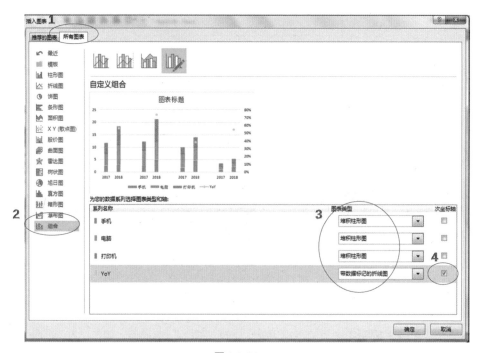

图 3.5-22

第三步：设置图表。

（1）删除图表标题。

（2）将数据标签调整至上方。

（3）将柱形图的分类间距调整为 50%。

（4）将 YoY 的标记调整为三角形。

3.5.5 实例 5：气泡图和饼图的制作方法

在做市场竞争分析时主要看两方面：一方面要看各厂商的市场占比，以及各厂商的年增长率；另一方面要看厂商发展的方向和速度是否赶超市场。在一般情况下，需要几个图表来呈现，但是当我们在 PPT 中用几页幻灯片进行展示时，会将逻辑割裂，无法清晰地展示分析观点或结论。这里，我们可以通过气泡图和饼图的合并使用来展示多维度的数据内容，如图 3.5-23 所示。

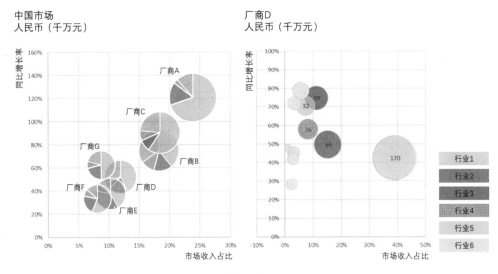

图 3.5-23

维度 1：每家厂商的市场收入占比。

维度 2：每家厂商的同比增长率。

维度 3：每家厂商的市场四象限维度分布关系。

维度 4：每家厂商的行业收入分布。

维度 5：每个颜色代表一个行业，通过总结各厂商的行业饼图，可以看出每个行业的行业倾向。假设我们是厂商 D，将厂商 D 的行业数据单独制作一个气泡图，并将其与中国市场的厂商分布图并列一起展示，从而看出厂商 D 的行业分布与中国市场的厂商分布的差异。

维度 6：厂商 D 在各行业的市场占比和同比增长率。

维度 7：将厂商 D 的行业发展方向与中国整体市场行业分布相比，可以看出是否与市场同步发展。如果不相同，则可以调整销售策略或发展战略。

制作这个图组的逻辑是：分别制作两个独立的气泡图，左侧是中国市场的厂商销售情况的分布，右侧是厂商 D 在各行业的销售情况。横坐标轴均为市场收入占比，纵坐标轴均为与去年同期相比的同比增长率。先将左侧各厂商的数据按照行业分布制作出不同的饼图，再将饼图的大小调整为与气泡的大小一致，并将饼图移动至相应厂商的气泡上，即用饼图覆盖原有气泡图。这里只是借用气泡图的气泡大小和气泡位置。

制作步骤

人民币（千万元）

厂商	2018年收入	2017年收入	市场收入占比	同比增长率
A	885	401	24%	121%
B	677	388	18%	74%
C	675	354	18%	91%
D	437	287	12%	52%
E	380	276	10%	38%
F	323	223	9%	45%
G	323	199	9%	62%
总计	3,700	2,128	100%	74%

图 3.5-24

第一步：计算 7 家厂商的市场收入占比（Mix）和同比增长率（YoY），如图 3.5-24 所示。

选中数据表中的"2018 年收入"数据列、"市场收入占比"数据列和"同比增长率"数据列。选择"插入"选项卡，单击"气泡图"图标，如图 3.5-25 所示。

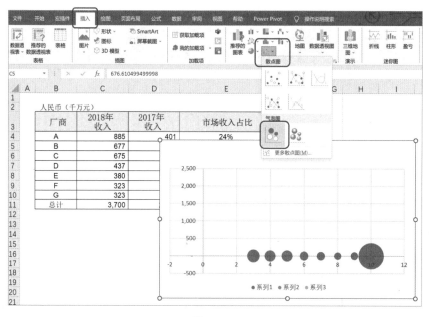

图 3.5-25

界面中会出现一个如图 3.5-26 所示的默认图表。

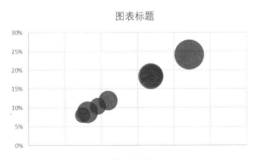

图 3.5-26

将鼠标指针放在图表上方，单击鼠标右键，在弹出的快捷菜单中选择"选择数据"命令，如图 3.5-27 所示。

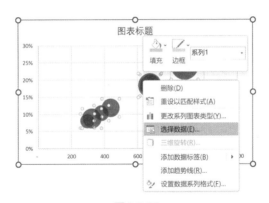

图 3.5-27

在弹出的"选择数据源"对话框中，勾选"系列 1"复选框，单击"编辑"按钮，如图 3.5-28 所示。

图 3.5-28

在弹出的"编辑数据系列"对话框中，可以进行横、纵坐标轴和气泡大小的选择，如图 3.5-29 所示。这里将 X 轴设置为市场收入占比（Mix），Y 轴设置为同比增长率（YoY），气泡大小设置为 2018 年收入。

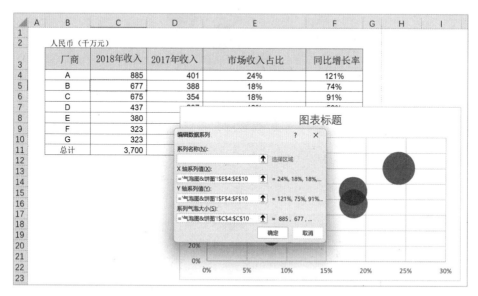

图 3.5-29

此时气泡图就会变成如图 3.5-30 所示的样子。

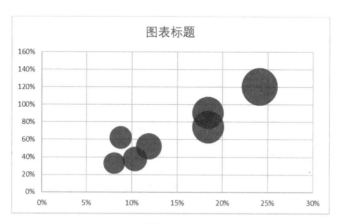

图 3.5-30

这样一来，气泡的位置和大小就确定了。

第二步：使用厂商的行业数据分别制作各自厂商的饼图，再将每家厂商饼图的同一行业调整为同样的颜色，如图 3.5-31 所示。

厂商	行业	收入(千万元)
A	行业1	618.00
	行业2	137.19
	行业3	26.13
	行业6	103.64

图 3.5-31

将饼图移至气泡图之上，覆盖住原有的气泡，如图 3.5-32 所示。

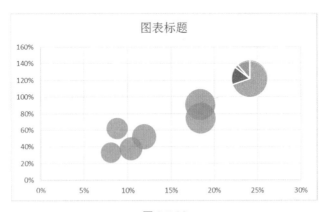

图 3.5-32

将所有饼图覆盖在气泡图上之后，将最大的饼图移开一些，露出原有的气泡图，如图 3.5-33 所示。

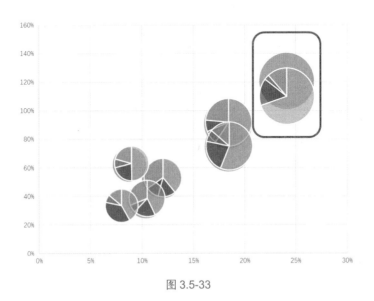

图 3.5-33

选中气泡图中的气泡位置，将气泡颜色设置为"无填充颜色"，这样原有气泡图中的气泡就看不出来了，如图 3.5-34 所示。将错位的饼图移回气泡的位置。

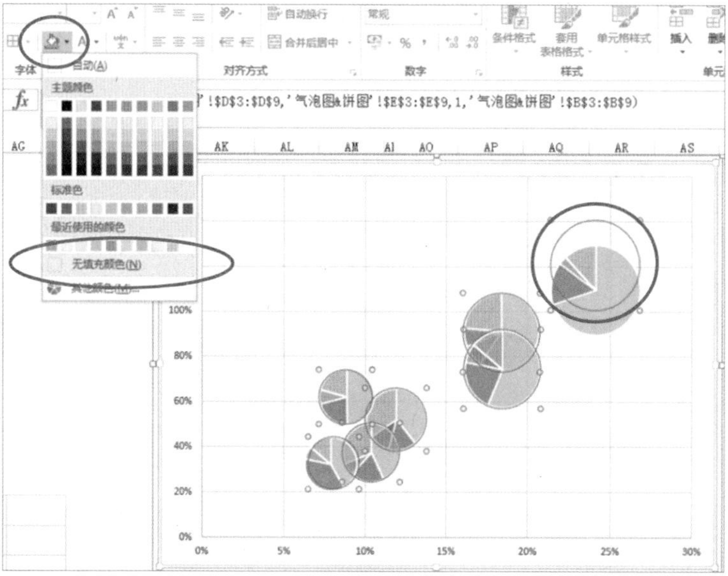

图 3.5-34

图 3.5-35 所示为厂商 D 的销售数据，按照前面介绍气泡图的制作方法，将其 2018 年收入、市场收入占比、同比增长率制作成气泡图。

人民币（千万元）

行业	2018年收入	2017年收入	市场收入占比	同比增长率
行业1	170	120	39%	42%
行业2	66	44	15%	50%
行业3	49	28	11%	75%
行业4	36	22	8%	64%
行业5	31	19	7%	63%
行业6	25	14	6%	79%
行业7	15	9	3%	67%
行业8	14	9	3%	56%
行业9	12	9	3%	33%
行业10	11	8	3%	38%
行业11	5	3	1%	67%
行业12	3	2	1%	50%
总计	437	287	100%	52%

图 3.5-35

由于行业数较多，这里仅将主要的 5 个行业用特殊颜色标出来，如图 3.5-36 所示。另外，计算厂商 D 整体的同比增长率，在相应的位置添加一条横线作为平均增长率，这样就可以看出哪个行业的销售进度是低于整体水平的。

这样一来，只需将两个图并列摆放在一起，就可以清晰地看出中国市场及厂商 D 内部行业发展的情况。

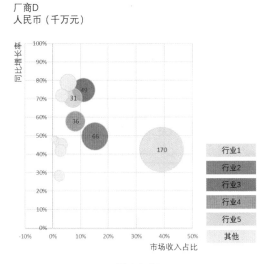

图 3.5-36

3.6　其他图表

3.6.1　实例 1：雷达图的制作方法

雷达图适用于计分卡类型指标的评估分析（如项目的评估分析、人员能力水平测评等），如图 3.6-1 所示。

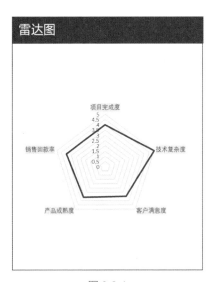

图 3.6-1

项目评估	项目
项目完成度	4
技术复杂度	5
客户满意度	3.5
产品成熟度	3.6
销售回款率	4

图 3.6-2

数据源格式

系列数据如图 3.6-2 所示。

制作步骤

第一步：选中数据，在"插入"选项卡中，单击"推荐的图表"图标。在弹出的"插入图表"对话框中，选择"所有图表"选项卡中的"雷达图"选项，选择合适的雷达图，单击"确定"按钮，如图 3.6-3 所示。

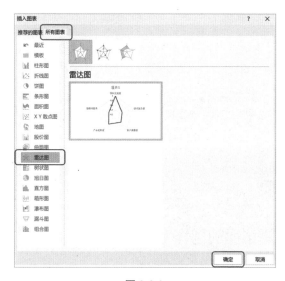

图 3.6-3

第二步：我们可以通过改变单位的大小来减小坐标轴的区间，如图 3.6-4 所示。

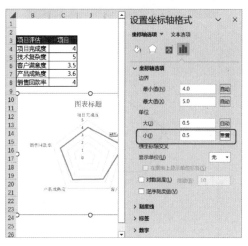

图 3.6-4

3.6.2 实例 2：面积图的制作方法

面积图适合分析 2～3 个指标的数值差距，如图 3.6-5 所示。

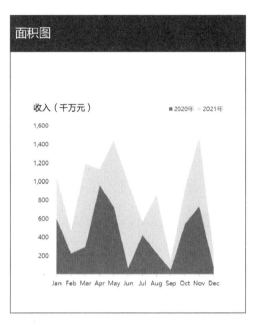

图 3.6-5

数据源格式

系列数据如图 3.6-6 所示。

收入（千万元）	Jan	Feb	Mar	Apr	May	Jun	Jul	Aug	Sep	Oct	Nov	Dec
2020年	602	222	297	961	724	65	424	229	46	540	733	80
2021年	467	252	894	173	718	929	146	630	108	388	748	169

图 3.6-6

制作步骤

选中数据，在"插入图表"对话框中，选择"所有图表"选项卡中的"面积图"选项，单击右侧的"面积图"图标，单击"确定"按钮，如图 3.6-7 所示。

如果数据之间存在累加关系（比如，按照产品线细分的销售数据），则可以使用堆积面积图，这样既可以体现每部分的数据分布情况，也可以体现整体总值，如图 3.6-8 所示。

数据源格式

系列数据如图 3.6-9 所示。

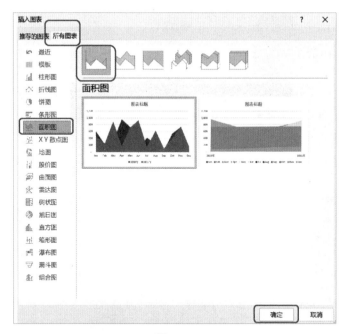

图 3.6-7

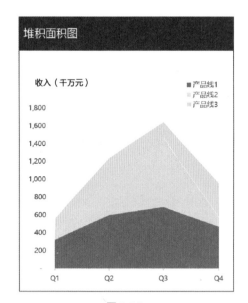

图 3.6-8

收入（千万元）	Q1	Q2	Q3	Q4
产品线1	323	599	689	468
产品线2	128	403	777	105
产品线3	109	236	174	382

图 3.6-9

制作步骤

选中数据，在"插入图表"对话框中，选择"所有图表"选项卡中的"面积图"选项，单击右侧的"堆积面积图"图标，单击"确定"按钮，如图 3.6-10 所示。

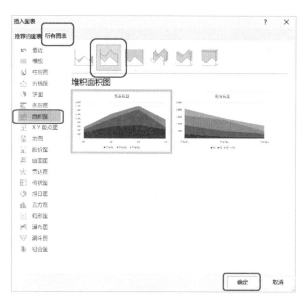

图 3.6-10

3.6.3　实例 3：漏斗图的制作方法

漏斗图适用于表示各阶段数据的分布情况，如图 3.6-11 所示。比如，在分析商机赢率时，可以分析不同商机赢率的收入，同时可以着重分析商机赢率大于 60% 的收入总额。

数据源格式

系列数据如图 3.6-12 所示。

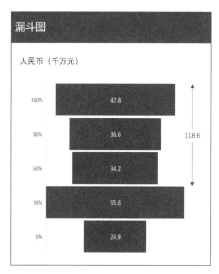

图 3.6-11

商机赢率	收入（千万元）
100%	47.8
80%	36.6
60%	34.2
30%	55.6
0%	24.9

图 3.6-12

制作步骤

选中数据，在"插入图表"对话框中，选择"所有图表"选项卡中的"漏斗图"选项，单击右侧的"漏斗图"图标，单击"确定"按钮，如图 3.6-13 所示。

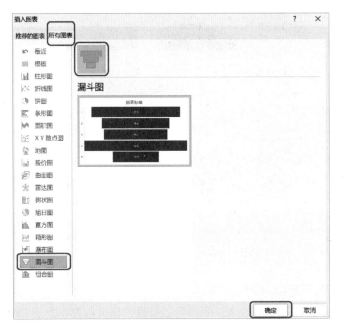

图 3.6-13

3.6.4 实例 4：华夫图的制作方法

华夫图将整体切割成 100 份，完成的部分用深色表示，未完成的部分用浅色表示，如图 3.6-14 所示。这里介绍的制作方法是最简单的华夫图制作方法，仅通过条件格式的设定即可完成。

数据源格式

按照如图 3.6-15 所示在起始列分别输入 1、11、21、31、41、51、61、71、81、91，后面列的数据均等于前一列数据加 1，添加 9 列数据，一直加到 100，并在数据上方添加收入完成率数值，该数值为整数，在该数值右侧一列添加百分号。

制作步骤

第一步：选中数据，在"条件格式"下拉列表中，选择"新建规则"选项，如图 3.6-16 所示。

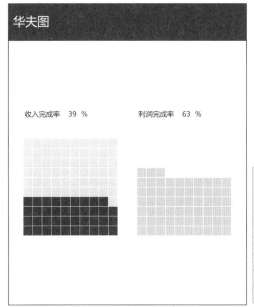

图 3.6-14

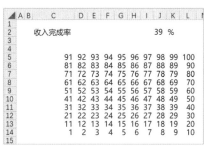

图 3.6-15

图 3.6-16

在弹出的"新建格式规则"对话框中，选择"使用公式确定要设置格式的单元格"选项，这里注意要将 C5:L14 前面的"$"符号手动去掉，如图 3.6-17 所示。

输入完公式后，单击"格式"按钮，将字体和背景填充同样的颜色，如图 3.6-18 所示。由于大于单元格 I2 的数值代表未完成的部分，因此这里填充浅蓝色。

第二步：添加新的条件格式，条件为小于或等于单元格 I2 的数值，如图 3.6-19 所示。

图 3.6-17

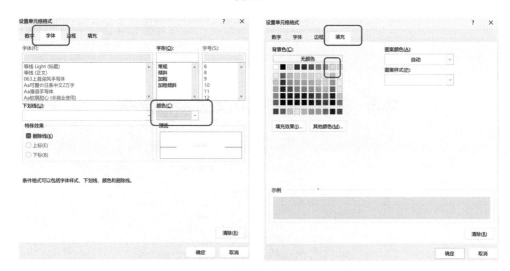

图 3.6-18

图 3.6-19

由于小于或等于单元格 I2 的数值代表已完成的部分，因此字体和背景都填充为深蓝色，如图 3.6-20 所示。

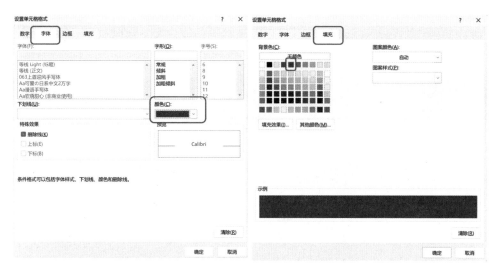

图 3.6-20

第三步：选中华夫图所占的行和列，将"行高"设置为"12"，"列宽"设置为"1.53"，如图 3.6-21 所示。

最后，选中华夫图范围，将边框填充为白色，如图 3.6-22 所示。

图 3.6-21

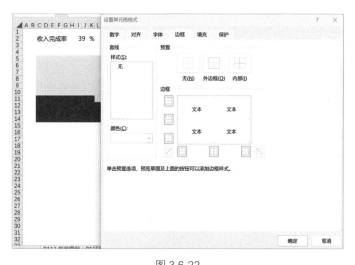

图 3.6-22

这样一来，收入完成率的华夫图就制作完成了。

第 4 章

常用的 Excel 公式和工具

本章着重介绍本书中案例涉及的公式：共 6 个公式和一个工具。其中，6 个公式包括引用、IF、SUMIFS、VLOOKUP、INDEX、OFFSET，一个工具为数据透视表。

学会这些公式和工具可以有效地提高报表更新效率，降低错误率，它们也是实现简单报表自动更新的基础工具。通过本章前半部分的介绍，读者可以熟悉和掌握这几个公式和工具的使用，在本章后半部分，会结合相应的练习，让读者进一步熟练掌握这几个公式和工具的使用，从而结合实际的业务需求，搭建适合自己的数据报表模板。

4.1 引用

当一个单元格中的数据等于其他单元格或者其他几个单元格的计算结果时，需要用"="进行计算，这个操作就可以称为引用。

当在一个单元格里编辑公式时，如果这个公式的逻辑适用于其他单元格，在对公式进行复制或者按住鼠标左键并拖动鼠标时，由于没有进行相对引用或者绝对引用，因此在复制和粘贴公式时，行和列都会发生变化。但是，在实际统计时，如果要某行、某列或者某个单元格不变，则需要使用相对引用或绝对引用这个概念。这个功能可以帮助我们在编写较少公式的情况下，通过复制或拖动鼠标的操作将公式批量填充。这个功能在第二篇中制作自动计算的数据报表和数据可视化报表时都会用到。

1. 只进行列复制

在不采取相对引用和绝对引用时，假设单元格 A2=单元格 A1，如果单元格 B2、C2 和 D2 中需要输入同样的公式逻辑，则可以将单元格 A2 中的公式进行复制，并粘贴到单元格 B2、C2、D2 中，此时这 3 个单元格中的公式就分别为"=B1""=C1""=D1"。我们可以发现，复制后的单元格列引用发生了变化，但是行不变，如图 4.1-1 所示。

2. 只进行行复制

同样的操作，如果向下粘贴，则行会发生变化，而列不变，如图 4.1-2 所示。

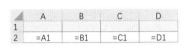

	A	B	C	D
1				
2	=A1	=B1	=C1	=D1

图 4.1-1

	A	B
1		=A1
2		=A2
3		=A3
4		=A4

图 4.1-2

3. 同时复制多行多列

行和列均不做限制，这样在进行复制和粘贴时，行和列都会发生变化，如图 4.1-3 所示。

	A	B	C	D
1		=A1	=B1	=C1
2		=A2	=B2	=C2
3		=A3	=B3	=C3
4		=A4	=B4	=C4

图 4.1-3

因为这样的变化，所以在我们需要批量输入公式时，可以通过相对引用或者绝对引用来大大减少公式编辑的工作量。引用分为相对引用和绝对引用，下面就具体介绍这两种引用的使用。

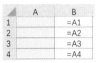

4.1.1　相对引用

相对引用是当公式发生变化时，只固定行或只固定列的公式。具体实现方法是在行或列的字母、数字前面添加“$”符号，即在字母前面添加“$”符号，会将列引用固定；在数字前面添加“$”符号，会将行引用固定（快捷键为 F4）。

1. 固定列

在列的字母前面添加“$”符号，列就被固定了，当复制公式时，行数字会随之变化，如图 4.1-4 所示。

2. 固定行

在行的数字前面添加“$”符号，行就被固定了，当复制公式时，列字母会随之变化，如图 4.1-5 所示。

	A	B	C	D
1		=$A1	=$A1	=$A1
2		=$A2	=$A2	=$A2
3		=$A3	=$A3	=$A3
4		=$A4	=$A4	=$A4

图 4.1-4

	A	B	C	D
1		=A$1	=B$1	=C$1
2		=A$1	=B$1	=C$1
3		=A$1	=B$1	=C$1
4		=A$1	=B$1	=C$1

图 4.1-5

举例

图 4.1-6 所示为某类产品的市场份额的分布情况。

	A	B	C	D	E
1	产品线	市场份额（万元）	厂商1（万元）	厂商2（万元）	厂商3（万元）
2	产品线A	3,000	1,500	800	700
3	产品线B	2,500	1,300	700	500
4	产品线C	1,800	600	700	500
5	合计	7,300	3,400	2,200	1,700

图 4.1-6

现在需要计算每家厂商的市场份额占比。

在不用相对引用的情况下，编辑单元格 C8 至 C11 中的公式后，将其复制并粘贴到 D 和 E 列，此时列的公式计算结果会发生变化。从图 4.1-7 中可以清楚地看出复制结果的计算逻辑是错误的。

	A	B	C	D	E
1	产品线	市场份额（万元）	厂商1（万元）	厂商2（万元）	厂商3（万元）
2	产品线A	3,000	1,500	800	700
3	产品线B	2,500	1,300	700	500
4	产品线C	1,800	600	700	500
5	合计	7,300	3,400	2,200	1,700
6					
7		产品线	厂商1（万元）	厂商2（万元）	厂商3（万元）
8		产品线A	=C2/B2	=D2/C2	=E2/D2
9		产品线B	=C3/B3	=D3/C3	=E3/D3
10		产品线C	=C4/B4	=D4/C4	=E4/D4
11		合计	=C5/B5	=D5/C5	=E5/D5

图 4.1-7

所以，在复制公式之前，需要将 C 列的公式进行相对引用。这样复制后的公式的分母都是 B 列，得到的结果就是正确的，如图 4.1-8 所示。

	A	B	C	D	E
1	产品线	市场份额（万元）	厂商1（万元）	厂商2（万元）	厂商3（万元）
2	产品线A	3,000	1,500	800	700
3	产品线B	2,500	1,300	700	500
4	产品线C	1,800	600	700	500
5	合计	7,300	3,400	2,200	1,700
6					
7		产品线	厂商1（万元）	厂商2（万元）	厂商3（万元）
8		产品线A	=C2/$B2	=D2/$B2	=E2/$B2
9		产品线B	=C3/$B3	=D3/$B3	=E3/$B3
10		产品线C	=C4/$B4	=D4/$B4	=E4/$B4
11		合计	=C5/$B5	=D5/$B5	=E5/$B5

图 4.1-8

4.1.2　绝对引用

绝对引用是指当公式发生变化时，同时将列和行都固定不变。其实现方式就是在代表列的字母和代表行的数字前同时添加 "$" 符号。

在为单元格 B1 中的公式添加 "$" 符号进行绝对引用后，如果将公式复制到其他单元格中，则公式引用的行和列均不变，如图 4.1-9 所示。

	A	B	C	D
1		=$A$1	=$A$1	=$A$1
2	=$A$1	=$A$1	=$A$1	=$A$1
3	=$A$1	=$A$1	=$A$1	=$A$1
4	=$A$1	=$A$1	=$A$1	=$A$1

图 4.1-9

举例

有一组以人民币为单位计算的销售收入数据，现需要将单位由人民币换算成美元进行数据统计，这时就需要将汇率单元格进行绝对引用。在编辑公式时，只需编写单元格 B12 中的公式，其他单元格进行复制和粘贴即可，如图 4.1-10 所示。

	A	B	C	D	E
1	2021年汇率	7.532			
2					
3	销售收入（人民币RMB）				
4	产品线	市场份额（万元）	厂商1（万元）	厂商2（万元）	厂商3（万元）
5	产品线A	3,000	1,500	800	700
6	产品线B	2,500	1,300	700	500
7	产品线C	1,800	600	700	500
8	合计	7,300	3,400	2,200	1,700
9					
10	销售收入（美元USD）				
11	产品线	市场份额（$K）	厂商1（$K）	厂商2（$K）	厂商3（$K）
12	产品线A	=B5*10000/$B$1/1000	=C5*10000/$B$1/1000	=D5*10000/$B$1/1000	=E5*10000/$B$1/1000
13	产品线B	=B6*10000/$B$1/1000	=C6*10000/$B$1/1000	=D6*10000/$B$1/1000	=E6*10000/$B$1/1000
14	产品线C	=B7*10000/$B$1/1000	=C7*10000/$B$1/1000	=D7*10000/$B$1/1000	=E7*10000/$B$1/1000
15	合计	=B8*10000/$B$1/1000	=C8*10000/$B$1/1000	=D8*10000/$B$1/1000	=E8*10000/$B$1/1000

图 4.1-10

通过 4.1.1 节和 4.1.2 节的举例介绍，读者应该可以理解相对引用和绝对引用对提高公式的编辑效率起到至关重要的作用。练习好相对引用和绝对引用，可以为后面报表的创建和可视化报表的制作奠定基础。

练习

全年销售任务为 300 000 万元，现按照如图 4.1-11 所示的比例将销售任务细分到不同的季度和不同的产品线。

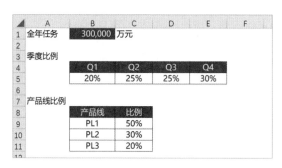

图 4.1-11

按照如图 4.1-12 所示的表格完成计算。

细分任务

产品线	Q1	Q2	Q3	Q4
PL1				
PL2				
PL3				
Total				

图 4.1-12

答案

第一步：计算每个季度总的销售任务。先在单元格 C18 中输入"=$B$1"来固定全年销售任务，再乘以每个季度的比例后，将公式复制到 Q2、Q3、Q4 对应的单元格中，如图 4.1-13 所示。

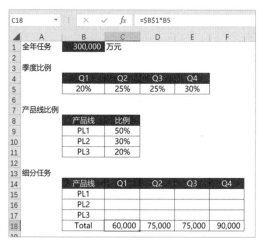

图 4.1-13

第二步：在单元格 C15 中输入公式"=C$18*$C9"。其中，C$18 表示固定了第 18 行，但是不固定列，在将公式向右复制时，公式中的行数 18 不变，C 列会变为向右复制的单元格所在的列；$C9 表示固定了 C 列，但是不固定行，在将公式向下复制时，公式中的行数从 9 逐次变为 11，但是将公式向右复制时，公式中的 C 列不变。所以，这里只需编辑好单元格 C15 中的公式，其他单元格进行复制和粘贴就可以实现整个表格的计算，如图 4.1-14 所示。

图 4.1-14

4.2　IF

IF 是 Excel 中非常常见的条件公式，可以通过不同的条件设定获取需要的结果。

公式语法

IF 公式的语法格式如图 4.2-1 所示。

举例

假设单元格 A1 中是考试成绩，在单元格 B1 中输入 IF 公式作为结果判断，其中单元格 B1 的逻辑就是如果成绩小于 60 分，就判断为不及格，否则为及格，如图 4.2-2 所示。

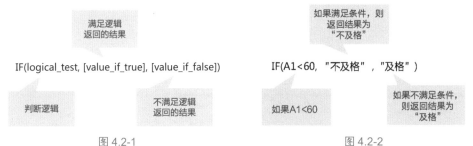

图 4.2-1　　　　　　　　　　　　　　　　图 4.2-2

如果需要多个条件，则可以进行套用，如图 4.2-3 所示。

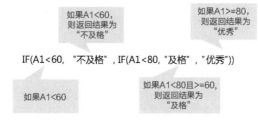

图 4.2-3

这里借助这个公式说明一下 Excel 公式的输入规则。

（1）输入公式时需要以半角输入的括号开始和结束。例如，=IF()是一个完整的公式。如果 IF 里面需要嵌套一层 IF 公式或者其他公式，就需要有多对括号，如上面的例子中 =IF(A1<60,"不及格",IF(A1<80,"及格","优秀"))。

（2）不同的语法字段之间用半角的逗号"，"分隔开，也就是英文输入法状态下的逗号。

（3）如果引用的字段为文本类型，则需要用半角的引号引起来，如上面例子中的"不及格""及格""优秀"。

练习

在 D 列中填充公式，判断 C 列中的值：销售完成率大于或等于 100%的销售人员的完成情况为"已完成"，小于 100%的销售人员的完成情况为"未完成"，如图 4.2-4 所示。

	A	B	C	D
1				
2		销售人员	销售完成率	完成情况
3		sales1	25%	
4		sales2	103%	
5		sales3	39%	
6		sales4	105%	
7		sales5	91%	
8		sales6	38%	
9		sales7	104%	
10		sales8	96%	
11		sales9	18%	
12		sales10	19%	
13		sales11	125%	
14		sales12	13%	
15		sales13	64%	
16		sales14	33%	
17		sales15	68%	
18		sales16	112%	
19		sales17	90%	
20		sales18	10%	
21		sales19	120%	
22		sales20	56%	

图 4.2-4

答案

判断条件为如果 C 列中的值小于 1，则 D 列的返回结果为"未完成"。因为"小于 1"的补集为大于或等于 1，所以如果不满足判断条件，则返回结果为"已完成"，如图 4.2-5 所示。

	销售人员	销售完成率	完成情况
3	sales1	25%	未完成
4	sales2	103%	已完成
5	sales3	39%	未完成
6	sales4	105%	已完成
7	sales5	91%	未完成
8	sales6	38%	未完成
9	sales7	104%	已完成
10	sales8	96%	未完成
11	sales9	18%	未完成
12	sales10	19%	未完成
13	sales11	125%	已完成
14	sales12	13%	未完成
15	sales13	64%	未完成
16	sales14	33%	未完成
17	sales15	68%	未完成
18	sales16	112%	已完成
19	sales17	90%	未完成
20	sales18	10%	未完成
21	sales19	120%	已完成
22	sales20	56%	未完成

D3 公式：=IF(C3<1,"未完成","已完成")

图 4.2-5

4.3　SUMIFS

SUMIFS 公式，即单条件求和，指在只有一个条件的情况下求和。但是，由于在实际工作中经常出现多条件求和，因此对不容易记住公式的读者来说，只记住 SUMIFS 公式即可。因为它既可以实现单条件求和，也可以实现多条件求和。这个公式在后面的自动计算模板中使用频率最高。

公式语法

SUMIFS 公式的语法格式如图 4.3-1 所示。

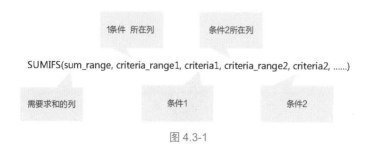

SUMIFS(sum_range, criteria_range1, criteria1, criteria_range2, criteria2, ...)

条件1 所在列　　条件2所在列

需要求和的列　　条件1　　条件2

图 4.3-1

举例

现在需要计算第三季度（Q3）中产品线为 PL3 的产品的收入总和（PL，Product Line，意为产品线），如图 4.3-2 所示。

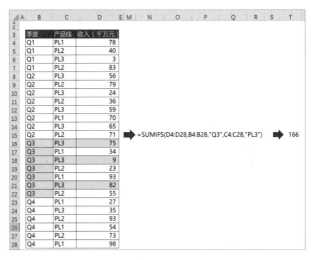

图 4.3-2

详细说明如下。

需要计算求和的列：D4:D28。

条件 1 所在列：B4:B28。

条件 1："Q3"。

条件 2 所在列：C4:C28。

条件 2："PL3"。

按照这个条件求出来的结果为 166，即为图 4.3-2 中的 75+9+82 的和。

这个公式的好处是可以将系统导出的明细或者通过表格收集来的明细，按照预计统计的格式进行计算，从而实现报表自动计算的第一步。

比如，上面的明细可以按照季度和产品线进行汇总，并在最后呈现的可视化看板中引用所需要的结果。

销售额(千万元)

PL	Q1	Q2	Q3	Q4
PL1				
PL2				
PL3				
Total				

图 4.3-3

练习

尝试用上面的表格数据，使用 SUMIFS 公式进行填充，如图 4.3-3 所示。

答案

结合前面介绍的相对引用和绝对引用的公式，

这里只需在单元格 G5 中输入第一季度（Q1）中 PL1 收入总和的公式，然后复制到其他单元格中，即可实现整个表格的计算，如图 4.3-4 所示。

G5　=SUMIFS($D$4:$D$28,$B$4:$B$28,G$4,$C$4:$C$28,$F5)

季度	产品线	收入（千万元）
Q1	PL1	78
Q1	PL2	40
Q1	PL3	3
Q1	PL2	83
Q2	PL3	56
Q2	PL2	79
Q2	PL3	24
Q2	PL2	36
Q2	PL3	59
Q2	PL1	70
Q2	PL3	65
Q2	PL2	71
Q3	PL3	75
Q3	PL1	34
Q3	PL3	9
Q3	PL2	23
Q3	PL1	93
Q3	PL3	82
Q3	PL2	55
Q4	PL1	27
Q4	PL3	35
Q4	PL2	93
Q4	PL1	54
Q4	PL2	73
Q4	PL1	98

销售额（千万元）

PL	Q1	Q2	Q3	Q4
PL1	78	70	127	179
PL2	123	186	78	166
PL3	3	204	166	35
Total	203	460	370	380

图 4.3-4

表格计算结果如图 4.3-5 所示。

销售额（万元）

PL	Q1	Q2	Q3	Q4
PL1	78	70	127	179
PL2	123	186	78	166
PL3	3	204	166	35
Total	203	460	370	380

图 4.3-5

4.4　VLOOKUP

VLOOKUP 公式经常用来进行表与表之间的信息匹配。比如，以销售记录表为基础表，通过产品编号在成本表中关联出每个产品的成本信息，这样就可以将销售价格和成本结合起来，以便进行盈利分析。

公式语法

VLOOKUP 公式的语法格式如图 4.4-1 所示。

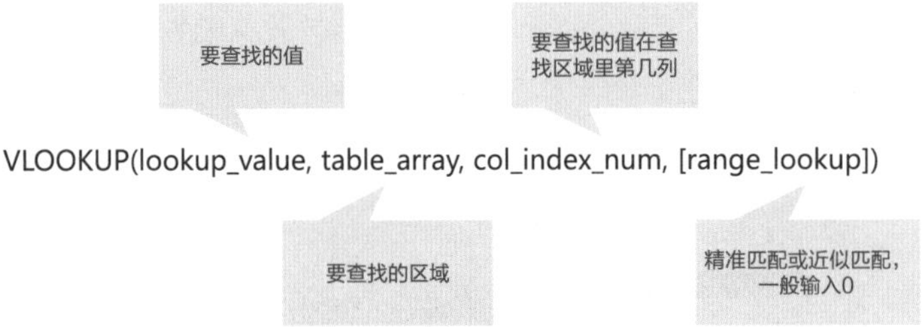

图 4.4-1

举例

下面有两个表格，分别为"表 1：2021 年销售业绩完成情况"和"表 2：2020 年销售业绩完成情况"，如图 4.4-2 所示。我们可以通过 VLOOKUP 公式将两个报表中相同人员的完成率整合到一个报表中，以便分析其业绩水平。

表1：2021年销售业绩完成情况

销售人员编号	销售人员姓名	2021年业绩完成率
S0018	Sales18	100%
S0007	Sales7	98%
S0003	Sales3	96%
S0012	Sales12	93%
S0008	Sales8	77%
S0005	Sales5	66%
S0016	Sales16	64%
S0010	Sales10	64%
S0013	Sales13	60%
S0017	Sales17	59%
S0020	Sales20	59%
S0004	Sales4	52%
S0001	Sales1	50%
S0002	Sales2	37%
S0015	Sales15	35%
S0011	Sales11	35%
S0009	Sales9	24%
S0019	Sales19	22%
S0006	Sales6	22%
S0014	Sales14	10%

表2：2020年销售业绩完成情况

销售人员编号	销售人员姓名	2020年业绩完成率
S0002	Sales2	115%
S0004	Sales4	103%
S0009	Sales9	97%
S0003	Sales3	94%
S0006	Sales6	94%
S0013	Sales13	93%
S0005	Sales5	88%
S0008	Sales8	84%
S0014	Sales14	78%
S0007	Sales7	77%
S0012	Sales12	66%
S0001	Sales1	61%
S0011	Sales11	54%
S0010	Sales10	39%

图 4.4-2

这里在 E 列添加一列数据"2020 年业绩完成率"，用以关联"表 2：2020 年销售业绩完成情况"中的信息，如图 4.4-3 所示。

要查找的值：假设销售人员编号为表格中唯一不重复标识，这里通过销售人员编号将两个表格进行关联，那么第一行数据中的 S0018 即要找的值，以此类推。

要查找的区域：表 2，即 G 列到 I 列。

要查找的值在查找区域里第几列：要查找 2020 年业绩完成率，相对销售人员编号而言，在其右侧第 3 列（含销售人员编号列）。

精准匹配或近似匹配：0。

| E4 | : | × | ✓ | f_x | =VLOOKUP(B4,G:I,3,0) |

表1: 2021年销售业绩完成情况

销售人员编号	销售人员姓名	2021年业绩完成率	2020年业绩完成率
S0018	Sales18	100%	#N/A
S0007	Sales7	98%	77%
S0003	Sales3	96%	94%
S0012	Sales12	93%	66%
S0008	Sales8	77%	84%
S0005	Sales5	66%	88%
S0016	Sales16	64%	#N/A
S0010	Sales10	64%	39%
S0013	Sales13	60%	93%
S0017	Sales17	59%	#N/A
S0020	Sales20	59%	#N/A
S0004	Sales4	52%	103%
S0001	Sales1	50%	61%
S0002	Sales2	37%	115%
S0015	Sales15	35%	#N/A
S0011	Sales11	35%	54%
S0009	Sales9	24%	97%
S0019	Sales19	22%	#N/A
S0006	Sales6	22%	94%
S0014	Sales14	10%	78%

表2: 2020年销售业绩完成情况

销售人员编号	销售人员姓名	2020年业绩完成率
S0002	Sales2	115%
S0004	Sales4	103%
S0009	Sales9	97%
S0003	Sales3	94%
S0006	Sales6	94%
S0013	Sales13	93%
S0005	Sales5	88%
S0008	Sales8	84%
S0014	Sales14	78%
S0007	Sales7	77%
S0012	Sales12	66%
S0001	Sales1	61%
S0011	Sales11	54%
S0010	Sales10	39%

图 4.4-3

效果如图 4.4-4 所示。

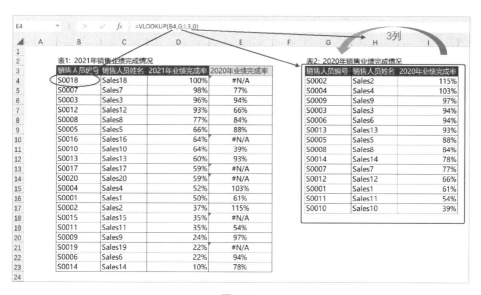

图 4.4-4

练习

　　下面有两个表格，表 1 是销售订单表，其中记录了每个订单的销售价格和销售数量；表 2 是产品明细表，记录了每个产品的市场指导单价和成本单价，如图 4.4-5 所示。

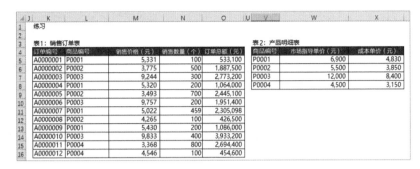

图 4.4-5

现在需要将两个表格进行整合，具体操作如下。

（1）分析每个订单的折扣率和利润率，将计算结果添加到如图 4.4-6 所示的表格中。其中，市场指导价总额=市场指导价单价×销售数量，成本价总额=成本单价×销售数量，折扣率=1-订单总额/市场指导价总额，利润率=（订单总额-成本价总额）/订单总额。

订单编号	商品编号	销售价格（元）	销售数量（个）	订单总额（元）	市场指导价总额（元）	成本价总额（元）	折扣率	利润（元）	利润率
A0000001	P0001	5,331	100	533,100					
A0000002	P0002	3,775	500	1,887,500					
A0000003	P0003	9,244	300	2,773,200					
A0000004	P0001	5,320	200	1,064,000					
A0000005	P0002	3,493	700	2,445,100					
A0000006	P0003	9,757	200	1,951,400					
A0000007	P0001	5,022	459	2,305,098					
A0000008	P0002	4,265	100	426,500					
A0000009	P0001	5,430	200	1,086,000					
A0000010	P0003	9,833	400	3,933,200					
A0000011	P0004	3,368	800	2,694,400					
A0000012	P0004	4,546	100	454,600					

图 4.4-6

（2）计算出每个产品的实际利润率，并将计算结果添加到如图 4.4-7 所示的表格中。

商品编号	订单总额（元）	成本价总额（元）	利润（元）	利润率
P0001				
P0002				
P0003				
P0004				

图 4.4-7

答案

（1）将两个表格通过 VLOOKUP 公式进行关联，且关联字段为商品编号，如图 4.4-8 所示。这里需要注意的是，要将计算完的结果乘以销售数量来计算总额。

市场指导价总额=VLOOKUP(L5,V:W,2,0)*N5

成本价总额=VLOOKUP(L5,V:X,3,0)*N5

折扣率=1-O5/P5

利润=O5-Q5

利润率=S5/O5

练习

表1：销售订单表

订单编号	商品编号	销售价格（元）	销售数量（个）	订单总额（元）	市场指导价总额（元）	成本价总额（元）	折扣率	利润（元）	利润率
A0000001	P0001	5,331	100	533,100	690,000	483,000	23%	50,100	9%
A0000002	P0002	3,775	500	1,887,500	2,750,000	1,925,000	31%	-37,500	-2%
A0000003	P0003	9,244	300	2,773,200	3,600,000	2,520,000	23%	253,200	9%
A0000004	P0001	5,320	200	1,064,000	1,380,000	966,000	23%	98,000	9%
A0000005	P0002	3,493	700	2,445,100	3,850,000	2,695,000	36%	-249,900	-10%
A0000006	P0003	9,757	200	1,951,400	2,400,000	1,680,000	19%	271,400	14%
A0000007	P0001	5,022	459	2,305,098	3,167,100	2,216,970	27%	88,128	4%
A0000008	P0002	4,265	100	426,500	550,000	385,000	22%	41,500	10%
A0000009	P0001	5,430	200	1,086,000	1,380,000	966,000	21%	120,000	11%
A0000010	P0003	9,833	400	3,933,200	4,800,000	3,360,000	18%	573,200	15%
A0000011	P0004	3,368	800	2,694,400	3,600,000	2,520,000	25%	174,400	6%
A0000012	P0004	4,546	100	454,600	450,000	315,000	-1%	139,600	31%

图 4.4-8

（2）结合前面讲到的 SUMIFS 公式进行计算，如图 4.4-9 所示。

P0001 订单总额=SUMIFS($O$5:$O$16,$L$5:$L$16,K19)

P0001 成本价总额=SUMIFS($Q$5:$Q$16,$L$5:$L$16,K19)

P0001 利润=L19-M19

P0001 利润率=N19/L19

练习

表1：销售订单表

订单编号	商品编号	销售价格（元）	销售数量（个）	订单总额（元）	市场指导价总额（元）	成本价总额（元）	折扣率	利润（元）	利润率
A0000001	P0001	5,331	100	533,100	690,000	483,000	23%	50,100	9%
A0000002	P0002	3,775	500	1,887,500	2,750,000	1,925,000	31%	-37,500	-2%
A0000003	P0003	9,244	300	2,773,200	3,600,000	2,520,000	23%	253,200	9%
A0000004	P0001	5,320	200	1,064,000	1,380,000	966,000	23%	98,000	9%
A0000005	P0002	3,493	700	2,445,100	3,850,000	2,695,000	36%	-249,900	-10%
A0000006	P0003	9,757	200	1,951,400	2,400,000	1,680,000	19%	271,400	14%
A0000007	P0001	5,022	459	2,305,098	3,167,100	2,216,970	27%	88,128	4%
A0000008	P0002	4,265	100	426,500	550,000	385,000	22%	41,500	10%
A0000009	P0001	5,430	200	1,086,000	1,380,000	966,000	21%	120,000	11%
A0000010	P0003	9,833	400	3,933,200	4,800,000	3,360,000	18%	573,200	15%
A0000011	P0004	3,368	800	2,694,400	3,600,000	2,520,000	25%	174,400	6%
A0000012	P0004	4,546	100	454,600	450,000	315,000	-1%	139,600	31%

商品编号	订单总额（元）	成本价总额（元）	利润（元）	利润率
P0001	4,988,198	4,631,970	356,228	7%
P0002	4,759,100	5,005,000	-245,900	-5%
P0003	8,657,800	7,560,000	1,097,800	13%
P0004	3,149,000	2,835,000	314,000	10%

图 4.4-9

这里需要用到绝对引用，这样编辑完 P0001 产品的相关计算公式后向下复制公式，即可完成其他产品相关指标的计算结果。

4.5 INDEX

INDEX 公式用于返回指定行和列交叉处的结果，由于 INDEX 公式是引用函数，因此它只引用我们设定的位置的数值，自身不进行运算，如果要进行运算，则需要与其他公式搭配使用。INDEX 公式是制作动态图表时常用的公式，其用法有很多种，可以独立使用，也可以与其他公式搭配使用。但是，在本书的举例中，我们只需学习关于 INDEX 公式最简单的用法就足够应对日常工作。

公式语法

INDEX 公式的语法格式如图 4.5-1 所示。

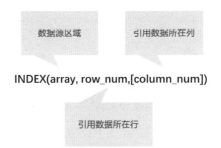

图 4.5-1

举例 1

通过 INDEX 公式可以引用指定的单元格信息。

下面有一个销售业绩完成表，通过 INDEX 公式可以返回不同的完成率，如图 4.5-2 所示。

	A	B	C	D	E	F
1	排名	今年完成率	去年完成率			
2	1	99%	95%			
3	2	94%	91%			结果值
4	3	86%	85%			
5	4	75%	83%			
6	5	64%	78%		=INDEX(A1:C9,2,2)	99%
7	6	48%	76%		=INDEX(A1:C9,5,2)	75%
8	7	41%	56%		=INDEX(A1:C9,8,3)	56%
9	8	33%	54%			
10	9	26%	53%			

图 4.5-2

以公式"=INDEX(A1:C9,2,2)"为例，其中 A1:C9 是数据要引用的数据范围；第一个 2 是指第二行，在这里是指 Excel 表的第二行，不是表头标题下的第二行，即排名 1 这一行，而不是排名 2 这一行；第二个 2 指的是第二列，即 B 列，所以第二行第二列的结果为 99%。

举例 2

通过 INDEX 公式与 SUM 公式的搭配使用，可以实现不同条件下的累计求和，这样在动态报表中就可以根据不同的条件进行选取，从而得出不同的结果。

图 4.5-3 所示为一个销售团队截至 2022 年 9 月的销售情况，需要统计每个月的累计完成率，用以查看全年的业绩完成情况，同时复盘销售任务制定的合理性。

月份	销售目标（万元）	销售额（万元）
1月	933	635
2月	403	289
3月	681	480
4月	483	440
5月	824	544
6月	817	777
7月	967	846
8月	726	594
9月	990	898
10月	975	
11月	691	
12月	886	

图 4.5-3

方法 1：在工作表中增加两列分别计算累计目标和累计销售额，并使用举例 1 中的方法引用相关月份的计算结果，如图 4.5-4 所示。

月份	销售目标（万元）	销售额（万元）	累计目标（万元）	累计销售额（万元）	累计完成率
1月	933	635	933	635	68%
2月	403	289	1,336	924	69%
3月	681	480	2,017	1,404	70%
4月	483	440	2,500	1,844	74%
5月	824	544	3,324	2,388	72%
6月	817	777	4,141	3,165	76%
7月	967	846	5,108	4,011	79%
8月	726	594	5,834	4,605	79%
9月	990	898	6,824	5,503	81%
10月	975				
11月	691				
12月	886				

图 4.5-4

如果要制作动态累计完成率的数据可视化报表，则需要使用 INDEX 公式引用各个月份的累计完成率。当我们将"统计月份"设置为"7"时，通过 INDEX 公式就可以直接引用 7 月份的累计完成率，并根据这个累计完成率制作数据可视化报表，如图 4.5-5 所示。

统计月份	7
累计完成率	79%

月份	销售目标（万元）	销售额（万元）	累计目标（万元）	累计销售额（万元）	累计完成率
1月	933	635	933	635	68%
2月	403	289	1,336	924	69%
3月	681	480	2,017	1,404	70%
4月	483	440	2,500	1,844	74%
5月	824	544	3,324	2,388	72%
6月	817	777	4,141	3,165	76%
7月	967	846	5,108	4,011	79%
8月	726	594	5,834	4,605	79%
9月	990	898	6,824	5,503	81%
10月	975				
11月	691				
12月	886				

图 4.5-5

如果报表的结构相对简单，则手动增加相关字段的累计计算列比较方便。完成率可以细分为很多维度，如时间维度、销售团队维度、产品维度、各种过程化管理维度等。如果使用这个方法，就需要将每个维度甚至各种交叉维度都进行计算。下面介绍的方法就相对清晰很多。

方法 2：通过 SUM 和 INDEX 公式的搭配使用可以直接计算出累计完成率，而且这个累计完成率可以根据选择的月份进行相应的计算。

公式语法

SUM 公式的语法格式如图 4.5-6 所示。

图 4.5-6

下面将公式进行分解，第一层 SUM 公式：SUM(number1：number2)代表从 number1 加到 number2，这里将 number2 用上面的 INDEX 公式替换，就变成我们需要的公式了。将 INDEX 公式中第二个参数——行数，用一个可变参数（或控件）替换，整套公式的结果就可以随着参数的变化而变化了，如图 4.5-7 所示。

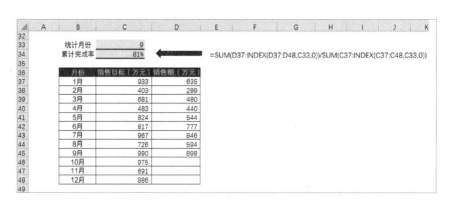

图 4.5-7

练习

在图 4.5-8 中列出每个月的销售目标和销售额，请在浅蓝色框中使用 INDEX 和 SUM 公式完成相应计算，实现在选择不同月份时，呈现相应的计算结果。

图 4.5-8

答案

这里以 9 月份为例，其计算结果如图 4.5-9 所示。

图 4.5-9

4.6　OFFSET

　　OFFSET 公式也是一个引用公式，但是与 INDEX 公式相比，这个公式更适用于搭建复杂的动态图表。虽然 OFFSET 和 INDEX 公式都是引用公式，但是不同的是，INDEX 公式需要选择一个数据区域，返回所选的数据区域内符合条件的结果；而 OFFSET 公式只要定位起点，确认行偏离或列偏离，就可以返回我们想要的结果。在复杂的数据表中，确定一个起点比锁定一个数据范围要简单很多。也就是说，在很多复杂的数据报表中，使用 OFFSET 公式可以通过批量复制公式来实现多维度的批量公式调整，而使用 INDEX 公式批量修改数据范围时就要麻烦很多。所以，使用 OFFSET 公式创建的复杂的动态数据报表逻辑更清晰，更便于后期修改和更新。

通过下面的案例可以清晰地看出两个公式的语法的不同之处，OFFSET 公式的优势也就显而易见了，如图 4.6-1 所示。

	月份	销售额（万元）		月份	销售额（万元）
		5			5
		544			544
	=INDEX(C7:C18,C2,0)			=OFFSET(F7,F2-1,0)	
	月份	销售额（万元）		月份	销售额（万元）
	1	635		1	635
	2	289		2	289
	3	480		3	480
	4	440		4	440
	5	544		5	544
	6	777		6	777
	7	846		7	846
	8	594		8	594
	9	898		9	898
	10	920		10	920
	11	910		11	910
	12	1,020		12	1,020

图 4.6-1

公式语法

OFFSET 公式的语法格式如图 4.6-2 所示。

在制作的动态图表中，为了简化公式，[height]和[width]参数一般可以省略。这样 OFFSET 公式就可以相对简化为 3 个参数，如图 4.6-3 所示。

OFFSET(reference,rows,cols,[height],[width])

OFFSET(reference,rows,cols)

图 4.6-2　　　　　　　　　　图 4.6-3

举例

通过下面的表格，统计"销售目标（万元）"和"销售额（万元）"，当输入不同月份的信息时，这两个指标的数据随之发生变化，如图 4.6-4 所示。

月份	5
销售目标（万元）	824
销售额（万元）	544

销售目标（万元）：=OFFSET(C28,C21-1,0)

销售额（万元）：=OFFSET(D28,C21-1,0)

月份	销售目标（万元）	销售额（万元）
1	933	635
2	403	289
3	681	480
4	483	440
5	824	544
6	817	777
7	967	846
8	726	594
9	990	898
10	975	
11	691	
12	886	

图 4.6-4

练习

图 4.6-5 所示为某公司 3 个销售团队的 Top3 销售人员的销售业绩，通过 OFFSET 公式来实现选择不同组别时呈现相应组别的 Top3 销售人员信息。

销售组	1

销售人员	完成率

销售组1	销售人员	完成率
	张三	97%
	李四	93%
	王二	92%

销售组2	销售人员	完成率
	林黛玉	102%
	贾宝玉	101%
	薛宝钗	98%

销售组3	销售人员	完成率
	刘备	125%
	关羽	121%
	张飞	108%

图 4.6-5

答案

在单元格 B5 中输入公式“=OFFSET(B10,5*($B$2-1),0)”，因为单元格 B2 使用了绝对引用，所以在编写完这个公式后将其复制到其他 5 个单元格中就可以了，如图 4.6-6 所示。

	A	B	C	D
1				
2	销售组	1		
3				
4		销售人员	完成率	
5		张三	97%	
6		李四	93%	
7		王二	92%	
8				
9	销售组1	销售人员	完成率	
10		张三	97%	
11		李四	93%	
12		王二	92%	
13				
14	销售组2	销售人员	完成率	
15		林黛玉	102%	
16		贾宝玉	101%	
17		薛宝钗	98%	
18				
19	销售组3	销售人员	完成率	
20		刘备	125%	
21		关羽	121%	
22		张飞	108%	

图 4.6-6

4.7 数据透视表

在 Excel 中数据透视表的重要性是不言而喻的。无论是在计算维度、计算速度方面，还是在使用方便性方面，数据透视表这个工具在 Excel 中都是一个不容忽视的重量级工具。下面以如图 4.7-1 所示的数据表为基础，由浅入深地介绍数据透视表的创建、排版和计算方式。

商机编号	预计下单季度	预计下单月份	预计下单年份	预计下单金额(元)	数量(台)	产品一级分类	产品二级分类
C2017122001	Q1	M1	2023	916,077	89	电脑	台式机
N2017122001	Q1	M2	2023	81,600	8	电脑	笔记本
C2017122002	Q4	M1	2023	535,236	52	电脑	台式机
N2017122002	Q4	M2	2023	780,000	60	电脑	笔记本
P2017122001	Q1	M3	2023	185,748	92	打印机	针式打印机
P2017122002	Q2	M2	2023	6,440	8	打印机	喷墨打印机
P2017122003	Q3	M1	2023	72,696	24	打印机	激光打印机
N2017122003	Q2	M3	2023	640,320	46	电脑	笔记本
N2017122004	Q3	M2	2023	853,512	66	电脑	笔记本
P2017122004	Q3	M3	2023	381,087	63	打印机	激光打印机
N2017122005	Q1	M2	2023	784,196	98	电脑	笔记本
N2017122006	Q2	M1	2023	554,116	76	电脑	笔记本
P2017122005	Q2	M3	2023	40,836	12	打印机	喷墨打印机
P2017122006	Q2	M3	2023	100,860	20	打印机	激光打印机
N2017122007	Q3	M2	2023	357,665	55	电脑	笔记本
N2017122008	Q3	M1	2023	70,380	9	电脑	笔记本
P2017122007	Q2	M3	2023	34,080	12	打印机	激光打印机
C2017122005	Q2	M3	2023	625,436	98	电脑	台式机
N2017122009	Q2	M2	2023	374,112	36	电脑	笔记本
P2017122008	Q4	M3	2023	172,347	29	打印机	激光打印机
C2017122003	Q4	M2	2023	648,090	90	电脑	台式机
N2017122010	Q1	M2	2023	677,082	94	电脑	笔记本
C2017122004	Q2	M3	2023	250,344	57	电脑	台式机
P2017122009	Q4	M3	2023	87,634	43	打印机	针式打印机

图 4.7-1

注意： M1 代表该季度中的第一个月份，以此类推。

4.7.1　数据透视表的创建

第一步：将鼠标指针放在数据列表中任何有数据的位置，或者将数据表区域全部选中。

第二步：选择"插入"选项卡。

第三步：单击"数据透视表"图标的下拉按钮，在弹出的下拉列表中选择"表格和区域"选项。

具体操作如图 4.7-2 所示。

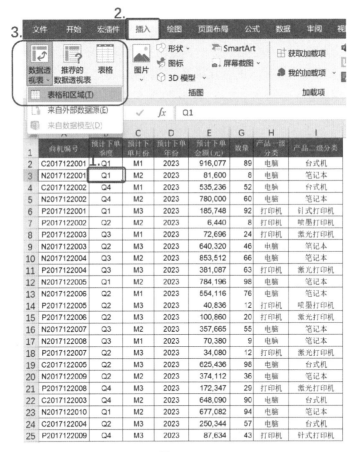

图 4.7-2

在弹出的"来自表格区域的数据透视表"对话框中可以看到默认的数据区域，如图 4.7-3 所示。如果选中"新工作表"单选按钮，则创建的数据透视表会出现在一个新建的工作表中；如果选中"现有工作表"单选按钮，则需要在当前的工作表中指定一个具体的数据透视表的位置，即锁定数据透视表的第一个单元格的位置。

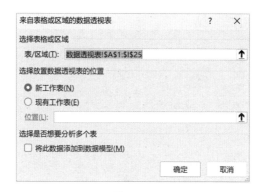

图 4.7-3

单击"确定"按钮后，系统会生成一个数据透视表编辑状态。我们将这个编辑状态划分为 3 个区域，即报表区、字段区、计算区，如图 4.7-4 所示。

图 4.7-4

报表区：呈现最终数据透视表的计算结果。

字段区：罗列原始数据表中的所有字段，为计算区的设计做准备。

计算区：从字段区中选择相关的字段，并选择计算方式，最终得出需要的数据透视表结果。计算区包括以下 4 个区域。

筛选：控制整个数据透视表的计算范围，无论是后续的行、列，还是计算值如何设置，这个数据透视表的计算范围都被限定在筛选好的数据范围内。如图 4.7-5 所示，这个数据透视表就是计算 Q3（第三季度）销售数据。

图 4.7-5

行、列：分别通过拖动字段来设计数据透视表的展示格式，即信息，如图 4.7-6 所示。

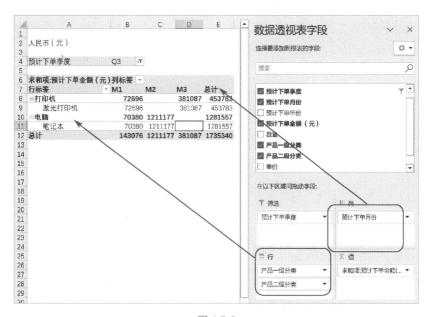

图 4.7-6

值：需要进行统计的字段，如图 4.7-7 所示。

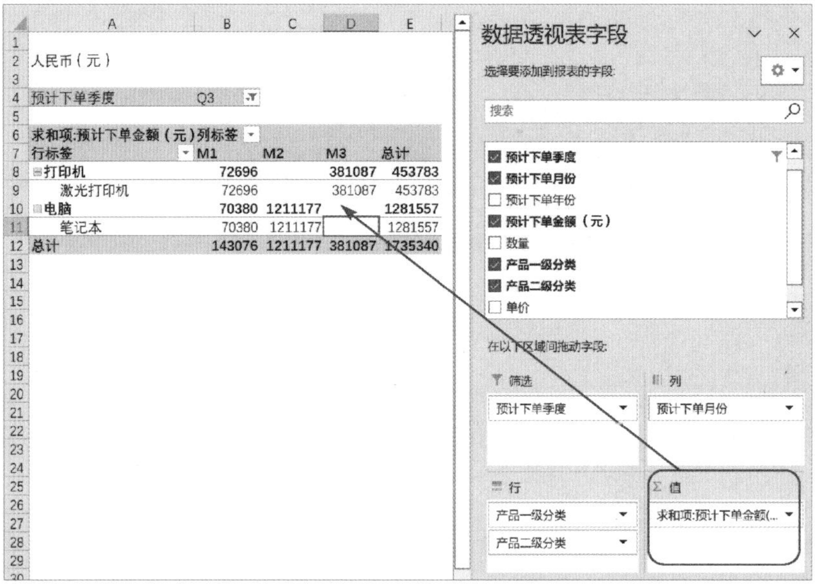

图 4.7-7

4.7.2　数据透视表的排版

上面介绍的数据透视表的行项目的布局是软件默认的结构，列项目是通过拖动字段形成的，因此这样的格式是有一定弊端的。比如，当需要用数据透视表的结果进行进一步的公式统计计算时，这样的格式就很难操作。所以我们需要了解数据透视表的排版功能，对数据透视表进行一定的调整。

在数据透视表的设计工具中有分类汇总、总计、报表布局、空行 4 个选项，并且这 4 个选项均能改变透视表的排版布局。

- 分类汇总：可以选择按子项目进行行、列分别汇总。
- 总计：针对整体透视表做的总计。
- 报表布局：非常常用的布局工具，可以直接改变列项目的呈现格式，下面会有具体的说明。
- 空行：可以在每一个子项目汇总的上方自动添加一个空行，这样就可以将每一个子项目展示得更加清晰。

这 4 个选项的具体功能如图 4.7-8 所示。

调整完成后数据透视表的格式如图 4.7-9 所示。

图 4.7-8

人民币（元）				
预计下单季度	（全部）			
求和项:预计下单金额（元）		预计下单月份		
产品一级分类	产品二级分类	M1	M2	M3	总计
打印机	激光打印机	72696		688374	761070
打印机	喷墨打印机		6440	40836	47276
打印机	针式打印机			273382	273382
电脑	笔记本	624496	3908167	640320	5172983
电脑	台式机	1451313	648090	875780	2975183
总计		2148505	4562697	2518692	9229894

图 4.7-9

4.7.3　数据透视表的计算

数据透视表的 3 个常用的计算方式如下。

1．值字段设置

在数据透视表中，单击"值"选区中的黑色箭头按钮，在弹出的下拉列表中选择"值字段设置"选项。在弹出的"值字段设置"对话框中，可以选择不同的计算类型，如求和、计数、平均值、最大值、最小值等，如图 4.7-10 所示。这样就不需要单独计算，而是统一呈现在数据透视表中。

图 4.7-10

例如，我们将预计下单金额字段拖到"值"选区两次，这样在数据透视表中就会出现两列金额，如图 4.7-11 所示。

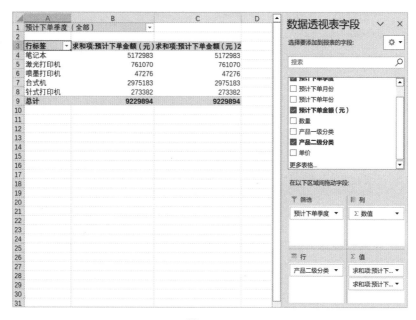

图 4.7-11

将第二个预计下单金额列设置为计数，这样得出的结果就是这类产品下单的订单数量，即有几张订单，是对原始数据行数的计数统计，如图 4.7-12 所示。

图 4.7-12

2. 值显示方式

除了需要分析销售收入完成率，我们还会从各销售团队或者各产品线销售收入占比的角度查看占比的变化趋势。这时就需要使用"值显示方式"来实现。

第一步：将预计下单金额字段拖到"值"选区 3 次，如图 4.7-13 所示。

第二步：单击数据透视表中第二个的预计下单金额列，单击鼠标右键，在弹出的快捷菜单中选择"值显示方式"中的"列汇总的百分比"命令，如图 4.7-14 所示。

图 4.7-13

图 4.7-14

第三步：单击数据透视表中第三个预计下单金额列，重复第二步的操作，这次选择"值显示方式"中的"父行汇总的百分比"命令，如图 4.7-15 所示。

图 4.7-15

经过上述操作，数据透视表被调整为如图 4.7-16 所示的格式。其中，D 列是每一个行项目针对预计下单金额总值的占比，而 E 列则为每个产品二级分类的预计下单金额针对各自对应的产品一级分类的预计下单金额总值的占比。

	A	B	C	D	E
1	预计下单季度	（全部）			
2					
3	产品一级分类	产品二级分类	求和项:预计下单金额（元）	求和项:预计下单金额（元）2	求和项:预计下单金额（元）3
4	打印机		1081728	11.72%	11.72%
5	打印机	激光打印机	761070	8.25%	70.36%
6	打印机	喷墨打印机	47276	0.51%	4.37%
7	打印机	针式打印机	273382	2.96%	25.27%
8	电脑		8148166	88.28%	88.28%
9	电脑	笔记本	5172983	56.05%	63.49%
10	电脑	台式机	2975183	32.23%	36.51%
11	总计		9229894	100.00%	100.00%

图 4.7-16

3．计算字段添加

在一般情况下，制作完数据透视表后需要添加一些辅助列，用来进一步分析数据或者完善数据的呈现维度。比如，数据透视表中有销售总额、销售数量，如果想同时展示单价，则需要单独运算。如果在数据透视表右侧的单元格中直接输入公式，则在调整数据透视表结构时，这一列就会被覆盖或者行项目发生变化。如果想要实现"单价"随数据透视表同步发生变化，则需要使用"计算字段添加"方式。

例如，在如图 4.7-17 所示的数据透视表中，手动在 E 列添加单价的公式"=C 列/D 列"。

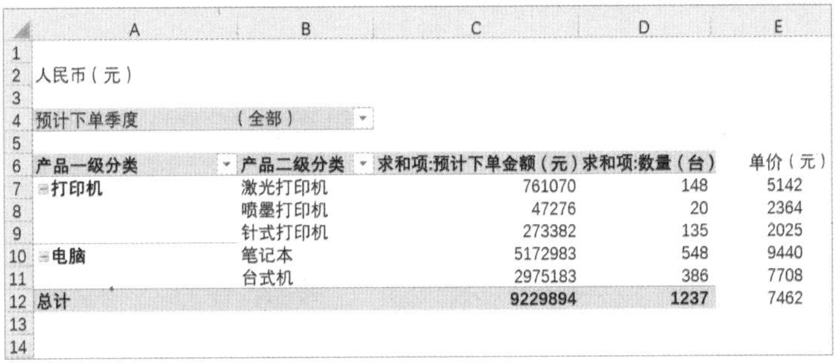

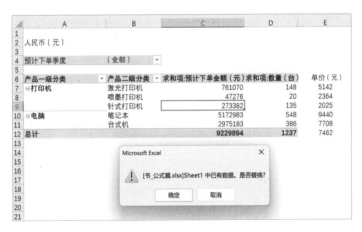

图 4.7-17

当我们需要增加一个字段来体现行项目字段时，就会弹出如图 4.7-18 所示的警告对话框。这是因为我们在添加行项目的同时也会影响列的变化，而 E 列被我们手动输入的公式占用，所以就会被覆盖。

图 4.7-18

当在原始数据透视表中减少行项目字段时，E 列的公式也会报错，这是因为当数据透视表的列发生变化时，手动输入的公式不会同步变化，如图 4.7-19 所示。

这时增加计算字段这个功能就能很好地解决这个问题，它将新增加的字段变为数据透视表结构中的一部分，并随着数据透视表的变化而变化。

同样以添加单价为例，选中数据透视表中的任意一个单元格，Excel 顶部就会出现一个名为"数据透视表分析"的选项卡。在该选项卡中单击"计算"图标的下拉按钮，在弹出的下拉列表中选择"字段、项目和集"中的"计算字段"选项，如图 4.7-20 所示。

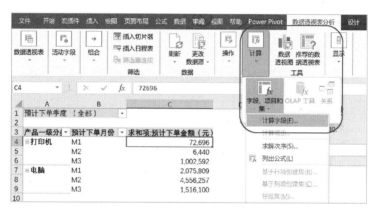

图 4.7-19

图 4.7-20

新创建的字段名称为"单价"，公式为"='预计下单金额(元)'/数量"，如图 4.7-21 所示。公式编辑完成后，单击"添加"和"确定"按钮。

图 4.7-21

这时在数据透视表的字段列表中就会出现一个"单价"字段。把它拖到"值"选区中，这样单价列就可以作为数据透视表的一个字段进行同步计算，如图 4.7-22 所示。

图 4.7-22

这里总结一下"值字段设置"和"计算字段添加"这两种方式的区别，前者适用于对原始数据报表中的固有字段进行计算类别的设置，而后者是针对原始数据报表中的字段派生出新的字段，并在数据透视表中参与计算。

第 **5** 章

动态报表的制作工具和制作方法

本章介绍如何通过第 4 章介绍的公式或者工具，用最简洁的方法、清晰的逻辑来制作动态报表。在使用这些公式和工具时不需要编写任何代码，有些简单的动态报表只需一个公式就可以实现。所以读者不要一听到动态报表就退避三舍，觉得比较难，通过本章的学习，相信读者会对动态报表的制作方法豁然开朗。

在介绍制作动态报表之前，我们需要了解动态报表的原理。想要报表成为动态的，就需要有动作来触发使其变化：通过动作发起，引发公式联动，最终影响计算结果的更新，如图 5.0-1 所示。

能够产生"动作发起"的方式有很多，本书主要介绍最容易掌握的 4 种方式：单元格、切片器、数据验证、控件，如图 5.0-2 所示。

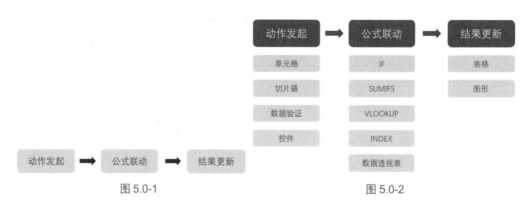

图 5.0-1

图 5.0-2

本章介绍的所有动态报表的制作方法均以如图 5.0-3 所示的数据表为基础，并在此后的案例中均命名为"数据表"。

商机编号	预计下单季度	预计下单月份	预计下单年份	预计下单金额（元）	订单金额区间（元）	数量（个）	产品一级分类	产品二级分类
C2017122001	1	M1	2023	916,077	50万~100万	89	电脑	台式机
N2017122001	1	M2	2023	81,600	<10万	8	电脑	笔记本
C2017122002	4	M1	2023	535,236	50万~100万	52	电脑	台式机
N2017122002	4	M2	2023	780,000	50万~100万	60	电脑	笔记本
P2017122001	1	M3	2023	185,748	10万~50万	92	打印机	针式打印机
P2017122002	2	M2	2023	6,440	<10万	8	打印机	喷墨打印机
P2017122003	3	M1	2023	72,696	<10万	24	打印机	激光打印机
N2017122003	2	M3	2023	640,320	50万~100万	46	电脑	笔记本
N2017122004	3	M2	2023	853,512	50万~100万	66	电脑	笔记本
P2017122004	3	M3	2023	381,087	10万~50万	63	打印机	激光打印机
N2017122005	1	M2	2023	784,196	50万~100万	98	电脑	笔记本
N2017122006	2	M1	2023	554,116	50万~100万	76	电脑	笔记本
P2017122005	2	M3	2023	40,836	<10万	12	打印机	喷墨打印机
P2017122006	2	M3	2023	100,860	10万~50万	20	打印机	激光打印机
N2017122007	3	M2	2023	357,665	10万~50万	55	电脑	笔记本
N2017122008	3	M1	2023	70,380	<10万	9	电脑	笔记本
P2017122007	2	M2	2023	34,040	<10万	12	打印机	激光打印机
C2017122005	2	M3	2023	625,436	50万~100万	98	电脑	台式机
N2017122009	2	M2	2023	374,112	10万~50万	36	电脑	笔记本
P2017122008	4	M3	2023	172,347	10万~50万	29	打印机	激光打印机
C2017122003	4	M2	2023	648,090	50万~100万	90	电脑	台式机
N2017122010	1	M2	2023	677,082	50万~100万	94	电脑	笔记本
C2017122004	2	M3	2023	250,344	10万~50万	57	电脑	台式机
P2017122009	4	M3	2023	87,634	<10万	43	打印机	针式打印机

图 5.0-3

本章介绍的工具和第 4 章提到的公式可以搭配出很多不同的动态报表实现方法。在后续的举例中，为了介绍不同的动态报表实现方法，每个案例采取的方法未必是最佳的方法，如果读者感兴趣，则可以尝试使用不同的方法来制作。

5.1　单元格

最简单的动态报表通过在单元格中输入就可以实现。如图 5.1-1 所示，在单元格 C2 中输入不同的季度数字，报表中的计算结果就会随之更新。这个案例只使用到前面介绍的 SUMIFS 公式。

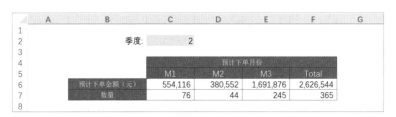

图 5.1-1

以第一列公式为例：

预计下单金额（元）= SUMIFS(数据表!$E:$E,数据表!$B:$B,单元格!$C$2,数据表!$C:$C,单元格!C5)

数量= SUMIFS(数据表!$E:$E,数据表!$B:$B,单元格!$C$2,数据表!$C:$C,单元格!C5)

它们同时使用到绝对引用，这样在输入完 M1 的公式后，M2 和 M3 的公式直接复制 M1 的公式即可。

在这个案例中，引起报表变化的原因是季度值的输入，即报表变化是通过在 SUMIFS 公式中将"预计下单季度"值设定为不同的季度值来实现的。这里将"预计下单季度"值设定为在单元格 C2 中手动输入的季度值，这样当输入的季度值发生变化时，SUMIFS 公式的条件就会随之变化，进而影响公式的计算结果发生变化。

5.2 数据验证（数据有效性）

通过在单元格中输入数据制作动态报表很简单，但是会有一个弊端，那就是对报表的使用者输入的数据格式没有做限定，从而导致报表的数据错误。为了避免这个问题，可以使用数据验证这个工具来限定输入的格式和范围。

为了区分 5.1 节的动态报表制作方法，这里使用数据透视表和 IF 公式来实现，如图 5.2-1 所示。

图 5.2-1

在一个空白的工作表中创建 3 个数据透视表。其中"数据验证-透视表+if!"为新建的工作表的名称，产品一级分类的选项分别包括（全部）、打印机、电脑，如图 5.2-2 所示。

图 5.2-2

新建一个工作表作为计算结果呈现页面，选中需要创建下拉列表的单元格 C2，在"数据"选项卡中单击"数据验证"图标的下拉按钮，在弹出的下拉列表中选择"数据验证"选项（在低版本的 Excel 中名为"数据有效性"），如图 5.2-3 所示。

图 5.2-3

在弹出的"数据验证"对话框中，将"允许"设置为"序列"，在"来源"文本框中输入下拉列表中需要展示的信息，且选项之间用半角逗号分隔开（英文输入法的逗号），单击"确定"按钮，下拉列表制作完成，如图 5.2-4 所示。

最后一步就是公式的编写。在单元格 C5 中输入公式：

=IF($C$2="(全部)",'数据验证-透视表+if'!B4,IF($C$2="打印机",'数据验证-透视表+if'!E4,'数据验证-透视表+if'!H4))

图 5.2-4

在上述公式中嵌套使用了两个 IF 公式。

该公式表示当选择下拉列表中的"(全部)"选项时，单元格 C5 就等于第一个数据透视表中季度 1 的数据（单元格 B4）；当选择下拉列表中的"打印机"选项时，单元格 C5 就等于第二个数据透视表中季度 1 的数据（单元格 E4）；当以上两个条件都不满足时，单元格 C5 就等于第三个数据透视表中季度 1 的数据（单元格 H4）。

同时记得使用绝对引用，这样可以将公式向下复制，从而完成所有公式的编辑。

使用 IF 公式时需要注意所有的条件汇总在一起必须是一个全集。比如，在这个案例中"(全部)"、"打印机"和"电脑"3 个选项汇总在一起就是产品一级分类的全集，否则最后所得的数据合计会有所偏差。

5.3 切片器

利用切片器可以在不同的选择条件下，展示不同的数据内容，如图 5.3-1 所示。

预计下单季度		
Q1		
Q2		
Q3		
Q4		

产品一级分类		
打印机		
电脑		

商机编号	预计下单季度	预计下单月	预计下单年	预计下单金额(元)	数量(件)	产品一级分类	产品二级分类
C2017122001	Q1	M1	2023	916,077	89	电脑	台式机
N2017122001	Q1	M2	2023	81,600	8	电脑	笔记本
C2017122002	Q4	M1	2023	535,236	52	电脑	台式机
N2017122002	Q4	M2	2023	780,000	60	电脑	笔记本
P2017122001	Q1	M3	2023	185,748	92	打印机	针式打印机
P2017122002	Q2	M2	2023	6,440	8	打印机	喷墨打印机
P2017122003	Q3	M1	2023	72,696	24	打印机	激光打印机
N2017122003	Q2	M3	2023	640,320	46	电脑	笔记本
N2017122004	Q3	M2	2023	853,512	66	电脑	笔记本
P2017122004	Q3	M3	2023	381,087	63	打印机	激光打印机
N2017122005	Q1	M2	2023	784,196	98	电脑	笔记本
N2017122006	Q2	M1	2023	554,116	76	电脑	笔记本
P2017122005	Q2	M3	2023	40,836	12	打印机	喷墨打印机
P2017122006	Q2	M3	2023	100,860	20	打印机	激光打印机
N2017122007	Q3	M2	2023	357,665	55	电脑	笔记本
N2017122008	Q3	M1	2023	70,380	9	电脑	笔记本
P2017122007	Q2	M3	2023	34,080	12	打印机	激光打印机
C2017122005	Q2	M3	2023	625,436	98	电脑	台式机
N2017122009	Q2	M2	2023	374,112	36	电脑	笔记本
P2017122008	Q4	M3	2023	172,347	29	打印机	激光打印机
C2017122003	Q4	M2	2023	648,090	90	电脑	台式机
N2017122010	Q1	M2	2023	677,082	94	电脑	笔记本
C2017122004	Q2	M3	2023	250,344	57	电脑	台式机
P2017122009	Q4	M3	2023	87,634	43	打印机	针式打印机

图 5.3-1

当我们把预计下单季度选择为 Q1，产品一级分类选择为打印机和电脑时，上面的表格就变化为如图 5.3-2 所示的效果。

预计下单季度		
Q1		
Q2		
Q3		
Q4		

产品一级分类		
打印机		
电脑		

商机编号	预计下单季度	预计下单月	预计下单年	预计下单金额(元)	数量(件)	产品一级分类	产品二级分类
C2017122001	Q1	M1	2023	916,077	89	电脑	台式机
N2017122001	Q1	M2	2023	81,600	8	电脑	笔记本
P2017122001	Q1	M3	2023	185,748	92	打印机	针式打印机
N2017122005	Q1	M2	2023	784,196	98	电脑	笔记本
N2017122010	Q1	M2	2023	677,082	94	电脑	笔记本

图 5.3-2

具体实现步骤如下。

第一步：将原始数据表选中，单击"插入"选项卡中的"表格"图标，如图 5.3-3 所示。

在"表设计"选项卡中，单击"插入切片器"图标，如图 5.3-4 所示。

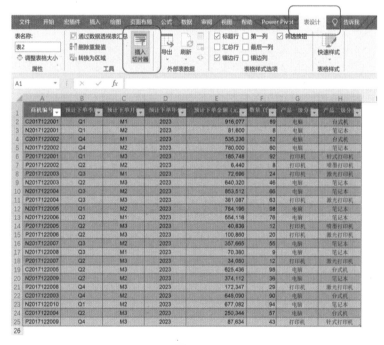

图 5.3-3

图 5.3-4

在弹出的"插入切片器"对话框中，勾选要制作切片器的字段，每个字段都会单独生成一个切片器。比如，勾选"预计下单季度"和"产品一级分类"复选框，就会生成这两个字段的切片器，如图 5.3-5 所示。

图 5.3-5

选中的切片器可以根据需求进行相关的属性设置，如图 5.3-6 所示。

图 5.3-6

同时，切片器可以同时联动多个数据透视表，即通过一个切片器的控制，引发多个数据透视表中的数据发生变化。

这里将原始数据表制作成两个数据透视表，其中表 1 用来计算预计下单金额，表 2 用来计算数量，如图 5.3-7 所示。

求和项:预计下单金额（元）	预计下单月份			
产品一级分类	M1	M2	M3	总计
打印机	72696	6440	1002592	1081728
电脑	2075809	4556257	1516100	8148166
总计	2148505	4562697	2518692	9229894

求和项:数量（台）	预计下单月份			
产品一级分类	M1	M2	M3	总计
打印机		24	8	271	303
电脑		226	507	201	934
总计		250	515	472	1237

图 5.3-7

在表 1 的基础上插入切片器，将字段设置为"预计下单季度"，如图 5.3-8 所示。

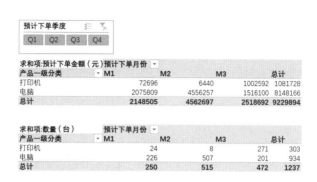

图 5.3-8

选中切片器，在"切片器"选项卡中单击"报表连接"图标，如图 5.3-9 所示。

将两个数据透视表都选中，这样同一个切片器就可以使两个数据透视表联动变化，如图 5.3-10 所示。

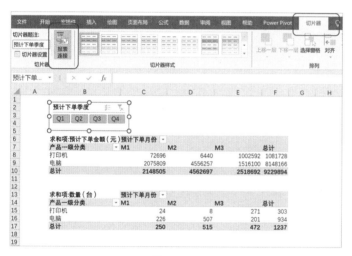

图 5.3-9

图 5.3-10

5.4　控件

Excel 内置了很多控件工具，考虑到本书目标读者的学习需求，这里只选择工作中常用的 3 个控件工具，即选项按钮（单选按钮）、复选框和组合框，如图 5.4-1 所示。在前面的几个案例中我们不难发现，通过 SUMIFS 和 IF 公式可以制作简单的动态报表，但对于

图 5.4-1

相对复杂的报表逻辑就容易混乱。而切片器更适用于动态显示列表，并非进行动态的计算。所以，这时控件可以与 OFFSET 公式、SUMIFS 公式、IF 公式或数据透视表搭配使用，以便满足制作复杂报表的需求。在介绍这 3 种控件的使用时，同样会用 3 个不同的方法来展示。欢迎读者通过不同的方法进行练习，以便熟练灵活掌握控件的功能。

本章介绍的工具需要用到宏插件，如果在 Excel 菜单栏中没有找到，则需要我们调整一些设置。

单击快速访问工具栏右侧的箭头按钮，在弹出的下拉列表中选择"其他命令"选项，如图 5.4-2 所示。

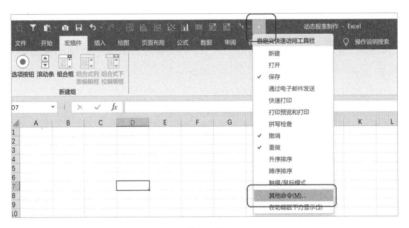

图 5.4-2

在弹出的"Excel 选项"对话框中，选择"所有命令"选项，如图 5.4-3 所示。按照拼音顺序分别将选项按钮、复选框、组合框添加到右侧菜单中。

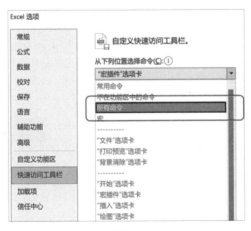

图 5.4-3

在添加时需要添加窗体控件，而不是 ActiveX 控件，如图 5.4-4 所示。

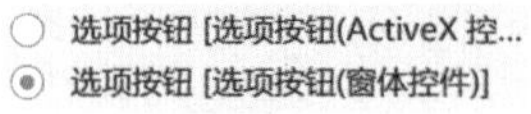

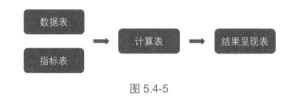

图 5.4-4

这些工作准备完成后，我们就可以开始学习了。在创建结构相对复杂的动态报表时，一般需要分别创建几个工作表，如数据表、指标表、计算表、结果呈现表（可视化报表），如图 5.4-5 所示。

图 5.4-5

1. 数据表

数据表用来存储原始的数据明细，如订单明细、商机明细等。复杂的报表可能包含多个数据表，如订单明细表、产品清单表、客户属性表等。

2. 指标表

指标表用来存储报表计算时需要的各种参数，如日期与周、月的对应关系，销售团队的行业分布、产品类别的分类等，还包括年初设定的各维度的销售目标等基础数据。

3. 计算表

计算表用来存储计算过程，在这里通过对数据表进行逻辑计算，得出需要的汇总数据。简单的报表可以省略此表，但是对于结构复杂的报表，则需要通过计算表梳理计算逻辑和整合计算结果。

4. 结果呈现表

结果呈现表通过对计算表结果的引用，可以使计算结果更加清晰明了且重点突出。除了数据表格格式，还可以结合第 3 章介绍的图表的制作技巧，将计算结果以图表形式展示，即实现数据可视化。

为了充分体现这 3 种控件的效果，这里使用一个相对复杂的销售报表来举例，如图 5.4-6 所示。同时很多下单时间和确认收入时间是有时差的，为了简化计算逻辑，这里视为同一时间。

在指标表中准备好各维度的销售目标，为后面的计算做准备，如图 5.4-7 所示。

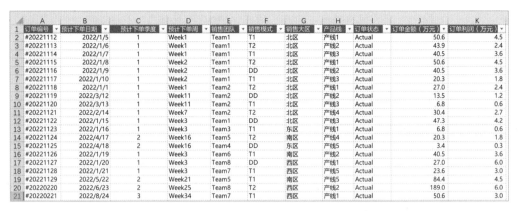

	订单编号	预计下单日期	预计下单季度	预计下单周	销售团队	销售模式	销售大区	产品线	订单状态	订单金额（万元）	订单利润（万元）
2	#20221112	2022/1/5	1	Week1	Team1	T1	北区	产线1	Actual	50.6	4.5
3	#20221113	2022/1/6	1	Week1	Team1	T2	北区	产线2	Actual	43.9	2.4
4	#20221114	2022/1/7	1	Week1	Team1	T1	北区	产线3	Actual	40.5	3.6
5	#20221115	2022/1/8	1	Week2	Team1	T2	北区	产线1	Actual	50.6	4.5
6	#20221116	2022/1/9	1	Week2	Team1	DD	北区	产线2	Actual	40.5	3.6
7	#20221117	2022/1/10	1	Week2	Team1	T1	北区	产线3	Actual	20.3	1.8
8	#20221118	2022/1/1	1	Week1	Team2	T2	北区	产线4	Actual	27.0	2.4
9	#20221119	2022/3/12	1	Week11	Team2	DD	北区	产线2	Actual	13.5	1.2
10	#20221120	2022/3/13	1	Week11	Team2	T1	北区	产线3	Actual	6.8	0.6
11	#20221121	2022/2/14	1	Week7	Team1	T2	北区	产线4	Actual	30.4	2.7
12	#20221122	2022/1/15	1	Week3	Team1	DD	北区	产线3	Actual	47.3	4.2
13	#20221123	2022/1/16	1	Week3	Team3	T1	东区	产线1	Actual	6.8	0.6
14	#20221124	2022/4/17	2	Week16	Team5	T2	南区	产线4	Actual	20.3	1.8
15	#20221125	2022/4/18	2	Week16	Team4	DD	东区	产线5	Actual	3.4	0.3
16	#20221126	2022/1/19	1	Week3	Team6	T1	南区	产线5	Actual	40.5	3.6
17	#20221127	2022/1/20	1	Week3	Team8	DD	西区	产线1	Actual	27.0	6.0
18	#20221128	2022/1/21	1	Week3	Team7	T1	南区	产线1	Actual	23.6	3.0
19	#20221129	2022/5/22	2	Week21	Team5	T1	南区	产线5	Actual	84.4	4.5
20	#20220220	2022/6/23	2	Week25	Team8	T2	西区	产线2	Actual	189.0	6.0
21	#20220221	2022/8/24	3	Week34	Team7	T1	西区	产线1	Actual	50.6	3.0

图 5.4-6

季度	销售目标（万元）		大区	销售目标（万元）		产品线	销售目标（万元）
Q1	1200		北区	4000		产线1	2500
Q2	1800		东区	2000		产线2	2000
Q3	2500		南区	1200		产线3	1500
Q4	2500		西区	800		产线4	1000
总计	8000		总计	8000		产线5	1000
						总计	8000

图 5.4-7

5.4.1 选项按钮

在"宏插件"选项卡中，单击"选项按钮"图标，如图 5.4-8 所示，并将控件改名为"全年"。

选中控件并单击鼠标右键，在弹出的快捷菜单中选择"设置控件格式"命令，如图 5.4-9 所示。

图 5.4-8

图 5.4-9

在弹出的"设置控件格式"对话框中，将"单元格链接"设置为"$D$4"（这里为了说明清楚，暂时选中单元格 D4，后面会将这些控件链接在指标表中集中管理），如图 5.4-10 所示。

单击"确定"按钮后，这个选项按钮就设置完成了。

本案例在结果呈现表中创建 5 个选项按钮，并将单元格链接设置在指标表中。当"3 季度"选项按钮被选中时，因为该按钮在所有按钮中排序第 3 个，所以在指标表中单元格 K3 实现的结果为 3。根据单元格 K3 的不同取值，并结合第 4 章介绍的公式，就可以创建动态报表了，如图 5.4-11 所示。

图 5.4-10

图 5.4-11

最后在结果呈现表中编辑公式，如图 5.4-12 所示。

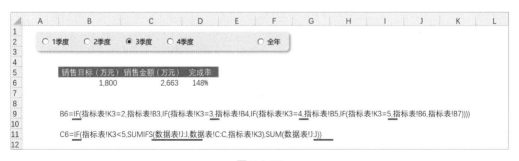

图 5.4-12

这样在选择不同的选项按钮时，由于选项按钮的单元格链接数值发生变化，从而引发单元格 B6 和 C6 的公式中的条件发生变化，最终实现结果的变化。

5.4.2 复选框

图 5.4-13

前面介绍的选项按钮实现的是单选的效果，具有排他性。而复选框可以实现多选的效果，并且将结果和公式搭配使用，可以实现数据累加的效果，如图 5.4-13 所示。

在设置复选框的单元格链接时，每个复选框都需要设置一个单元格，这和选项按钮共用一个单元格是不一样的。结果会返回 TRUE 或 FALSE，我们可以根据这两个返回结果并搭配使用公式进行动态报表的搭建，如图 5.4-14 所示。

季度	销售目标（万元）	大区	销售目标（万元）	产品线	销售目标（万元）	复选框	
Q1	1200	北区	4000	产线1	2500	1季度	TRUE
Q2	1800	东区	2000	产线2	2000	2季度	TRUE
Q3	2500	南区	1200	产线3	1500	3季度	TRUE
Q4	2500	西区	800	产线4	1000	4季度	TRUE
总计	8000	总计	8000	产线5	1000		
				总计	8000		

图 5.4-14

同样，在计算不同季度的销售数据时，使用复选框的累加效果可以获得各种季度混合搭配的计算结果。比如，勾选"1 季度"和"2 季度"复选框，可以获得上半年的业绩完成情况。

这里搭配使用的公式仍然为 IF 和 SUMIFS，但是公式的编写逻辑不是多层次的嵌套，而是用"＋"进行连接的，如图 5.4-15 所示。

图 5.4-15

5.4.3 组合框

使用组合框可以实现下拉列表的效果，其作用类似于数据验证。由于组合框是控件，因此需要单元格链接赋值，以便更灵活地搭配其他公式使用，如图 5.4-16 所示。

在"设置控件格式"对话框中，设置数据源区域引用下拉列表需要的选项内容，单元格链接为选择选项后的返回结果，如图 5.4-17 所示。之后我们将通过这个返回结果的设置与其他公式的搭配使用来实现动态报表的制作。

图 5.4-16　　　　　　　　　　　　图 5.4-17

在这个案例中，同样是统计各季度的销售目标完成情况，这里是将组合框的参数维护在指标表中，如图 5.4-18 所示。

图 5.4-18

由于组合框实现的也是单选的效果，因此其公式的编写逻辑和选项按钮一样，如图 5.4-19 所示。

图 5.4-19

　　这里通过一个相同的案例分别介绍了 3 种控件的使用场景和方法。在制作动态报表时，其中所涉及的数据和条件都会比这个案例要复杂得多，如果还是简单地将 IF 和 SUMIFS 公式搭配使用就很容易出错，因此需要将数据透视表和 OFFSET 公式搭配使用。具体的使用方法将在第二篇中进行介绍。读者需要熟练掌握这 3 种控件的使用方法，以便为后续复杂的动态报表的制作打好基础。

第二篇　实战篇

　　基于第一篇的学习，我们掌握了 Excel 的常见基本操作。本篇将综合第一篇涉及的知识点，并结合实际工作需要进行实战练习。这些练习主要集中在销售目标的设定、销售管理报表的搭建、销售日报表的分析，以及图表的创建和报表自动化更新设计等方面，让读者可以实现数据可视化报表的创建和常规的日常更新维护。

第**6**章

销售管理报表的使用和创建

在进行销售管理的过程中，在上一财年快结束或本财年年初时，需要分解销售任务，同时需要每周通过销售商机管理（Funnel Management）和销售管理看板（Sales Performance Dashboard）跟进业绩完成情况。在季度末，很多企业会通过销售日报表（Daily Tracker）追踪每天的销售情况，并通过精细化管理过程指标保证每个月、每个季度的销售情况是可控的、可预见的，从而及时调整销售策略。销售管理框架如图 6.0-1 所示。

公司行为		
战略规划	目标设定	财务结果

平台管理					
目标划分	商机管理	销售渠道管理	销售人员管理	供应链管理	产品管理

管理报表体系					
销售团队目标	销售团队商机	渠道签约管理	销售业绩管理	流程管理	价格管理
产品线目标	产品团队商机	渠道业绩管理	销售预测管理	物料管理	成本分析
战略产品目标	下单流程监控	销售返点管理	人员晋升管理	供应商管理	竞争分析

图 6.0-1

同时，我们需要了解企业的领导是如何考虑问题的，或者在什么时间点重点关注哪些方面，以便为数据分析工作提前做好准备，如图 6.0-2 所示。

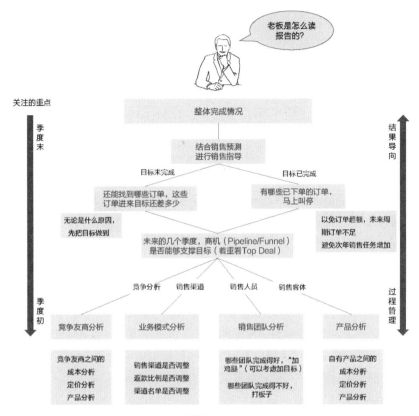

图 6.0-2

由于本书的重点是销售数据的分析，因此本章会着重介绍与销售管理相关的报表的制作。下面按照时间顺序，将销售管理报表体系分为目标设定、商机管理、业绩追踪和业务分析，如图 6.0-3 所示。

图 6.0-3

6.1　销售目标设定

一般在年底时，企业会将下一年的销售任务发布给各部门，让各部门根据各自的业务特点并结合对未来的经营预测来分解销售任务。

在拆分销售任务时需要参考的因素有很多，主要包括以下几个。

（1）市场预期的增长率，以及市场格局的变化。

（2）当年企业的战略目标。

（3）组织结构的调整。

（4）相关人员的调整。

（5）历史销售数据。

（6）特殊的特大订单。

（7）销售节奏（如集中采购等）。

在参考这些因素后，企业会自上而下地发布销售目标，让各部门根据收到的销售目标进行细分。其具体的做法是先准备好各个维度的历史数据（比如，将销售数据细分到销售团队、产品线、销售渠道等），再参考上述的主要因素进行调整。

但是，由于每个层级在下发销售任务时，都希望能够最大限度地完成销售目标，因此在给下一级分配任务时，总会提高一定的幅度。比如，2023 年企业整体的销售目标是 10 亿元人民币，财务部门将这个数据发布给几个相关的业务部门时，几个业务部门的销售目标总和为 11 亿元人民币，其中某产品线的销售目标为 2 亿元人民币，但该产品线将销售目标进一步分派给销售人员时，销售人员的销售目标总和可能为 2.3 亿元人民币。也就是说，每一层级都会留一定的空间以确保最终销售目标的实现。

在拆分销售任务时，需要用到相对引用和绝对引用功能，这两个功能在第 4 章中有详细说明。

举例

假设全年任务是 30 000 万元，4 个季度的任务比例分别为 20%、25%、25%、30%，现需要将全年任务按照 4 个季度的任务比例进行拆分，如图 6.1-1 所示。

Q1 的任务=30 000×20%，即"= B1*B4"。

Q2 的任务=30 000×25%，即"= B1*C4"。

Q3 的任务=30 000×25%，即"= B1*D4"。

Q4 的任务=30 000×30%，即"= B1*E4"。

在这里全年任务单元格 B1 不变，4 个季度的任务比例不一样，所以需要引用不同的单元格。此时需要将单元格 B1 固定，即\$B\$1。这样无论如何复制和粘贴公式，单元格 B1 都不会发生变化。具体的公式如图 6.1-1 所示。

在单元格 B8 中编辑好公式"=\$B\$1*B4"，在进行横向复制时，单元格\$B\$1 不变，单元格 B4 会随着粘贴位置的变化而变化。这样就可以通过复制公式将全年的任务进行拆分。

	A	B	C	D	E	F
1	全年任务	30000	万元			
2						
3		Q1	Q2	Q3	Q4	
4	季度比例	20%	25%	25%	30%	
5						
6						
7		Q1	Q2	Q3	Q4	FY
8		=$B$1*B4	=$B$1*C4	=$B$1*D4	=$B$1*E4	=SUM(B8:E8)
9						
10		6000	7500	7500	9000	30000

图 6.1-1

在实际的业务经营管理中，分配任务的情况只能比上述的举例更加复杂，因此我们需要掌握相对引用和绝对引用功能，并能正确判断什么时候固定行，什么时候固定列，这样我们在计算时就能够事半功倍。

6.2　商机管理

由于商机管理一般通过销售商机管理报表来实现精细化管理，因此本节将详细介绍销售商机管理报表涉及的字段、指标，以及如何使用。

6.2.1　销售商机管理报表需要的信息

销售商机也被称为销售机会。在现代化企业管理体系中常见的商机管理工具为“商机管理系统”，企业可以通过此工具来实现从商机报备到订单特价审批等环节的精细化管理。中小型企业也可以通过 Excel 记录商机明细，从而精准把握每一条商机的进展，如图 6.2-1 所示。

销售商机管理报表

2018Q1　　单位:万元

销售部门	产品组	销售任务	商机总额	确认收入总额	商机V值	90%～100%	60%～90%	10%～60%
Team1	电脑	600	578	370	0.96	370	-	208
	打印机	200	10	10	0.05	10	-	-
	小计	800	588	380	0.74	380	-	208
Team2	电脑	500	268	138	0.54	138	-	130
	打印机	300	560	400	1.87	400	160	-
	小计	800	828	538	1.04	538	160	130
Team3	电脑	600	1,045	485	1.74	485	-	560
	打印机	200	670	-	3.35	-	635	35
	小计	800	1,715	485	2.14	485	635	595
汇总	电脑	1,700	1,891	993	1.11	993	-	898
	打印机	700	1,240	410	1.77	410	795	35
	小计	2,400	3,131	1,403	1.30	1,403	795	933

图 6.2-1

一条完备的商机应包含以下信息。

1．编号信息

编号信息即商机报备编号，我们可以通过此编号进行信息的查询、调用，也可以关联其他后续系统，如"订单管理系统"。

2．时间信息

时间信息包括商机创建时间、预计下单时间、实际下单时间（季度、月份、周）。

3．客户信息

客户信息包括客户编号、名称、销售团队属性等。

4．渠道信息

渠道信息包括渠道编号、渠道签约级别、渠道信用等级等。

5．销售信息

销售信息包括商机创建人员、销售人员、销售人员所属部门、部门负责人等。

6．产品信息

产品信息包括产品编号、产品类别、产品所属部门（根据企业的管理特点和产品的特殊性，一般会将产品类别分为多个层级，并进行逐层细分管理）。

7．金额信息

金额信息包括产品目录价格（市场指导价或原价）、产品折扣、产品折扣后价格、成本等。

8．数量信息

数量信息包括商机报备数量、实际下单数量、已发货数量等。

9．商机状态信息

商机状态信息是指订单的状态，可以将其分为以下 6 种（各企业不同）。

（1）项目了解。

（2）投标方案讨论。

（3）商务谈判。

（4）系统下单。

（5）订单完成。

（6）丢单。

不同的状态会对应相应的商机赢率。

10．其他信息

其他信息还包括商机备注信息，如通过详细的文字说明来描述此条商机的项目进展情况。

在系统后台还需要有一套日志管理功能，用来查询什么时间、什么人创建了商机，何时进行了商机的修改，以及修改的内容等，并以此来追溯每一个操作的责任人。

6.2.2　管理报表指标参数

通过精细化管理销售商机，可以实现对未来销售业绩的精准预测。商机管理具体体现在两个指标上，具体介绍如下。

1．商机 V 值

商机 V 值等于商机金额除以当期销售任务额，此指标可以表明商机的保有度，也体现了业绩完成的可能性。也就是说，商机 V 值高，则说明商机存量富足，从而确保完成销售任务；相反，商机 V 值低，则说明完成销售任务是具有挑战性的，这时就需要发动销售部门和业务拓展团队在市场中挖掘更多的销售机会。

2．商机转化率

商机 V 值不是越高越好，还要通过商机转化率来保障商机的转化质量，即有多少商机转化为实际的订单。商机转化率等于商机转化为实际订单的金额除以全部商机金额，在具体计算时需要将商机进行细分。例如，按销售团队维度、产品维度、时间维度等进行细分计算。商机转化率的高低既体现了销售人员对项目进度的参与程度和控制程度，也体现了销售人员对客户关系、产品知识及各个运营管理程序等销售要素的把控程度，还体现了企业的销售支持平台对商机转化为有效订单的有效运营情况。

6.2.3　销售商机管理报表中的主要信息

有效的商机用来记录核心信息，包括商机金额、商机状态或赢率、商机预计下单时间，以及商机负责人或商机对应的销售团队。如果要对产品进行细分，那么还需要包括商机的产品分类信息。同时，为了确保商机报备的准确性，这里既要监测订单金额的差异，也要细化商机转化为实际订单的时间区间。如果一个商机预计下单时间在 3 个月内，但是实际下单时间在半年后，则说明商机报备不够准确。如果在商机报备时预计订单金额为 2000万元，但是实际订单金额只有 500 万元，则需要分析这种明显变化的原因。

1．商机金额

在评估一条商机记录时，需要考虑商机金额的大小，针对不同的商机金额，所要采取的管理方式也会有所不同。当然很多时候会结合商机赢率共同决策。例如，对于 300 万元的商机，商机赢率为 30%，在大概了解情况后，我们知道其赢率较低，因此可能不会投入过多的人力、物力在这个商机中。相反，如果遇到一个商机，商机金额为 100 万元，商机赢率为 90%，我们就会全力以赴地去争取此订单。

2．商机赢率

通常按照赢率可以将商机划分为 30%、60%、90%、100%这几个档位。按照商机实现的可能性，可以将商机用相应的颜色区分，一般为红色商机、黄色商机、绿色商机。其中，红色商机为较难实现的商机，绿色商机则为极易实现的商机。但在指定指标时，建议尽量采用 SMART 原则，即将商机转化率的难易程度用可度量的标准来衡量。很多企业将商机赢率与商机所处的执行状态相关联。比如，将订单的状态分为以下 6 种。

（1）项目了解。

（2）投标方案讨论。

（3）商务谈判。

（4）系统下单。

（5）订单完成（下单流程完毕）。

（6）丢单。

订单状态对应的商机赢率如表 6-1 所示。

表 6-1　订单状态对应的商机赢率

订单状态	商机赢率
项目了解	10%
投标方案讨论	30%
商务谈判	60%
系统下单	90%
订单完成（下单流程完毕）	100%
丢单	0%

3．预计下单时间

我们必须精准预测下单的时间，尤其要避免出现跨季度的误差。因为一般企业都是按照季度进行行业业绩核算的，在季度中期进行行业绩追踪时对时间的把握尤为重要。很多企业会将商机总额计算精确到具体的月份，从而把控每季度的进单节奏。同时，由于任务分配也会精细到月份，进而可以监控到业绩的完成是否与预计的任务分配的节奏相符合，这样可以进一步对完成季度任务起到双保险的作用。在有的企业中，因为从将订单录入系统中到签订合同再到确认收入，需要很长的时间，所以为了保证销售订单能够及时实现财务认款，以及确认收入，会推出特定的销售奖励。例如，如果某个季度前两周的销售任务完成70%，则销售奖励系数为 1.2，即该季度末的销售奖金金额将在原有奖金基础上再乘以 1.2的系数。

在接近季度末时，为了保证完成任务，业务部门每天都会进行销售进度的追踪，具体的方式是通过邮件或例会的形式发布和核对商机管理报表的变化，从而详细地追踪每个订单或项目的进展情况，以便把握季度任务的完成情况。核算精准的销售追踪机制不仅可以让企业每天计算出季度末完成的订单金额，还可以计算出最低完成额（Worst Case）、最高完成额（Best Case）等，借以实现对业绩完成情况的精准把控。因为业务特点的不同，有的企业每个季度的订单量少，所以可以追踪到每张订单的状态。对于订单金额小，但订单量较大的业务，可以将产品类型或订单类型进行区分对待。比如，区分渠道订单（Bid Deal，BD）和投标订单（Direct Deal，DD）。渠道订单可以由负责渠道的销售人员进行精准预测。投标订单可以分为大单和小单，其中对于大单可以每天逐一核对进度，对于小单可以根据每个季度的订单转化率预计核对进度。这样汇总后的数据就是相对可以实现的销售金额。

下面将详细介绍商机管理报表的具体制作方法。在实际应用中，希望读者能够掌握制作商机管理报表的方法和逻辑，以便结合各自的实际情况，从而做到以不变应万变。

假设一家电脑销售公司的主营业务为销售电脑、打印机及周边的配件产品。其商机管理报表的格式如图 6.2-2 所示。该公司希望实现的效果是在调整订单的状态或金额时，报表中的数字会自动更新。这样在季度末开会核对销售进度时，既可以随时调整订单情况，也可以实时查看销售业绩的数据情况。

销售商机管理报表

商机管理看板

2018Q1　　　　　　　　　　　　　　　　　　　　　　单位:万元

销售部门	产品组	销售任务	商机总额	确认收入总额	商机V值	90%～100%	60%～90%	10%～60%
Team1	电脑	600	578	370	0.96	370	-	208
	打印机	200	10	10	0.05	10	-	-
	小计	800	588	380	0.74	380		208
Team2	电脑	500	268	138	0.54	138		130
	打印机	300	560	400	1.87	400	160	-
	小计	800	828	538	1.04	538	160	130
Team3	电脑	600	1,045	485	1.74	485	-	560
	打印机	200	670	-	3.35	-	635	35
	小计	800	1,715	485	2.14	485	635	595
汇总	电脑	1,700	1,891	993	1.11	993	-	898
	打印机	700	1,240	410	1.77	410	795	35
	小计	2,400	3,131	1,403	1.30	1,403	795	933

图 6.2-2

4．需要统计的字段指标

涉及的维度：销售部门、产品组。

计算的指标：商机总额、确认收入总额、商机 V 值、不同商机赢率区间的商机总额。

根据上面整理的信息，这个报表中需要设置的字段为如图 6.2-3 所示的黄色字段。

	A	B	C	D	E	F	G	H	I	J	K	L	M
1	商机编号	预计下单月份	预计下单季度	预计下单年份	预计下单金额（万元）	数量	产品组	产品一级分类	商机赢率	确认收入	销售部门	销售人员姓名	客户名称
2	C2017122001	M1	Q1	2018	105		电脑	台式机	10%		team1	销售1	客户1
3	N2017122001	M2	Q1	2018	130		电脑	笔记本	30%		team2	销售2	客户2
4	C2017122002	M1	Q1	2018	210		电脑	台式机	60%		team3	销售3	客户3
5	N2017122002	M2	Q1	2018	98		电脑	笔记本	30%		team1	销售4	客户4
6	P2017122001	M3	Q1	2018	65		打印机	针式打印机	80%		team3	销售5	客户5
7	P2017122002	M2	Q1	2018	385		打印机	喷墨打印机	100%	Y	team2	销售6	客户6
8	P2017122003	M1	Q1	2018	270		打印机	激光打印机	80%		team1	销售7	客户7
9	N2017122003	M3	Q1	2018	108		电脑	笔记本	100%	Y	team3	销售8	客户8
10	N2017122004	M2	Q1	2018	215		电脑	笔记本	100%	Y	team3	销售9	客户9
11	P2017122004	M3	Q3	2018	320		打印机	激光打印机	60%		team3	销售10	客户10
12	C2017122005	M1	Q1	2018	40		电脑	笔记本	30%		team3	销售11	客户11
13	N2017122006	M1	Q1	2018	200		电脑	笔记本	100%	Y	team3	销售12	客户12
14	P2017122005	M3	Q1	2018	160		打印机	喷墨打印机	80%		team2	销售13	客户13
15	P2017122006	M3	Q1	2018	35		打印机	激光打印机	60%		team3	销售14	客户14
16	N2017122007	M2	Q1	2018	20		电脑	笔记本	10%		team3	销售15	客户15
17	N2017122008	M3	Q1	2018	170		电脑	笔记本	100%	Y	team3	销售16	客户16
18	P2017122007	M3	Q1	2018	300		打印机	激光打印机	80%		team3	销售17	客户17
19	C2017122008	M3	Q1	2018	290		电脑	台式机	30%		team3	销售18	客户18
20	N2017122009	M2	Q1	2018	270		电脑	笔记本	100%	Y	team3	销售19	客户19
21	P2017122008	M3	Q1	2018	15		打印机	激光打印机	100%	Y	team2	销售20	客户20
22	C2017122003	M2	Q1	2018	5		电脑	台式机	10%		team1	销售21	客户21
23	N2017122010	M3	Q1	2018	30		电脑	笔记本	100%	Y	team2	销售22	客户22
24	C2017122004	M3	Q2	2018	150		电脑	台式机	30%		team1	销售23	客户23

图 6.2-3

- E 列：计算商机总额，即预计下单金额。
- G 列：计算产品组的分类信息。
- I 列：根据此列数据进行不同商机赢率区间的分类。
- J 列：判断是否确认收入。如果商机赢率为 100%，即为确认收入，则不需要此字段。
- K 列：计算销售部门的分类信息。

使用以上字段，即可统计出商机管理所涉及的统计指标。但这里还需要注意两个字段，即 C 列和 D 列。在实际的企业商机管理中，商机报表不会仅限于本季度或本年，所以在进行商机统计时，一定要注意商机预计下单时间是否在当期的统计时间范围内。如果细化到月份，则需要注意月份的区分。

本实例涉及的技术点如下。

- 相对引用、绝对引用。
- SUMIFS 公式。

5．销售商机管理报表的制作

下面根据需要统计的计算维度建立一个报表的模板，如图 6.2-4 所示。

销售商机管理报表

2018Q1								单位：万元
销售部门	产品组	销售任务	商机总额	确认收入总额	商机V值	90%~100%	60%~90%	10%~60%
Team1	电脑 打印机 小计							
Team2	电脑 打印机 小计							
Team3	电脑 打印机 小计							
汇总	电脑 打印机 小计							

图 6.2-4

假设要统计 2018 年第一季度的商机报备情况，则需要对图 6.2-4 中的各个字段进行进一步的说明。

（1）销售部门。

销售部门被分为 3 个部门，即 Team1、Team2、Team3。

（2）产品组。

产品组被分为电脑和打印机。

（3）销售任务。

假设销售任务（销售目标）已经分解完成，直接引用在相关单元格即可。

（4）商机总额。

商机总额需要根据图 6.2-3 中的 E 列数据进行计算，并根据"商机计算_原始数据"工作表的商机数据进行汇总。

（5）确认收入总额。

确认收入总额需要根据图 6.2-3 中的 E 列数据进行计算。

（6）商机 V 值。

商机 V 值=商机总额/销售任务。

（7）状态区间（90%~100%、60%~90%、10%~60%）。

根据赢率，将商机划分为 3 个状态区间，并根据"商机计算_原始数据"工作表的商机数据进行汇总。

经过上述梳理，第 4 项商机总额、第 5 项确认收入总额和第 7 项状态区间（90%~100%、60%~90%、10%~60%）需要根据商机数据明细进行多条件求和计算。

（1）商机总额计算分解说明。

此字段需要计算 3 个销售部门的预计下单季度在 Q1 的各产品维度的商机总值，也就是预计下单金额（万元）。

求和字段：预计下单金额（万元），即 E 列。

条件 1 字段：预计下单季度，即 C 列。

条件 1 条件值：Q1。

条件 2 字段：销售部门，即 K 列。

条件 2 条件值：此例中有 3 个条件值，分别为 Team1、Team2、Team3。

条件 3 字段：产品组，即 G 列。

条件 3 条件值：此例中有两个条件值，分别为电脑和打印机。

公式：

=SUMIFS(商机计算_原始数据!$E:$E,商机计算_原始数据!$C:$C,"Q1",商机计算_原始数据!$K:$K,商机管理看板!$B$6,商机计算_原始数据!$G:$G,商机管理看板!$C6)

（2）确认收入总额计算分解说明。

计算方法同上，与上一个字段相比，增加条件 4。

条件 4 字段：确认收入，即 J 列。

条件 4 条件值：Y。

公式：

=SUMIFS(商机计算_原始数据!$E:$E,商机计算_原始数据!$C:$C,"Q1",商机计算_原始数据!$K:$K,商机管理看板!$B$6,商机计算_原始数据!$G:$G,商机管理看板!$C6,商机计算_原始数据!$J:$J,"Y")

（3）不同赢率区间商机值计算分解说明。

不同赢率区间商机值是基于"商机总额"字段，将商机按照赢率区间进一步划分的。公式在"商机总额"字段的基础上，增加赢率的判断。需要注意的是，对商机赢率的区分并不涉及上一个字段"确认收入总额"，但公式依然是基于"商机总额"字段进行扩展的。

条件 4：商机赢率。

条件 4 条件值：在此我们将商机赢率分为 3 个状态区间：10%～60%，60%～90%，90%～100%。

需要特殊说明的是，在 SUMIFS 公式中如果对数据值的大小进行了限定，则需要将条件用双引号引起来。例如，商机赢率条件大于 90%，那么条件值的描述应为">90%"，而不是>"90%"。

商机赢率落在"90%～100%"区间的商机值为：

=SUMIFS(商机计算_原始数据!$E:$E,商机计算_原始数据!$C:$C,"Q1",商机计算_原始数据!$K:$K,商机管理看板!$B$6,商机计算_原始数据!$G:$G,商机管理看板!$C6,商机计算_原始数据!$I:$I,">90%")

商机赢率落在"60%～90%"区间的商机值为：

=SUMIFS(商机计算_原始数据!$E:$E,商机计算_原始数据!$C:$C,"Q1",商机计算_原始数据!$K:$K,商机管理看板!$B$6,商机计算_原始数据!$G:$G,商机管理看板!$C6,商机计算_原始数据!$I:$I,"<=90%")-K6

> **注意：** 我们在此去掉了 K6 区间（K6 是商机赢率在小于 60%的区间），是因为上一个字段的计算包含了商机赢率小于 60%的金额。

商机赢率落在"10%～60%"区间的商机值为：

=SUMIFS(商机计算_原始数据!$E:$E,商机计算_原始数据!$C:$C,"Q1",商机计算_原始数据!$K:$K,商机管理看板!$B$6,商机计算_原始数据!$G:$G,商机管理看板!$C6,商机计算_原始数据!$I:$I,"<=60%")

当所有公式都输入完后，只需将公式向下复制和粘贴，即可完成销售商机管理报表的公式编辑，如图 6.2-5 所示。

销售商机管理报表

2018Q1						90%～100%	60%～90%	单位:万元 10%～60%
销售部门	产品组	销售任务	商机总额	确认收入总额	商机V值	90%～100%	60%～90%	10%～60%
Team1	电脑	600	578	370	0.96	370	-	208
	打印机	200	10	10	0.05	10	-	-
	小计	800	588	380	0.74	380	-	208
Team2	电脑	500	268	138	0.54	138	-	130
	打印机	300	560	400	1.87	400	160	-
	小计	800	828	538	1.04	538	160	130
Team3	电脑	600	1,045	485	1.74	485	-	560
	打印机	200	670	-	3.35	-	635	35
	小计	800	1,715	485	2.14	485	635	595
汇总	电脑	1,700	1,891	993	1.11	993	-	898
	打印机	700	1,240	410	1.77	410	795	35
	小计	2,400	3,131	1,403	1.30	1,403	795	933

图 6.2-5

之后，结合实际销售业绩完成情况，将销售业绩和未来的商机同时、同维度地体现在一个报表中，就可以实现销售业绩管理的可视化（也就是常用的销售周报表或销售月报表），如图 6.2-6 所示。

为了突出重点指标，一般会将其他计算项隐藏，如图 6.2-7 所示。

销售业绩管理报表

人民币（万元）
2018Q1

销售部门	产品组	销售任务	确认收入总额	完成率	商机总额	90%~100%	60%~90%	10%~60%	预计完成额（最差情况）	预计完成额（最可能情况）	预计完成额（最好情况）	预计完成率（最差情况）	预计完成率（最可能情况）	预计完成率（最好情况）
Team1	电脑	600	370	62%	867	434	173	260	1,237	804	370	206%	134%	62%
	打印机	200	10	5%	15	8	3	5	25	18	10	13%	9%	5%
	小计	800	380	48%	882	441	176	265	1,262	821	380	158%	103%	48%
Team2	电脑	500	138	28%	402	201	80	121	540	339	138	108%	68%	28%
	打印机	300	400	133%	840	420	168	252	1,240	820	400	413%	273%	133%
	小计	800	538	67%	1,242	621	248	373	1,780	1,159	538	223%	145%	67%
Team3	电脑	600	485	81%	1,568	784	314	470	2,053	1,269	485	342%	211%	81%
	打印机	200	-	0%	1,005	503	201	302	1,005	503	-	503%	251%	0%
	小计	800	485	61%	2,573	1,286	515	772	3,058	1,771	485	382%	221%	61%
汇总	电脑	1,700	993	58%	2,837	1,418	567	851	3,830	2,411	993	225%	142%	58%
	打印机	700	410	59%	1,860	930	372	558	2,270	1,340	410	324%	191%	59%
	小计	2,400	1,403	58%	4,697	2,348	939	1,409	6,100	3,751	1,403	254%	156%	58%

图 6.2-6

销售业绩分析报表

人民币（万元） 2018Q1								
销售部门	产品组	销售任务	确认收入总额	完成率	商机总额	预计完成率 （最好情况）	预计完成率 （最可能情况）	预计完成率 （最差情况）
Team1	电脑	600	370	62%	867	206%	134%	62%
	打印机	200	10	5%	15	13%	9%	5%
	小计	800	380	48%	882	158%	103%	48%
Team2	电脑	500	138	28%	402	108%	68%	28%
	打印机	300	400	133%	840	413%	273%	133%
	小计	800	538	67%	1,242	223%	145%	67%
Team3	电脑	600	485	81%	1,568	342%	211%	81%
	打印机	200	-	0%	1,005	503%	251%	0%
	小计	800	485	61%	2,573	382%	221%	61%
汇总	电脑	1,700	993	58%	2,837	225%	142%	58%
	打印机	700	410	59%	1,860	324%	191%	59%
	小计	2,400	1,403	58%	4,697	254%	156%	58%

图 6.2-7

从图 6.2-7 中可以看出，销售业绩分析报表其实是在销售商机管理报表的基础上，增加了完成率的维度，并将预计完成率进行了分类计算。要计算预计完成率需要先计算出预计完成额：

预计完成额（最好情况）=确认收入总额+商机总额

这里假设现有系统所录入的当期商机全部可以在当季转化为收入。当然这是最理想的状态，但是在实际情况中很难做到。原因主要有两方面：一方面，很难做到每条录入商机系统中的商机最终都能赢单，通常存在一定比例的丢单情况；另一方面，由于是客户方把控项目的节奏，因此可能会因为客户方的某些情况导致项目的延期，甚至被取消。除此之外，因为甲乙双方的各种流程、规章制度，使项目虽然在当期签署合同，但是货款到账时间有所延误，从而导致销售业绩推迟。

预计完成额（最可能情况）=确认收入总额+商机总额（赢率为 90%～100%）

预计完成额（最差情况）=确认收入总额

用以上 3 个预计完成额分别除以销售任务就可以得出预计完成率。

通过 3 个预计完成率指标可以把握当季的销售任务完成情况和销售进度。如果目前在季度中，预计完成额（最差情况）已经接近销售目标，则可以放慢节奏，更偏重于进行市场格局的部署或者更长远的规划事宜；如果已经到了季度末，且预计完成额（最可能情况）的完成情况不是很乐观，则要进行销售商机的审查（Review），一方面要审查后续的项目节奏能否提前，另一方面要将确实有风险的项目后延，而不能为了暂时避免审查而瞒报，这样对销售业绩最后的预测更为不利。

如果近期的业绩完成不理想，很多企业或部门会进行每日审查（Daily Review），即每天都会对每一条商机进行审查，掌握重要项目甚至每一条商机的背景和所处阶段，以便对项目的进展进行把控。在季度末或季度初，由于一些销售行为有意隐藏一些商机，因此在压力的迫使下，也会有部分新订单快速完成。所以，这也是为什么需要对销售日报表进行跟踪。这时，另一个工具——销售进度日报表就可以派上用场了。

6.3 业绩追踪

在进行业绩追踪时，通常会使用销售商机管理报表，并以会议周报表、季度报表的形式进行发布。但是在季度末使用销售日报表可以更细致、准确地把握销售节奏和结果，实现以日为单位精准地进行销售预测，进而保证季度目标顺利达成。同时，通过精细化的过程管理，可以衡量各销售团队的管理能力和执行力，也可以了解每个销售团队的预测准确率。比如，整体预测值的变动幅度和频率，预测的节奏是前松后紧还是前紧后松。除此之外，还能直观地呈现目标的完成率，以及预测目标完成的情况。

图 6.3-1 所示为一个销售日报表（日追踪表）的案例，从这个表中可以得到的信息如下。

（1）已确认收入：更新累计到前一天已经确认收入的金额。

（2）每日新增收入：与财务部门合作，每天发布最新的财务结算收入，并更新到日报表中。仅为前一天当日收入，从中可以看出收入结果与预测值的差距。利用该指标不仅可以监控各部门的收入，确认节奏是否健康，还可以考验各部门对订单进度和预测准确度的把握程度。

（3）累计新增收入：自日报表追踪开始，累计收入的金额。

（4）次日预测收入：在确认今天更新的已确认收入是否与昨天预测的一致后，需要敲定次日预计收入为多少。这样可以对日报表追踪的准确性把握得更加精准。

（5）剩余预测收入：在未来的几天里，预计还可能确认收入的金额。通过对这个金额的把握，可以预计到季度结束时，总收入预计为多少及目标完成率为多少。这个预测值会比季度中每周做的销售预测收入更加精准。

（6）目标已完成率：已确认收入/目标值。已确认收入是既定已完成的销售额，即已经计入财务收入的部分。这个完成率也是相对有保障的完成率（假设有客户退换货等情况，目标已完成率有可能下降）。

（7）预计目标完成率：预测收入/目标值。基于季度全部预测值来衡量目标可能的完成率。如果结合前面提到的订单的几种状态，则在季度末进行日报表追踪时，可以更精准地计算出最差情况、最可能情况、最好情况 3 种结果。

销售日报表

单位：万元

部门1

部门1	已确认收入	每日新增收入	累计新增收入	次日预测收入	剩余预测收入	预测收入	目标已完成率	预计目标完成率
	380.0				43.0	423.0		53%
3月19日	382.5	2.5	2.5	4.0	40.5	423.0	48%	53%
3月20日	387.0	4.5	7.0	6.5	39.6	426.6	48%	53%
3月21日	392.0	5.0	12.0	1.5	29.5	421.5	48%	53%
3月22日	394.0	2.0	14.0	3.0	28.0	422.0	49%	53%
3月23日	396.0	2.0	16.0	3.5	26.0	422.0	49%	53%
3月26日	399.0	3.0	19.0	3.5	20.5	419.5	50%	53%
3月27日	403.0	4.0	23.0	2.0	21.0	424.0	50%	52%
3月28日	407.0	4.0	27.0	11.0	19.0	426.0	50%	53%
3月29日	412.0	5.0	32.0	12.0	12.0	424.0	51%	53%
3月30日	425.0	13.0	45.0	—	—	425.0	52%	53%
							53%	

部门2

部门2	已确认收入	每日新增收入	累计新增收入	次日预测收入	剩余预测收入	预测收入	目标已完成率	预计目标完成率
	538.0				64.5	602.5	67%	75%
3月19日	543.0	5.0	5.0	6.0	60.8	603.8	68%	76%
3月20日	549.0	6.0	11.0	8.0	57.7	606.7	69%	75%
3月21日	554.0	5.0	16.0	2.3	44.3	598.3	70%	75%
3月22日	556.3	2.3	18.3	4.5	42.0	598.3	70%	75%
3月23日	560.8	4.5	22.8	5.3	37.5	598.4	71%	75%
3月26日	566.1	5.3	28.1	5.3	32.3	602.6	72%	75%
3月27日	573.1	7.0	35.1	4.0	29.5	602.6	72%	75%
3月28日	577.1	4.0	39.1	15.0	25.5	602.6	74%	75%
3月29日	592.1	15.0	54.1	16.0	16.0	608.1	74%	76%
3月30日	610.1	18.0	72.1	—	—	610.1	76%	76%

部门3

部门3	已确认收入	每日新增收入	累计新增收入	次日预测收入	剩余预测收入	预测收入	目标已完成率	预计目标完成率
	485.0				31.4	411.4	61%	51%
3月19日	487.0	2.0	2.0	1.0	28.4	515.4	61%	64%
3月20日	488.5	1.5	3.5	3.0	27.4	515.9	61%	64%
3月21日	490.5	2.0	5.5	2.0	25.4	515.9	61%	64%
3月22日	494.5	4.0	9.5	—	22.4	516.9	62%	65%
3月23日	494.5	—	9.5	3.0	23.1	517.6	62%	65%
3月26日	498.0	3.5	13.0	2.0	20.5	518.5	62%	65%
3月27日	500.5	2.5	15.5	5.0	18.0	518.5	63%	65%
3月28日	505.5	5.0	20.5	6.0	13.0	518.5	63%	65%
3月29日	511.5	6.0	26.5	8.0	8.0	519.5	64%	65%
3月30日	519.5	8.0	34.5	—	—	519.5	65%	65%

图 6.3-1

单位：万元

图 6.3-2

在季度末订单进展追踪会议中，一般情况是各部门上报各自的每日收入预测，从每个部门收集上来的收入预测被填入如图 6.3-2 所示的红线的右上方，而前一天确认的收入则被填入红线左下方的深灰色部分。这样销售日报表中的 8 个指标便可被自动计算出来。

下面具体说明此工具的使用步骤。

第一步：在 3 月 19 日开会时预计当日新增收入为 3.0 万元。我们将 3 月 19 日的结果预先按照预测值更新为 3.0 万元，如图 6.3-3 所示。

第二步：在 3 月 20 日开会之前，我们再次核对 3 月 19 日准确收入时发现，最后进账金额为 2.5 万元，则将 3 月 19 日的每日新增收入更新为 2.5 万元，如图 6.3-4 所示。

第三步：将 3 月 20 日预计当日新增收入填写为 4.5 万元，相关指标均自动发生变化。已确认收入从 3 月 19 日的 382.5 万元增长为 387.0 万元，每日新增收入为 4.5 万元，累计新增收入从 2.5 万元增长为 7.0 万元，目标已完成率为 48.4%，如图 6.3-5 所示。

第四步：开会时除了确认当日的预测新增收入，还会更新今后几日每天的预测新增收入数额，即如图 6.3-6 所示的红色部分。这样左侧的相关指标发生变化，即 3 月 20 日的次日预测收入更新为 6.5 万元，剩余预测收入为 39.6 万元，预测收入为 426.6 万元，预计目标完成率为 53.3%。

在这个调整过程中可以看出，3 月 20 日实际新增收入比预测新增收入增加 0.5 万元，但由于 3 月 19 日的实际新增收入比预测新增收入少 0.5 万元，因此在 3 月 20 日可以理解为两个指标持平。3 月 21 日的次日预测收入从最早的 6.0 万元增长到 6.5 万元，预测收入从 423.0 万元增长到 426.6 万元。一方面可以看出收入进账节奏有所提前，另一方面总体预测收入有所增加。从目前来看，收入情况还处于良好的控制水平。但过程监控得好坏可以提前发现问题，而最终的结果如何，还是要看最后的业绩完成情况，到最后 3 月 30 日，甚至是 3 月 31 日才能知道业绩的准确完成情况。

根据部门 1 的商机每日追踪结果看，最初预测收入额为 423.0 万元，在过程中预测收入额调整最高点为 426.6 万元，最低点为 419.5 万元，最后结果为 425.0 万元。虽然结果接近初期的预测值，但是过程波动较为频繁，缺少对订单状况的把控。除此之外，每天的实际新增收入与前一天的预测新增收入均有出入，说明可能是对订单状态掌握得不够清楚，也有可能是对企业内部的流程不够熟悉，从而导致最终确认的收入额与预期的不符，如图 6.3-7 所示。

与部门 1 的预测情况相比，在 10 天的追踪中，部门 2 只有 4 天的实际新增收入与预测新增收入有偏差，且预测收入从 602.5 万元增长到 610.1 万元，因此可以看出部门 2 对过程把控得很准确，如图 6.3-8 所示。

单位：万元

部门1	已确认收入	每日新增收入	累计新增收入	次日预测收入	剩余预测收入	预测收入	目标已完成率	预计目标完成率
部门1	380.0				43.0	423.0	48%	53%
3月19日	383.0	3.0	3.0	4.0	40.5	423.5	48%	53%
3月20日	383.0	-	3.0	-	-	383.0	48%	48%
3月21日	383.0	-	3.0	-	-	383.0	48%	48%
3月22日	383.0	-	3.0	-	-	383.0	48%	48%
3月23日	383.0	-	3.0	-	-	383.0	48%	48%
3月26日	383.0	-	3.0	-	-	383.0	48%	48%
3月27日	383.0	-	3.0	-	-	383.0	48%	48%
3月28日	383.0	-	3.0	-	-	383.0	48%	48%
3月29日	383.0	-	3.0	-	-	383.0	48%	48%
3月30日	383.0	-	3.0	-	-	383.0	48%	48%

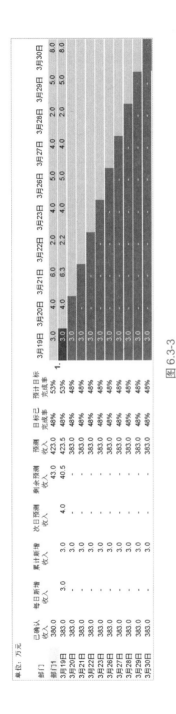

图 6.3-3

单位：万元

部门1	已确认收入	每日新增收入	累计新增收入	次日预测收入	剩余预测收入	预测收入	目标已完成率	预计目标完成率
部门1	380.0				43.0	423.0	48%	53%
3月19日	382.5	2.5	2.5	4.0	40.5	423.0	48%	53%
3月20日	382.5	-	2.5	-	-	382.5	48%	48%
3月21日	382.5	-	2.5	-	-	382.5	48%	48%
3月22日	382.5	-	2.5	-	-	382.5	48%	48%
3月23日	382.5	-	2.5	-	-	382.5	48%	48%
3月26日	382.5	-	2.5	-	-	382.5	48%	48%
3月27日	382.5	-	2.5	-	-	382.5	48%	48%
3月28日	382.5	-	2.5	-	-	382.5	48%	48%
3月29日	382.5	-	2.5	-	-	382.5	48%	48%
3月30日	382.5	-	2.5	-	-	382.5	48%	48%

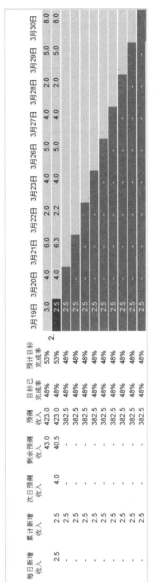

图 6.3-4

单位：万元

部门	已确认收入	每日新增收入	累计新增收入	次日预测收入	剩余预测收入	预测收入	目标已完成率	预计目标完成率	3月19日	3月20日	3月21日	3月22日	3月23日	3月26日	3月27日	3月28日	3月29日	3月30日
部门1	380.0				43.0	423.0	47.5%	52.9%	3.0	4.0	6.0	2.0	4.0	5.0	4.0	2.0	5.0	8.0
3月19日	382.5	2.5	2.5	4.0	40.5	423.0	47.8%	52.9%	2.5	3. 4.0	6.3	2.2	4.0	5.0	4.0	2.0	5.0	8.0
3月20日	387.0	4.5	7.0	-	-	387.0	48.4%	48.4%	2.5	4.5								
3月21日	387.0	-	7.0	-	-	387.0	48.4%	48.4%	2.5	4.5								
3月22日	387.0	-	7.0	-	-	387.0	48.4%	48.4%	2.5	4.5	-							
3月23日	387.0	-	7.0	-	-	387.0	48.4%	48.4%	2.5	4.5	-	-						
3月26日	387.0	-	7.0	-	-	387.0	48.4%	48.4%	2.5	4.5	-	-	-					
3月27日	387.0	-	7.0	-	-	387.0	48.4%	48.4%	2.5	4.5	-	-	-	-				
3月28日	387.0	-	7.0	-	-	387.0	48.4%	48.4%	2.5	4.5	-	-	-	-	-			
3月29日	387.0	-	7.0	-	-	387.0	48.4%	48.4%	2.5	4.5	-	-	-	-	-	-		
3月30日	387.0	-	7.0	-	-	387.0	48.4%	48.4%	2.5	4.5	-	-	-	-	-	-	-	

图 6.3-5

单位：万元

部门	已确认收入	每日新增收入	累计新增收入	次日预测收入	剩余预测收入	预测收入	目标已完成率	预计目标完成率	3月19日	3月20日	3月21日	3月22日	3月23日	3月26日	3月27日	3月28日	3月29日	3月30日
部门1	380.0				43.0	423.0	47.5%	52.9%	3.0	4.0	6.0	2.0	4.0	5.0	4.0	2.0	5.0	8.0
3月19日	382.5	2.5	2.5	4.0	40.5	423.0	47.8%	52.9%	2.5	4.0	4. 6.3	2.2	4.0	5.0	4.0	2.0	5.0	8.0
3月20日	387.0	4.5	7.0	6.5	39.6	426.6	48.4%	53.3%	2.5	4.5	6.5	2.0	4.1	5.0	4.0	1.0	8.0	9.0
3月21日	387.0	-	7.0	-	-	387.0	48.4%	48.4%	2.5	4.5								
3月22日	387.0	-	7.0	-	-	387.0	48.4%	48.4%	2.5	4.5	-							
3月23日	387.0	-	7.0	-	-	387.0	48.4%	48.4%	2.5	4.5	-	-						
3月26日	387.0	-	7.0	-	-	387.0	48.4%	48.4%	2.5	4.5	-	-	-					
3月27日	387.0	-	7.0	-	-	387.0	48.4%	48.4%	2.5	4.5	-	-	-	-				
3月28日	387.0	-	7.0	-	-	387.0	48.4%	48.4%	2.5	4.5	-	-	-	-	-			
3月29日	387.0	-	7.0	-	-	387.0	48.4%	48.4%	2.5	4.5	-	-	-	-	-	-		
3月30日	387.0	-	7.0	-	-	387.0	48.4%	48.4%	2.5	4.5	-	-	-	-	-	-	-	

图 6.3-6

单位：万元

部门1	已确认收入	每日新增收入	累计新增收入	次日预测收入	剩余预测收入	预测收入	目标已完成率	预计目标完成率	3月19日	3月20日	3月21日	3月22日	3月23日	3月26日	3月27日	3月28日	3月29日	3月30日
部门1	380.0			4.0	43.0	423.0	48%	53%	3.0	4.0	6.0	2.0	4.0	5.0	4.0	2.0	5.0	8.0
3月19日	382.5	2.5	2.5	6.5	40.5	423.0	48%	53%	2.5	4.0	6.3	2.2	4.0	5.0	4.0	2.0	5.0	8.0
3月20日	387.0	4.5	7.0	1.5	39.6	426.6	48%	53%	2.5	4.5	6.5	2.0	4.1	5.0	3.5	1.0	8.0	9.0
3月21日	392.0	5.0	12.0	3.0	29.5	421.5	49%	53%	2.5	4.5	5.0	1.5	3.0	3.5	3.5	2.0	9.0	7.0
3月22日	394.0	2.0	14.0	3.5	28.0	422.0	49%	53%	2.5	4.5	5.0	2.0	3.0	3.5	3.5	2.0	9.0	7.0
3月23日	396.0	2.0	16.0	3.5	26.0	422.0	50%	53%	2.5	4.5	5.0	2.0	2.0	3.0	3.5	2.0	9.0	8.0
3月26日	399.0	3.0	19.0	2.0	20.5	419.5	50%	52%	2.5	4.5	5.0	2.0	2.0	3.0	3.0	2.0	11.0	8.0
3月27日	403.0	4.0	23.0	11.0	21.0	424.0	50%	53%	2.5	4.5	5.0	2.0	2.0	4.0	4.0	4.0	11.0	8.0
3月28日	407.0	4.0	27.0	12.0	19.0	426.0	51%	53%	2.5	4.5	5.0	2.0	2.0	4.0	4.0	4.0	11.0	12.0
3月29日	412.0	5.0	32.0	—	12.0	424.0	52%	53%	2.5	4.5	5.0	2.0	2.0	3.0	4.0	4.0	5.0	12.0
3月30日	425.0	13.0	45.0	—	—	425.0	53%	53%	2.5	4.5	5.0	2.0	2.0	3.0	4.0	4.0	5.0	13.0

图 6.3-7

单位：万元

部门2	已确认收入	每日新增收入	累计新增收入	次日预测收入	剩余预测收入	预测收入	目标已完成率	预计目标完成率	3月19日	3月20日	3月21日	3月22日	3月23日	3月26日	3月27日	3月28日	3月29日	3月30日
部门2	538.0			6.0	64.5	602.5	67%	75%	4.5	6.0	9.0	3.0	6.0	7.5	6.0	3.0	7.5	12.0
3月19日	543.0	5.0	5.0	8.0	60.8	603.8	68%	75%	5.0	6.0	9.5	3.3	6.0	7.5	6.0	3.0	7.5	12.0
3月20日	549.0	6.0	11.0	2.3	57.7	606.7	69%	76%	5.0	6.0	8.0	3.0	6.2	7.5	5.3	1.5	12.0	13.5
3月21日	554.0	5.0	16.0	4.5	44.3	598.3	69%	75%	5.0	6.0	5.0	2.3	4.5	5.3	5.3	3.0	13.5	10.5
3月22日	556.3	2.3	18.3	5.3	42.0	598.3	70%	75%	5.0	6.0	5.0	2.3	4.5	5.3	5.3	3.0	13.5	10.5
3月23日	560.8	4.5	22.8	5.3	37.5	598.3	70%	75%	5.0	6.0	5.0	2.3	4.5	4.5	5.3	3.0	13.5	10.5
3月26日	566.1	5.3	28.1	4.0	32.3	598.4	71%	75%	5.0	6.0	5.0	2.3	4.5	4.5	5.3	4.0	15.0	10.5
3月27日	573.1	7.0	35.1	15.0	29.5	602.6	72%	75%	5.0	6.0	5.0	2.3	4.5	4.5	7.0	4.0	15.0	10.5
3月28日	577.1	4.0	39.1	16.0	25.5	602.6	72%	75%	5.0	6.0	5.0	2.3	4.5	4.5	7.0	4.0	15.0	16.0
3月29日	592.1	15.0	54.1	—	16.0	608.1	74%	76%	5.0	6.0	5.0	2.3	4.5	4.5	7.0	4.0	15.0	16.0
3月30日	610.1	18.0	72.1	—	—	610.1	76%	76%	5.0	6.0	5.0	2.3	4.5	4.5	7.0	4.0	15.0	18.0

图 6.3-8

　　根据汇总出来的数据创建一个堆积柱形图，可以更加直观地把握进单的节奏和预测的准确度。如果将多个部门的图表并列显示在一起，就会更清晰地对比出管理的优劣。

　　商机进度日报-Team1 如图 6.3-9 所示。

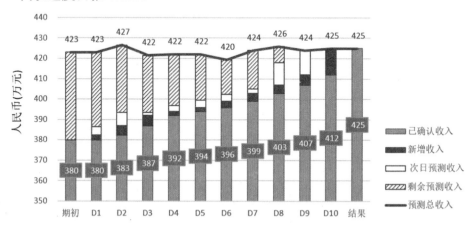

（说明：D1 为日报表追踪开始的第一天，D2 为第二天，以此类推；数值为四舍五入后的结果。）

图 6.3-9

　　这个商机进度日报在季度末期可以很有效地实现对订单进度和预测准确性精细到天的追踪，进而保证季度目标顺利达成，并且操作简便，只要根据每天开会或每天收集的邮件信息，将浅灰色部分的数字更新，便可自动计算出以下 8 个指标。

　　接下来让我们一起分析这个商机进度日报所涉及的公式。这里面要介绍的公式顺序和前面提及的字段顺序会有所不同，因为计算的逻辑顺序和业务关注的指标顺序不一致。如果按照业务关注的指标顺序介绍，则会让读者感觉逻辑绕来绕去。

　　（1）预测收入。

　　次日更新前一天确认收入的金额，仅为前一天当日收入，并且从更新的数值中可以看出收入结果与预测值的差距。一方面可以监控各部门的收入，确认节奏是否健康，另一方面可以考验各部门对订单进度和预测准确度的把握程度。

　　具体操作：假设今天是 3 月 21 日，开会前需要更新 3 月 20 日的实际收入（深红色部分 4.5 万元），3 月 20 日对未来几天的预测不变（红色部分 6.5 万元到 9.0 万元），浅粉色部分为 3 月 21 日开会期间需要收集的数据，如图 6.3-10 所示。

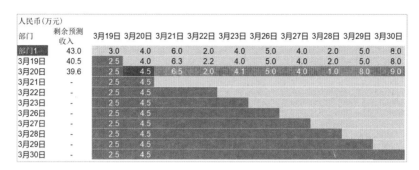

图 6.3-10

（2）每日新增收入。

涉及技术点：MATCH 公式、OFFSET 公式、相对引用。

逻辑分析：在计算每日新增收入时会直接引用每日手动输入的前一天实际新增收入，如图 6.3-11 所示的红圈部分，因此 C 列直接引用每日手动输入的数据即可。但是，由于每日手动输入的单元格的位置是变化的，因此这里涉及了上述的几个技术点。

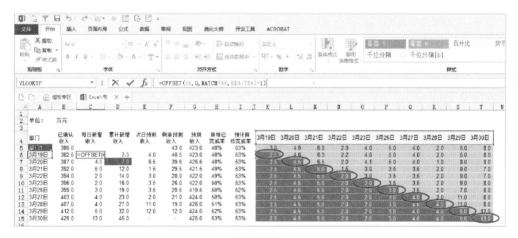

图 6.3-11

这里需要介绍一个新的公式——MATCH。本书中只有此案例使用到这个公式，所以没有在第 4 章中单独介绍。如果不需要制作复杂的日报表，则可以跳过此公式的学习。

MATCH 公式的介绍如下。

公式含义：根据指定的条件，查询条件在指定范围内的位置。

公式语法：=MATCH(条件值,查询区域,查询条件)。

在图 6.3-12 中，MATCH 公式的条件值为单元格 B2，查询区域为单元格 D2 到 D6，查询条件是默认的，因此该公式的返回结果为 1，即"A"这个条件值在 D2:D6 区域中是排在第一的位置。这里的举例是列向的，行向也是可以使用的。

图 6.3-12

查询条件有 1 或默认不写、0、-1 三个数值可选。

1 或默认不写：查找小于或等于条件值的最大值，并且返回的数值位置顺序是按照条件区域降序排列的。

0：查找指定区域的第一个数值。

-1：查找大于或等于条件值的最小值，并且返回的数值位置顺序是按照条件区域降序排列的。

比如，图 6.3-11 中的 MATCH(A6,K$4:T$4)，其含义就是单元格 A6 的结果在 K4:T4 区域的范围内排列在第一位，且返回结果为 1。

结合上述公式的讲解，分析一下这里用的公式组合：

=OFFSET(K6,0,MATCH(A6,K$4:T$4)-1)

MATCH(A6,K$4:T$4): 单元格 A6 的结果为"3 月 19 日"，在 K4:T4 区域中，"3 月 19 日"排在第一位，所以这个 OFFSET 公式的返回结果为 1。

也就是说，公式组合可以推算为：

=OFFSET(K6,0,1-1)

这里需要注意的是，引用的区域从 K 列开始，不需要错位，所以将引用的列减 1，这样就可以从单元格 K6 开始引用。如果不减 1，则从单元格 L6 开始引用。

因此，上述公式可以进一步演变为：

=OFFSET(K6,0,0)

这个结果就是从单元格 K6 开始引用的，行列都不错位，即 C6=K6，C7=L7，C8=M8。

这里虽然我们定义行的参数为 0，表示引用的行不错位，但是因为起始单元格 K6 并没有被固定行和列，所以当单元格 C6 中的公式编写完后，向下复制，在单元格 C7 的 OFFSET 公式中起始单元格为 K7，所以行的变化是在这里做了设置，如图 6.3-13 所示。

SUM　=OFFSET(K7,0,MATCH(A7,K$4:T$4)-1)

单位：　万元

部门	已确认收入	每日新增收入	累计新增收入	次日预测收入	剩余预测收入	预测收入	目标已完成率	预计目标完成率
3月19日	382.5	2.5	2.5	4.0	40.5	423.0	48%	53%
3月20日	387.0	T$4)-1)	7.0	6.5	39.6	426.6	48%	53%
3月21日	392.0	5.0	12.0	1.5	29.5	421.5	49%	53%
3月22日	394.0	2.0	14.0	3.0	28.0	422.0	49%	53%
3月23日	396.0	2.0	16.0	3.5	26.0	422.0	50%	53%
3月26日	399.0	3.0	19.0	3.5	20.5	419.5	50%	52%
3月27日	403.0	4.0	23.0	2.0	21.0	424.0	50%	53%
3月28日	407.0	4.0	27.0	11.0	19.0	426.0	51%	53%
3月29日	412.0	5.0	32.0	12.0	12.0	424.0	52%	53%
3月30日	425.0	13.0	45.0	-	-	425.0	53%	53%

部门	3月19日	3月20日	3月21日	3月22日	3月23日	3月26日	3月27日	3月28日	3月29日	3月30日
3月19日	2.5	4.0	6.3	2.2	4.0	5.0	4.0	2.0	5.0	8.0
3月20日	2.5	4.5	6.5	2.0	4.1	5.0	4.0	1.0	8.0	9.0
3月21日	2.5	4.5	5.0	1.5	3.0	3.5	3.5	2.0	9.0	7.0
3月22日	2.5	4.5	5.0	2.0	3.0	3.5	3.5	2.0	9.0	7.0
3月23日	2.5	4.5	5.0	2.0	2.0	3.5	3.5	2.0	9.0	8.0
3月26日	2.5	4.5	5.0	2.0	2.0	3.0	3.5	2.0	7.0	8.0
3月27日	2.5	4.5	5.0	2.0	2.0	3.0	4.0	2.0	11.0	8.0
3月28日	2.5	4.5	5.0	2.0	2.0	3.0	4.0	4.0	11.0	8.0
3月29日	2.5	4.5	5.0	2.0	2.0	3.0	4.0	4.0	5.0	12.0
3月30日	2.5	4.5	5.0	2.0	2.0	3.0	4.0	4.0	5.0	13.0

图 6.3-13

（3）已确认收入。

假设计划在 3 月 19 日开始针对第一季度的业绩进展进行每日追踪，那么在建立这套工具时，初始化收入就为截至 3 月 18 日（含 18 日）的已确认收入，即 380.0 万元。由于一般前一日的收入需要在第二天才能确认，因此这个数值需要每天开会前更新为前一天的准确数字。

3 月 20 日已确认收入=3 月 19 日已确认收入+3 月 20 日每日新增收入，已确认收入是一个累计数据，即截至 3 月 30 日已确认收入为第一季度累计收入结果，如图 6.3-14 所示。

单位：　万元

部门	已确认收入	每日新增收入	累计新增收入	次日预测收入	剩余预测收入	预测收入	目标已完成率	预计目标完成率
部门1	380.0				43.0	423.0	47.5%	52.9%
3月19日	382.5	2.5	2.5	4.0	40.5	423.0	47.8%	52.9%
3月20日	387.0	4.5	7.0	6.5	39.6	426.6	48.4%	53.3%
3月21日	387.0	-	7.0	-	-	387.0	48.4%	48.4%
3月22日	387.0	-	7.0	-	-	387.0	48.4%	48.4%
3月23日	387.0	-	7.0	-	-	387.0	48.4%	48.4%
3月26日	387.0	-	7.0	-	-	387.0	48.4%	48.4%
3月27日	387.0	-	7.0	-	-	387.0	48.4%	48.4%
3月28日	387.0	-	7.0	-	-	387.0	48.4%	48.4%
3月29日	387.0	-	7.0	-	-	387.0	48.4%	48.4%
3月30日	387.0	-	7.0	-	-	387.0	48.4%	48.4%

图 6.3-14

（4）累计新增收入。

自日报表追踪开始，累计收入的金额。

在按照本案例进行每日业绩追踪前，已确认收入为 380.0 万元，从 3 月 19 日开始进行每日的业绩追踪，假设到 3 月 20 日，累计新增收入为 3 月 19 日和 3 月 20 日的每日新增收入总和，即 2.5+4.5=7.0 万元，如图 6.3-15 所示。

单位：	万元							
部门	已确认收入	每日新增收入	累计新增收入	次日预测收入	剩余预测收入	预测收入	目标已完成率	预计目标完成率
部门1	380.0				43.0	423.0	47.5%	52.9%
3月19日	382.5	2.5	2.5	4.0	40.5	423.0	47.8%	52.9%
3月20日	387.0	4.5	7.0	6.5	39.6	426.6	48.4%	53.3%
3月21日	387.0	-	7.0	-	-	387.0	48.4%	48.4%
3月22日	387.0	-	7.0	-	-	387.0	48.4%	48.4%
3月23日	387.0	-	7.0	-	-	387.0	48.4%	48.4%
3月26日	387.0	-	7.0	-	-	387.0	48.4%	48.4%
3月27日	387.0	-	7.0	-	-	387.0	48.4%	48.4%
3月28日	387.0	-	7.0	-	-	387.0	48.4%	48.4%
3月29日	387.0	-	7.0	-	-	387.0	48.4%	48.4%
3月30日	387.0	-	7.0	-	-	387.0	48.4%	48.4%

图 6.3-15

（5）次日预测收入。

根据今天更新的已确认收入是否与昨天预测的一致，敲定次日预测收入为多少，这样可以对业绩追踪的准确性把握得更加精准。

3 月 20 日预计当天收入为 4.5 万元，同时预测次日收入，即 3 月 21 日能进 6.5 万元，以便把握短期的预测进度，如图 6.3-16 所示。

单位：	万元							
部门	已确认收入	每日新增收入	累计新增收入	次日预测收入	剩余预测收入	预测收入	目标已完成率	预计目标完成率
部门1	380.0				43.0	423.0	47.5%	52.9%
3月19日	382.5	2.5	2.5	4.0	40.5	423.0	47.8%	52.9%
3月20日	387.0	4.5	7.0	6.5	39.6	426.6	48.4%	53.3%
3月21日	387.0	-	7.0	-	-	387.0	48.4%	48.4%
3月22日	387.0	-	7.0	-	-	387.0	48.4%	48.4%
3月23日	387.0	-	7.0	-	-	387.0	48.4%	48.4%
3月26日	387.0	-	7.0	-	-	387.0	48.4%	48.4%
3月27日	387.0	-	7.0	-	-	387.0	48.4%	48.4%
3月28日	387.0	-	7.0	-	-	387.0	48.4%	48.4%
3月29日	387.0	-	7.0	-	-	387.0	48.4%	48.4%
3月30日	387.0	-	7.0	-	-	387.0	48.4%	48.4%

图 6.3-16

这里同样使用到了 OFFSET 公式和 MATCH 公式，方法同"每日新增收入"。需要注意的是，OFFSET 公式通过 MATCH 公式来计算默认的初始位置，返回结果为 1，即 MATCH(A6,K\$4:T\$4)就是单元格 A6 的结果在 K4:T4 区域中排列第一位，所以返回结果为 1。次日预测收入是依照当日的预测进行定位引用的，所以返回结果的列应该向右移动 1 列。此处的公式和"每日新增收入"列不同的是没有在列引用的结果上再减 1。

（6）剩余预测收入。

在未来的几天里，预计还可能确认收入的金额。通过这个数据的预测，可以统计季度结束时总收入预计为多少，以及目标完成率为多少，这个预测值要比季度中每周做的销售预测更加精准，如图 6.3-17 所示。

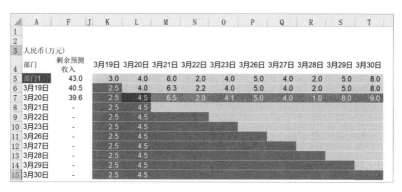

图 6.3-17

3 月 19 日的剩余预测收入为 3 月 20 日到 3 月 30 日的总预测（单元格 L6 到 T6）。

3 月 20 日的剩余预测收入为 3 月 21 日到 3 月 30 日的总预测（单元格 M6 到 T6）。

由于每天的剩余预测收入需要加总的单元格的范围是变化的，或者是缩减的，因此为了不用每日手动修改公式来确保数据准确，这里需要将 SUM、OFFSET、MATCH、INDEX 四个公式结合使用，即=SUM(OFFSET($K6,0,MATCH($A6,$K$4:$T$4)):INDEX($K6:$T6,10))。

这个公式较复杂，我们来拆解一下。

SUM：求和的数据范围为从 "："前到 "："后。

INDEX：引用公式，引用范围为从 K 列到 T 列，共 10 列。为了不用手动调整公式，将数据范围选取为最大，即无论从哪列开始求和，最后都加总到 T 列。

OFFSET&MATCH：这两个公式的搭配使用在前面有介绍，并在 SUM 公式中代表了SUM 的起始单元格。

举例说明：

假设今天是 3 月 19 日，MATCH($A6,$K$4:$T$4)的返回结果为 1。

OFFSET 公式可变为：

=SUM(OFFSET($K6,0,1):INDEX($K6:$T6,10))

其中，OFFSET($K6,0,1)的返回结果为单元格 K6 的同行次列，即单元格 L6。

SUM 公式可进一步变形为：

=SUM(L6:INDEX($K6:$T6,10))

INDEX 公式共选了 10 列，并加总到单元格 T6 中，因此公式可变形为：

=SUM(L6:T6)

这回大家就能看清楚了，再搭配使用相对引用功能，将 3 月 19 日的公式向下填充或复制，即可完成"剩余预测收入"列中的公式编写。

（7）目标已完成率。

目标已完成率=已确认收入/目标值。

已确认收入是既定已完成的销售额，这个完成率也是相对有保障的完成率（假设有客户退换货等情况，目标已完成率有可能下降）。

（8）预计目标完成率。

预计目标完成率=预测收入/目标值。

基于季度全部预测值来衡量目标可能的完成率。如果结合前面提到的订单的几种状态，则在季度末进行日报表追踪时，可以更精准地计算出最差情况、最可能情况、最好情况 3 种结果。

> Tips：
>
> 日报表的逻辑看起来略微复杂，但是只需编辑好第一行公式，并将公式向下填充即可。
>
> 此表格建立好后，可以每季度重复使用，仅需将日期做调整，就可以作为新季度的日报追踪报表。
>
> 在部门间子表公式的编写上，如果正确使用绝对引用、相对引用功能，则部门的公式可以重复使用，适用于企业组织结构的调整。
>
> 所以，此公式可以使用在不同季度、不同部门结构中，十分灵活方便。

6.4　销售人员奖金核算报表

在季度末特别是年末的后几天，我们需要每天更新销售人员的完成率。因为我们不能等到当期过了以后，一切尘埃落定了，才被动地等相关部门公布销售的考核指标完成情况，而是需要在每个周期结束之前精细化到每个销售人员级别，进而精细化到追踪时谁的任务接近完成，需要加紧进单；谁的完成率过高，需要留单到下一个周期。这样的精细化管理从企业的角度来看其实是不被鼓励的，但是从销售团队的角度来看，在保证现有销售人员完成率的情况下，可以留有足够的"弹药"以保证下一周期任务的完成，这样的报表对销售团队来说是至关重要的。所以，这类报表一般很难由企业层面来搭建，这就需要销售团队在了解企业战略的前提下，自行地制作销售人员奖金核算报表。这里核算的不是具体的奖金金额，因为每个人的薪金都是保密的，所以这里可以核算出用于计算奖金的完成率。

硬件厂商销售人员奖金的核算相比软件、服务类产品的核算简单。有的企业只是考核总数，即销售总任务的完成率。但有的企业为了实现更精细化的管理，会将销售任务按照产品线进行细分。不同的产品线核算奖金时的权重不同，进而实现企业战略与销售目标一致。下面用几个案例来说明销售权重和奖金系数设定的逻辑。

6.4.1　案例 1：简单销售人员考核方案

企业设定一个统一的销售任务，但是对某特定产品实行单独的销售奖励。该特定产品一般是企业的新品或在战略性调整时会采用的产品。比如，在如图 6.4-1 所示的考核报表中，除了最基本的销售奖励，还针对特定产品给予了额外奖励。两部分奖励合在一起作为销售奖励总和。这类考核方案相对简单，我们不再展开说明了。

人民币：万元

销售人员姓名	销售目标	销售收入	完成率	额外奖励
A	2,000	1,910	96%	5
B	1,800	900	50%	2
C	1,500	1,090	73%	1
D	1,500	1,110	74%	2
E	1,000	570	57%	0

图 6.4-1

6.4.2　案例 2：产品线不同权重的考核方案

图 6.4-2 所示为一个销售奖励核算报表。

人民币：万元

产品线	销售目标	销售收入	完成率	记入考核的比例	产品线权重	计算后完成率
产线1	500	450	90%	90%	30%	27%
产线2	500	600	120%	105%	20%	21%
产线3	500	300	60%	60%	10%	6%
产线4	200	50	25%	25%	20%	5%
产线5	200	50	25%	25%	20%	5%
合计	1,900	1,450	76%	-	100%	64%

图 6.4-2[①]

---

① 图中的"产线"指"产品线"，下同。

从这个报表中我们有以下几个发现：

产线 1、产线 2、产线 3 的产品为该企业主营产品，且为营业收入的主要部分。

产线 2 的产品在市场中具有一定的竞争优势，除了销售人员的销售能力和客户关系的加持，企业的研发能力、品牌影响力等因素也是不可忽视的。所以对于产线 2 的产品实行 105% 奖金封顶的策略，即销售目标完成率为 120%，超过了 105%，在统计结果时依然按照 105% 进行计算。这样可以有效地控制销售人员只卖好卖的产品。其他产品线的产品未设置封顶值，所以封顶值等于实际完成率。

产线 3 的产品可能为生命周期处于衰退的产品，虽然销售收入比重大，但未来发展空间小，在市场中处于衰退期。所以销售目标值高，但产品线权重仅为 10%。

产线 4、产线 5 的产品可能为产业新型产品，虽然销售收入比重目前较小，但是在市场中处于上升发展期，需要投入更多的资源和精力抢占市场先机，对企业未来的发展具有绝对的战略性意义。所以这部分产品线权重都为 20%。

这样设置后，销售人员就会采取相应的经济行为，使其利益最大化，尽量增加考核权重大的产品进行销售推荐，如图 6.4-3 所示。

人民币：万元

产品线	销售目标	销售收入	完成率	记入考核的比例	产品线权重	计算后完成率
产线1	500	400	80%	80%	30%	24%
产线2	500	100	20%	105%	20%	21%
产线3	500	100	20%	20%	10%	2%
产线4	200	200	100%	100%	20%	20%
产线5	200	200	100%	100%	20%	20%
合计	1,900	1,000	53%	-	100%	87%

图 6.4-3

这样调整完后，该销售人员的总销售收入从 1450 万元降到 1000 万元，但完成率从 64% 提高到 87%。所以理性的销售人员在这样的销售业绩规则下自然会努力销售产线 4 和产线 5 的产品，从而实现销售结果与企业战略的高度统一。

6.4.3 案例 3：软件或服务产品的销售考核方案

软件或服务产品的收入一般分为 New 和 Renewal（或 ARR）两个部分。

New 是指合同金额中依据财务收入确认准则可计入当期的收入金额。

Renewal 或 ARR 是在首年购买软件或服务产品后，从第 2 年开始每年计入当期收入的金额，可以简单理解为年费。图 6.4-4 中的 ARR 则为去年或更早时期签约的合同金额计入本期的收入金额。对于 ARP 部分，有的企业会每年定价一致，而有的企业则会每年按照一定的增长比例来定价，但具体比例也会在合同中标明。

人民币：万元

收入类型	销售目标	销售收入	完成率	记入考核的比例	产品线权重	计算后完成率
New（新签约）	500	450	90%	90%	80%	72%
ARR（续约）	500	600	120%	105%	20%	21%
合计	1,000	1,050	210%	195%	100%	93%

图 6.4-4

大部分企业会将两个指标分开考核，分别设定不同的销售目标。有的企业只将 New 部分的销售任务分给销售团队，并单独成立部门专门负责 ARR 部分的销售任务。有的企业会将 New 和 ARR 的所有销售任务都分给销售团队，但在计算奖金权重时 New 会占大部分，ARR 会占很小的部分。这里需要注意的是，产品线权重小并不意味着销售目标绝对值小。下面举一个详细的例子进行说明。

比如，一个销售人员 New 的销售任务为 500 万元，实际完成 450 万元；ARR 的销售任务也为 500 万元，实际完成 600 万元，但二者的奖金比例为 8∶2，且 ARR 的销售目标完成率有上限，为 105%。那么这个销售人员的销售目标完成率为：90%×80%+105%×20%=93%。

从图 6.4-4 中可以看出这个销售人员计入奖金计算的销售目标完成率为 93%。其中，New 部分对销售目标完成率的贡献为 90%×80%，ARR 部分虽然完成了 120%，但是由于有 105% 封顶的限制，因此只能按照 105% 进行计算，这样 ARR 部分对销售目标完成率的贡献为 105%×20%。

很多企业对奖金的计算采取加速度模式。比如，在如图 6.4-5 所示的表中，说明了不同的销售任务完成情况可获得的奖金系数。

完成率	奖金系数
<=80%	0.8
>80%,<=100%	1
>100%,<=110%	1.5
>110%	2

图 6.4-5

按照我们前面的举例，这个销售人员所拿到的奖金系数应为 1。在此表中也可以看出系数 2 为封顶，即两倍的销售奖金。

奖金比例权重的设定需要严谨且符合企业战略发展方向。有的企业会根据不同的发展战略，按照不同的产品线指定不同的奖金比例权重，而奖金系数的设定就更为微妙了。如果一个销售人员在年底完成了 102% 的销售目标，那么在没有大的外界压力的情况下，年底之前的订单都会保留到明年再执行进单流程。其原因如下。

- 当达到 102% 的销售目标完成率时，可以拿到 1.5 倍的销售奖金。
- 手里的商机很难让销售目标完成率冲到 110%，那么做得再多也只有 1.5 倍的销售奖金。
- 如果将剩余商机都在今年完成，明年的销售任务会随之增长，那么在完成明年的销售目标时将面临压力。
- 明年需要投入更多精力寻找新的商机。

作为一个理性的销售人员，会将销售目标完成率控制在 102% 的水平，且不会主动增加销售额。

第 **7** 章

销售业绩可视化报表的制作

数据仪表盘就是一种将数据以图形、数字、列表等可视化形式展示的工具，呈现出多维度、多视角的业务运转情况，进而做出进一步的行动决策。

本章会通过几个案例来详细说明不同角度或岗位的数据仪表盘的制作方法。这里需要强调的是，本书主要介绍通过简单的 Excel 入门知识就可以实现的可视化效果。为了实现数据可视化，市面上存在各种工具，如 Tableau、Power BI 等。本书坚持的原则是，无论用什么工具，这些都只是工具，而对业务的了解、对数据逻辑的搭建和对图表正确、恰当的选择才是本源。

其中，一个原因是无论选择哪个工具来呈现，最终业务都是无法忽视或逾越的部分，因为业务才是分析的主角。就像一个人面对一个十字路口，无论他是步行、骑车，还是开车，都只需朝着他要去的方向前行。但是，如果方向错了，不管使用什么交通工具，结果都是错的。

另一个原因就回归到写这本书的初衷了。我身边很多的同事，每天都需要和 Excel 打交道，但是大部分人真的只会加、减、乘、除等一些简单的操作。而这部分人大多数分布在企业的各个部门，企业统一管理的系统数据都是单一、基本、通用的。因此，对于不同部门、不同岗位，企业不可能为其提供不同的数据系统。这就出现了我们常见的现象，即每个部门都有自己的一堆 Excel 表格，有常规需要处理的 Excel 文件，也有生成很多临时统计使用的 Excel 文件，各个部门都忙碌地记录着自己要看的数据，而希望这类人都能掌握 Tableau、Power BI 的使用，则是很困难的。相信这也是这些工具只能由企业内部专业人员来使用和调控的主要原因，而这些工具大部分也只集中在企业级层面，很难适用于各个部门。

这也就是作者写这本书的主要目的，希望分享如何通过最简单的公式和工具实现高端、直观的数据可视化报表。因为这些处在各个部门的工作人员才是企业中占比最大的人群，也是企业最主要的生产力。只有提高这类人群的工作效率和专业度，企业整体的运行效率才能提高。

顺利且成功制作出数据仪表盘的三大主要要素，包括数据（Data）、计算逻辑（Calculation）、可视化呈现（Visualization）。这就像班里组织孩子进行毕业汇报演出，第一步我们需要把孩子召集到一起，第二步了解每个孩子有什么特长并进行节目的编排，第三步成功完成节目汇演清单，如图 7.0-1 所示。

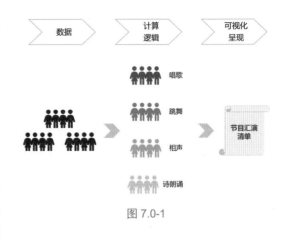

图 7.0-1

另外，根据报表的复杂程度，数据和逻辑页面可能被整合在一个工作表里，也可能是多个工作表。尤其逻辑部分还可能分为数据计算部分和图表展示部分。这是因为有些图表为了展示出特有的效果，需要将数据按照一定的格式进行排版。

在一般情况下，我们需要先梳理要呈现的逻辑和指标，倒推出计算这些指标需要的数据；再进一步找到最原始的数据源。这里一定要推算到最原始的数据源，目的是方便日后报表的更新。合理的计算逻辑可以有效提高报表更新的效率。理想的状态是将每周或每月从系统中导出来的原始数据直接复制并粘贴到 Excel 表中，仪表盘就制作完成了。这样做只花了几分钟或几秒钟，其中的关键取决于原始数据的标准性。不过，即使不标准，我们后面也会介绍快速整合原始数据的方式，如图 7.0-2 所示。

1. 数据

我们收集到的数据需要进行筛选和鉴别后才能使用，这个在开篇部分已经介绍过。但需要强调的是，数据的可用性和准确性是后续计算和呈现的基础，不然我们看到的数据仪表盘呈现的结果都是错误的、不可信的，会对业务的了解和指导起反作用。

2. 计算逻辑

计算逻辑是在熟知业务、企业、行业的情况下，对基础数据进行处理的逻辑关系，可以通过公式计算得出结果。只有对所要分析的业务足够熟悉，才能保证设计的计算逻辑是真实可用的。

3. 可视化呈现

针对不同的数据类型或者不同的呈现目的，选取最恰当的图形进行数据化呈现，可以最直观地展示数据分析结果。在选取数据时，保证数据展示的客观性也是非常重要的。这样进一步的业务决策才会是行之有效、对症下药的。

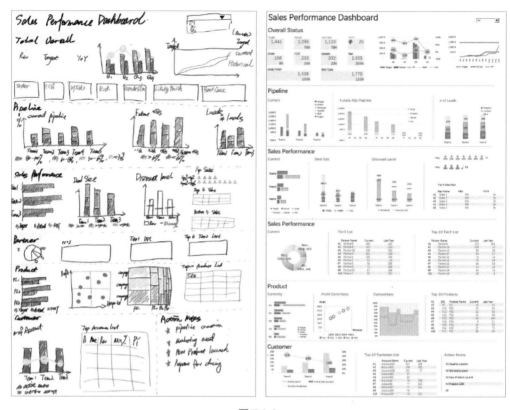

图 7.0-2

　　与销售业绩相关的定义和概念，我们在前面的章节中已经介绍过，这里就不重复说明了。本章将着重介绍完整的销售业绩分析可视化报表的制作过程，而非独立的业绩报表、商机管理等具体的报表的制作，因此需要融合多个数据报表，并结合数据可视化手段来实现整套仪表盘的效果呈现。从业务指导角度看，仪表盘是更全面、更综合的业务指导工具。

　　本章案例按照从易到难的顺序进行介绍，使读者可以循序渐进地理解和掌握。需要注意的是，在设计数据仪表盘时，要合理设计框架结构，充分考虑页面之间、数据与图形之间的合理衔接，为减少日常维护的工作量做铺垫。

7.1　案例 1：销售业绩分析可视化报表（基础版）

难度指标：★

技术点：

（1）图表的制作。

（2）SUMIFS 公式。

（3）数据透视表。

可视化报表效果图：

销售业绩分析可视化报表（2023 年 1 季度），如图 7.1-1 所示。

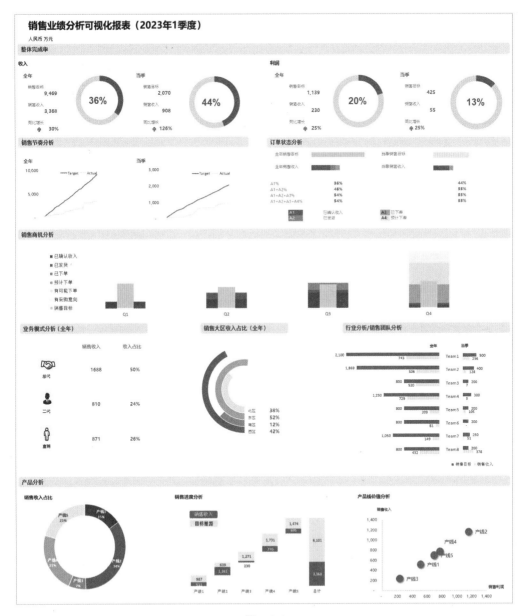

图 7.1-1

7.1.1 可视化报表制作思路

本节的可视化报表只用到一种公式——SUMIFS，所以新手可以很快上手。更主要的是，新手通过制作这个报表可以清楚可视化报表的搭建逻辑，从而能够更好地理解后面的几个案例，也可以结合自身业务特点很快地制作出适合自己企业或部门的报表。

首先明确这里所需的三大步骤：数据→计算逻辑→可视化呈现。

根据手绘稿我们整理出需要的数据表，该报表主要涉及 3 个数据表，如图 7.1-2 所示。

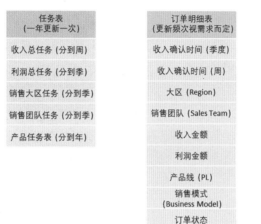

图 7.1-2

任务表（目标表）：里面包含不同维度的任务值，用以不同维度的呈现。此表一般一年更新一次。如果在年中任务值有调整，同步更改即可。

订单明细表：此表是已经存在销售系统中的销售订单明细表。

商机明细表：此表是有可能转化为订单的商机明细表，这些明细与订单明细表中的不重合，是对未来可能进行下单操作的预测。但是，如果此表的格式与订单明细表的格式统一，则可以将这两个数据表整合为一个数据表，这样在进行报表搭建时逻辑相对更加清晰。

以上 3 个数据表的具体模板在电子文件中可以查看。

基于上面 3 个数据表，单独创建一个 Excel 工作表来梳理计算逻辑。这样做的好处是，计算模块比较清晰，即使以后有调整，也会很容易地找到相应位置。更重要的一个好处是，数据计算的格式完全符合即将呈现的图表形式的搭建逻辑，这样可以为最后的数据可视化呈现做好准备。

可视化报表的创建过程如图 7.1-3 所示。

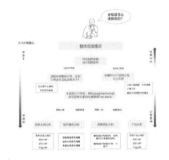

 第一步，了解需求

第二步，准备"数据"

Pic1　Revenue target-year　9,469
　　　Revenue Actual-year　3,368　36%　64%
　　　Revenue Actual-Last year-year　7,277
　　　YoY Growth-Year　30%

第三步，整理"数据逻辑"

Pic2　Revenue target-qtr　2,070
　　　Revenue-Actual-qtr　908　44%　56%
　　　Revenue-Actual-Last year-qtr　1,732
　　　YoY Growth-qtr　126%

Pic3　Profit target-year　1,139
　　　Profit Actual-year　230　20%　80%
　　　Profit Actual-Last year-year　504
　　　YoY Growth-Year　25%

Pic4　Profit target-qtr　425
　　　Profit-Actual-qtr　55　13%　87%
　　　Profit-Actual-Last year-qtr　71
　　　YoY Growth-qtr　25%

第四步，实现"可视化呈现"

图 7.1-3

在制作逻辑页面时，我们可以按照要展示的图表的顺序进行排列，如图表 1、图表 2、图表 3，如此顺延。如果制作的报表要以 PPT 的形式呈现，那么这里标注的是 Page1、Page2、Page3……这样绘制图表时可以直接找到关联的数据位置。对于特殊的位置要进行特别的标识，如图 7.1-4 中黄颜色的部分。由于这个报表是基础版，为了尽量少使用公式和其他工具，对于"当季"的控制，需要在每个季度初将如下黄颜色的单元格数据进行调整，但也只需一个季度改一次即可。

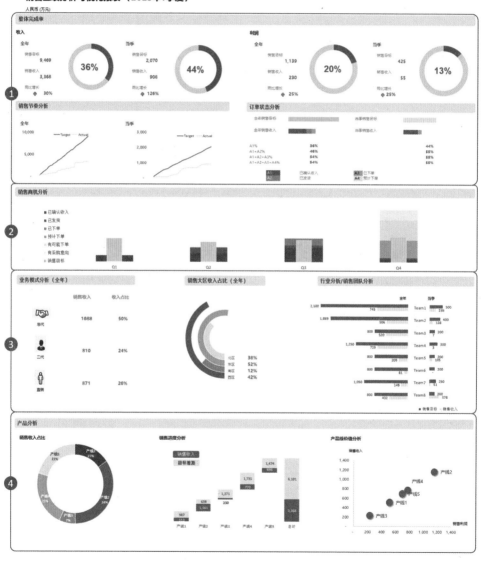

图 7.1-4

接下来，我们按照以下 4 个部分进行详细的介绍。

- 整体业绩完成情况分析。
- 销售商机分析。
- 销售渠道及销售团队业绩分析。
- 产品分析。

7.1.2　整体业绩完成情况分析

1．图表 1：整体完成率

整体完成如图 7.1-5 所示。

图 7.1-5

图表含义

收入部分展示了全年和当季的销售目标及销售收入的完成情况，并通过同比增长来分析业务的发展状况是否健康。当季数据的逻辑与全年数据的逻辑一致，只是在编写 SUMIFS 公式时增加了一个季度的限制条件。利润部分的当季数据与全年数据的逻辑也是同理的。

图表数据格式和取值（见图 7.1-6）

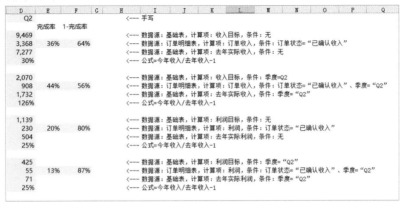

图 7.1-6

说明：

（1）单元格 D1 中的"Q2"需要手动填入，且每个季度填写一次当季的值。所以作为提醒，可以用特殊颜色进行标注。

（2）计算"1-完成率"是为了实现饼图灰色未完成的部分。

（3）在编辑 SUMIFS 公式时，所有参数均选取整列，这样日后在进行数据维护时只需顺延向下填充即可。

（4）右侧利润图表与左侧收入图表的逻辑一致。

2．图表 2：销售节奏分析

销售节奏分析如图 7.1-7 所示。

人民币（万元）

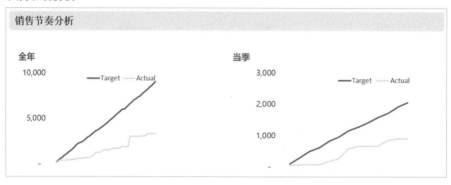

图 7.1-7

图表含义

通过与销售目标值的对比可以看出当前销售进度是否与销售目标的节奏吻合，如果有差距，那么分析落后或超前多少，这样更有利于精准地调整销售节奏，尤其在季度末和年末时。

需要注意的是，Target 和 Actual 的取值都是销售目标和实际销售收入的累加值。

week1=week1

week2=week1+week2

week3=week1+week2+week3

……

图表数据格式和取值（见图 7.1-8）

人民币（万元）

	C	D	E	F	G	H	I	J	K	L	M	N	O	P	Q

	销售目标	销售收入		Target列：									
week1	200	162		<--- 数据源：基础表，计算项：收入目标，条件：周="Week1"
week2	380	273		<--- 数据源：基础表，计算项：收入目标，条件：周="Week2"
week3	580	419		<--- 数据源：基础表，计算项：收入目标，条件：周="Week3"
week4	730	419		
week5	930	419		Actual列：
				<--- 数据源：订单明细表，计算项：订单收入，条件：订单状态="已确认收入"、周="Week1"
				<--- 数据源：订单明细表，计算项：订单收入，条件：订单状态="已确认收入"、周="Week2"
				<--- 数据源：订单明细表，计算项：订单收入，条件：订单状态="已确认收入"、周="Week3"
				以此类推

人民币（万元）

week1	200	162	week28	4,700	1,549
week2	380	273	week29	4,900	1,664
week3	580	419	week30	5,090	1,748
week4	730	419	week31	5,290	1,748
week5	930	419	week32	5,470	1,748
week6	1,090	419	week33	5,670	1,748
week7	1,240	449	week34	5,845	1,799
week8	1,440	449	week35	6,045	1,951
week9	1,620	527	week36	6,059	1,951
week10	1,820	527	week37	6,259	1,951
week11	2,050	547	week38	6,459	1,951
week12	2,250	641	week39	6,659	3,075
week13	2,350	641	week40	6,859	3,075
week14	2,440	641	week41	7,059	3,075
week15	2,540	692	week42	7,209	3,075
week16	2,740	716	week43	7,349	3,075
week17	2,940	716	week44	7,479	3,075
week18	3,060	716	week45	7,679	3,115
week19	3,260	817	week46	7,869	3,115
week20	3,400	901	week47	8,069	3,115
week21	3,600	1,225	week48	8,269	3,368
week22	3,720	1,303	week49	8,469	3,368
week23	3,870	1,303	week50	8,669	3,368
week24	4,030	1,310	week51	8,869	3,368
week25	4,160	1,499	week52	9,069	3,368
week26	4,360	1,549	week53	9,269	3,368
week27	4,510	1,549	week54	9,469	3,368

图 7.1-8

3．图表 3：订单状态分析

订单状态分析如图 7.1-9 所示。

人民币（万元）

图 7.1-9

图表含义

该图表将各个状态的订单和尚未形成订单的有效商机与销售任务分阶段地进行直观对比。

已确认收入：财务确认收入。这部分数据只要不出现退换货，一般不会变化。

已发货：已发货的订单金额。对硬件厂商来说，已发货的订单需要客户确认收货后硬件厂商才可以确认收入，所以这部分订单可以被理解为在途订单。如果是分销或代理合作的订单，也可以将货发送至代理处。

已下单：已经在系统中生成订单并付款，但尚未完成生产。

如果是软件或服务产品，则不存在"已发货"和"已下单"的状态。软件下单付款即可计入财务收入。

预计下单：就是销售商机中状态为"预计下单"的商机的订单总额。一般将销售商机中的状态分为预计下单、有可能下单、有采购意向三级，具体情况我们在前面的章节中有专门介绍。在季度末，状态为"预计下单"的商机是最有可能转化为收入的，所以也是各级领导关注的重点。

图表数据格式和取值（见图7.1-10）

人民币（万元）

图 7.1-10

说明：

累计完成率是通过将各状态的收入金额汇总后除以销售目标来计算的，可以直观地呈现出各个阶段完成率的情况。

- 已确认收入完成率=已确认收入/销售目标。
- 已发货完成率=（已确认收入+已下单收入）/销售目标。
- 已下单完成率=（已确认收入+已下单收入+已发货金额）/销售目标。
- 预计下单完成率=（已确认收入+已下单收入+已发货金额+已下单金额）/销售目标。

7.1.3　销售商机分析

图表 4：销售商机分析

销售商机分析如图 7.1-11 所示。

人民币（万元）

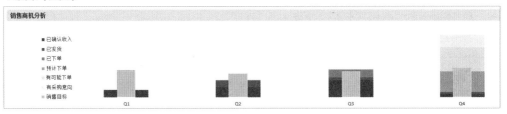

图 7.1-11

图表含义

该图表按季度分析了商机与销售目标的对比关系。一般来说，商机的保有量是销售目标的 2.5～4 倍，这是比较合理的系数，这个系数被称为 V 值。V 值过低，说明商机不足，通俗来说就是现有的订单不足以支撑完成销售目标。V 值过高，可能是业务发展前景大好，但也有可能是无效商机过多。所以，除了考察 V 值，还要会看商机的转化率（商机转化率=当期实际收入/期初商机总值）。另外，需要强调的一点是，有些企业除了给销售人员制定销售收入的目标，还会制定商机的目标，并且检测未来 4 个季度商机目标的完成情况。精细化管理能做到这个细度自然是一件好事，不过很大结果是相关人员为了完成商机的目标，上报大量虚假信息。

图表数据格式和取值

通过 SUMIFS 公式，结合销售数据明细表和商机明细表，可以制作出如图 7.1-12 所示的汇总表；基于这个汇总表可以制作出如图 7.1-11 所示的堆积柱形图。

人民币（万元）

C	D	E	F	G
	Q1	Q2	Q3	Q4
已确认收入	641	908	1,526	294
已发货	331	790	395	395
已下单	442	51	743	351
预计下单	-	-	-	1,835
有可能下单	-	-	-	2,170
有采购意向	-	-	-	1,080
销售目标	2,440	2,070	2,349	2,610

图 7.1-12

说明：

这里需要注意的是，为了突出显示销售目标，可以将销售目标设为次坐标轴，并且调整柱形图的宽度，这样就能够相对清楚地看出商机与销售目标的对比情况。

假设此报表的报告日期在 Q4，则 Q1～Q3 的所有商机都不存在，且已变成实际收入。对于那些没有在当期成功转化成实际收入的商机，需要在系统中或报表中修改预计下单时间。这里需要强调的是，为了保证数据准确有效，系统或线下整合的商机明细必须真实有效。所以，很多企业会由销售运营（Sales Operation）团队来完成这项工作，也有企业会要求销售人员自行在系统中及时修改自己负责的商机内容，一般以周为单位。

7.1.4　销售渠道及销售团队业绩分析

1. 图表5：业务模式分析（全年）

业务模式分析（全年）如图 7.1-13 所示。

人民币（万元）

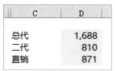

图 7.1-13

图表含义

该图表汇总了当年各渠道的销售业绩，包括总代（Tier1）、二代（Tier2）和直销（Direct Deal）。同时，还有一些其他方式，如三代。但是收入占比较小，这里就忽略不计了。

图表数据格式和取值（见图 7.1-14）

人民币（万元）

	C	D
总代	1,688	
二代	810	
直销	871	

图 7.1-14

说明：

销售渠道业绩分析更多的是观察收入占比的变化，如图 7.1-13 中的 50%、24% 和 26%，因为这个指标可以看出主要的销售渠道在哪里。另外，由于销售渠道各自的特性，每个销售渠道的销售收入、利润特点都不一样。如果企业在重大决策上没有较大调整，那么这个趋势一般比较平稳。对硬件厂商来说，除了查看销售渠道分布，针对代理商维度，还需要实时跟踪代理商的库存情况。一般监控库存情况使用的指标为 WOI（Week of Inventory），也被称为 DSI（Days Sales of Inventory）。这个指标的使用不是单纯分析比值的高低，而是与同行业业界公认的标准值进行对比。如果指标过高，则说明代理处压货过多，下新单、"吃"新货的能力就很差。如果不协助清库，就会给厂商增加很大的销售压力。如果指标过低，就需要认真分析原因了，如产能跟不上，市场需求量不足等，并对症下药制定具体的调整方案。

2. 图表 6：销售大区收入占比（全年）

销售大区收入占比（全年）如图 7.1-15 所示。

图表含义

该图表通过多层圆环图来展示 4 个销售大区销售目标的完成情况，从而对比出 4 个销售大区完成得好与坏。

针对销售团队，一般会有单独的、更详尽的销售报表，在总体的报表中展示较为宏观的层面。

图表数据格式和取值（见图 7.1-16）

人民币（万元）

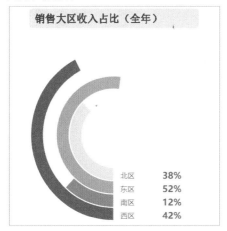

人民币（万元）

	销售目标	销售收入	完成率	1-完成率
	C	D	E	F	G
北区	3,300	1,249	38%	62%
东区	2,400	1,249	52%	48%
南区	2,400	290	12%	88%
西区	1,369	581	42%	58%

图 7.1-15　　　　　　　　　　　　　　　图 7.1-16

说明：

图表中除了需要"完成率"这一项，还需要添加一项为"1-完成率"，这两项完整才能构成一个圆环图，并将完成率调成蓝色，1-完成率调成透明色或白色。

3. 图表7：行业分析/销售团队分析

行业分析/销售团队分析如图 7.1-17 所示。

图表含义

该图表展示了各销售团队销售收入与销售目标的差距，以便对比出各销售团队完成得好与坏。该图表从全年和当季两个角度进行全面分析。

图表数据格式和取值（见图 7.1-18）

人民币（万元）

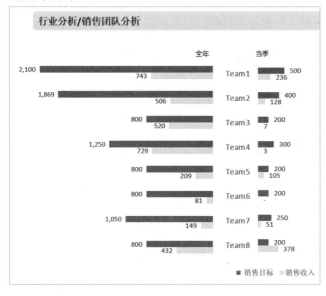

人民币（万元）

	全年	
C	D	E
全年	销售目标	销售收入
Team1	2,100	743
Team2	1,869	506
Team3	800	520
Team4	1,250	729
Team5	800	209
Team6	800	81
Team7	1,050	149
Team8	800	432
当季	销售目标	销售收入
Team1	500	236
Team2	400	128
Team3	200	7
Team4	300	3
Team5	200	105
Team6	200	-
Team7	250	51
Team8	200	378

图 7.1-17   图 7.1-18

7.1.5 产品分析

1. 图表8：销售收入占比

销售收入占比如图 7.1-19 所示。

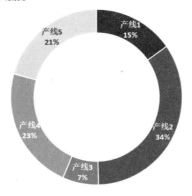

图 7.1-19

图表含义

该图表展示了各产品线的销售收入占比，以便对主流产品和非主流产品比例的变化做出相应的市场策略调整。

图表数据格式和取值（见图 7.1-20）

人民币（万元）

C	销售目标	销售收入	销售利润
产线1	1,500	513	513
产线2	1,800	1,161	1,161
产线3	1,500	230	230
产线4	2,500	770	770
产线5	2,169	695	695

图 7.1-20

说明：

图表 8 与图表 9、图表 10 共用数据取值，这里只取"销售收入"列即可。

由于圆环图简单明了，在绘制图表时建议尽量极简，将图例等信息删除，在数据标签中展示"类别名称"和"比例"。

2. 图表 9：销售进度分析

销售进度分析（销售收入瀑布分布图）如图 7.1-21 所示。

图表含义

产品销售收入瀑布分布图展示了销售收入和销售目标的总差距，也展示了各产品线的销售收入与各自销售目标的差距，使各产品线的完成情况一目了然。

人民币（万元）

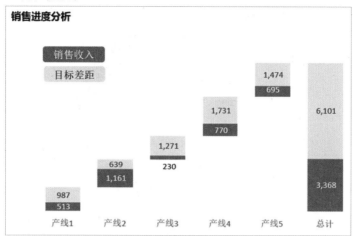

图 7.1-21

图表数据格式和取值（见图 7.1-22）

人民币（万元）

	C	D	E	F	G	H	I
		产线1	产线2	产线3	产线4	产线5	总计
销售目标			1,500	3,300	4,800	7,300	
销售收入		513	1,161	230	770	695	3,368
目标差距		987	639	1,271	1,731	1,474	6,101

图 7.1-22

说明：

在调整产品销售收入瀑布分布图的颜色时，需要遵循已完成部分为深色，未完成部分为浅色的原则。

当销售收入值超出销售目标值时，差值会显示为负数，这样可以清楚地看出销售收入超出销售目标多少。

3. 图表 10：产品线价值分析

产品线价值分析如图 7.1-23 所示。

图表含义

散点图的纵坐标轴为销售收入，横坐标轴为销售利润，其分布不仅反映了每个产品线的销售收入和销售利润水平的对比关系，还直接反映了产品的盈利能力。例如，产线 2 是销售收入最高，也是销售利润最高的产品线。销售收入高的原因可能是销量大，那么销售利润的总和也就越高。为了避免数据的误导，可以将横坐标轴更改为利润率，这样各产品线的盈利情况会更客观。

人民币（万元）

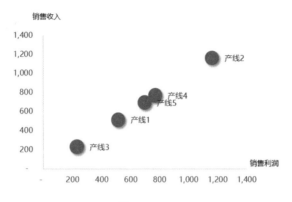

图 7.1-23

图表数据格式和取值

与图表 8 共用数据（见图 7.1-20）。

说明：

散点图、气泡图有多种用法，其中气泡的大小可以进行不同的调整，这样散点图就变成了三维的指标。除此之外，散点图还可以结合四象限分析法进行分析。这个我们在前面章节中有详细的介绍。

7.2　案例 2：销售业绩分析可视化报表（进阶版）

难度指标：★★

技术点：

（1）图表的制作。

（2）SUMIFS 公式、OFFSET 公式。

（3）组合控件的使用（实现动态报表效果）。

（4）数据透视表。

可视化报表效果图：

销售业绩分析可视化看板（进阶版），如图 7.2-1 所示。

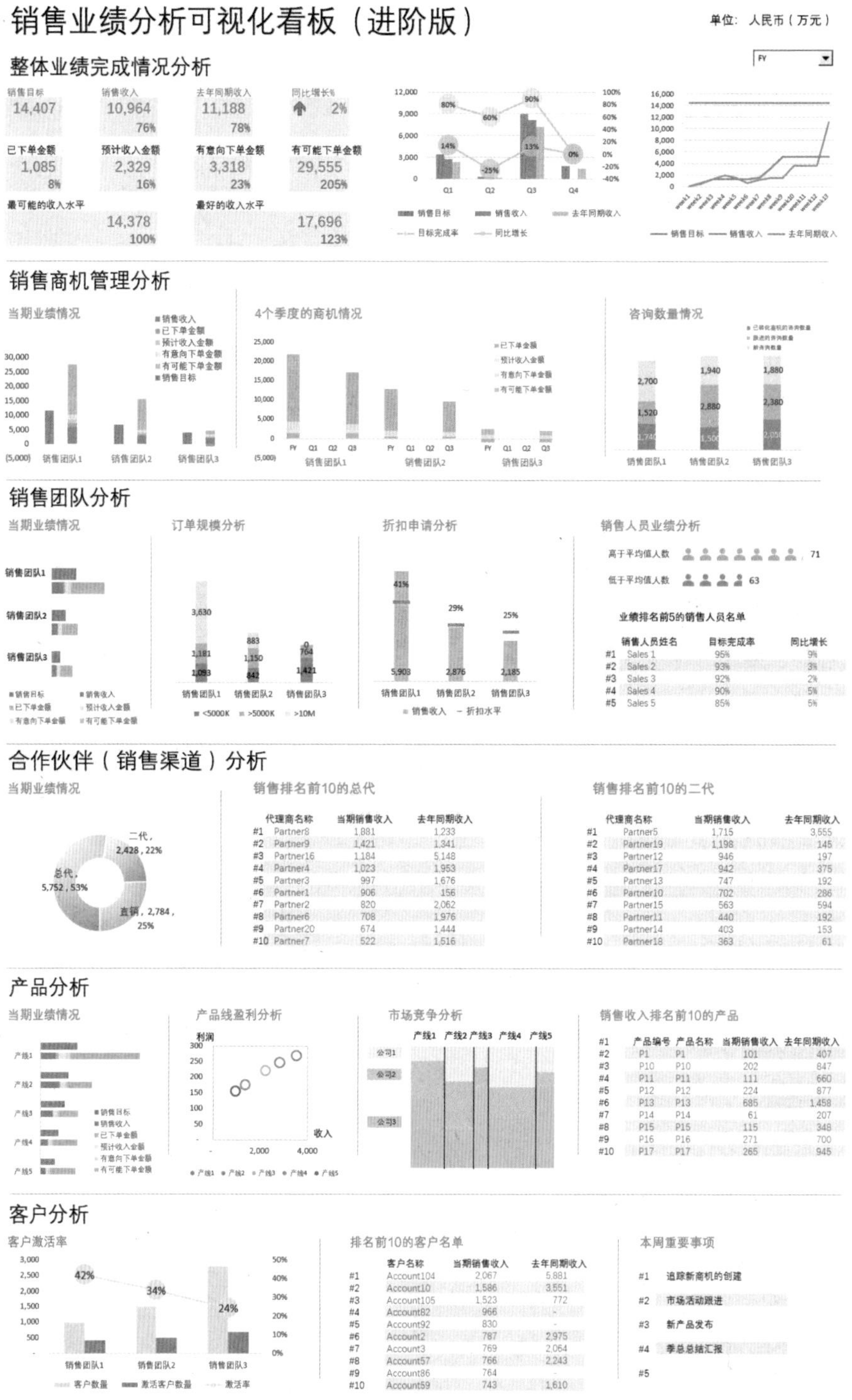
销售业绩分析可视化看板（进阶版）
单位：人民币（万元）
整体业绩完成情况分析
销售目标 14,407
销售收入 10,964 76%
去年同期收入 11,188 78%
同比增长% 2%
已下单金额 1,085 8%
预计收入金额 2,329 16%
有意向下单金额 3,318 23%
有可能下单金额 29,555 205%
最可能的收入水平 14,378 100%
最好的收入水平 17,696 123%
销售商机管理分析
当期业绩情况
4个季度的商机情况
咨询数量情况
销售团队分析
当期业绩情况
订单规模分析
折扣申请分析
销售人员业绩分析
高于平均值人数 71
低于平均值人数 63
业绩排名前5的销售人员名单
合作伙伴（销售渠道）分析
当期业绩情况
销售排名前10的总代
销售排名前10的二代
产品分析
当期业绩情况
产品线盈利分析
市场竞争分析
销售收入排名前10的产品
客户分析
客户激活率
排名前10的客户名单
本周重要事项
#1 追踪新商机的创建
#2 市场活动跟进
#3 新产品发布
#4 季总总结汇报
#5

图 7.2-1

7.2.1　可视化报表制作思路

此处的可视化报表不仅用到 SUMIFS 公式和 OFFSET 公式，还涉及组合框控件、数据透视表的使用。但这里涉及的都是很简单的使用方法，所以新手可以轻松尝试。

通过 7.1 节我们已经熟悉制作报表的三大步骤：数据→计算逻辑→可视化呈现。其实制作销售管理方面的报表所涉及的数据源大致分为订单明细表、商机明细表、客户明细表、产品明细表、任务划分表、历史数据等。不同实现难度的报表主要体现在如何将这些数据进行加工处理并以图表的形式进行展示，所以用简单的方法和复杂的方法都可以实现。

具体的指标概念这里不重复了，我们直接说明报表制作的逻辑。

制作此销售管理报表的三大步骤如图 7.2-2 所示。

图 7.2-2

说明：

（1）为了计算方便，Deal List 里面除了包含实际订单明细，还包含商机明细，如果两个明细的格式一致，则建议整合在一个工作表中，这样计算逻辑会比较简单。如果其数据格式不一致，则可以分开两个工作表来计算。这时需要权衡是调整明细表格式的工作量大，还是搭建公式的工作量大。

（2）因为此销售管理报表是动态图表，所以在 Chart 页面中先将各维度指标通过 SUMIFS 公式进行统计，再通过 OFFSET 公式进行引用。由于制作不同的图表需要的数据排列格式不同，因此还需要再进行一次格式的转换。这些都在随书附带下载文件的 "Chart" 工作表中。

（3）由于特殊的 Chart-Tree（树形图）需要的数据格式比较占篇幅，因此需要单独创建一个工作表来存放，也便于日后维护。

接下来，我们按照以下 6 个部分进行详细的介绍，如图 7.2-3 所示。

- 整体业绩完成情况分析。
- 销售商机管理分析。
- 销售团队分析。
- 合作伙伴（销售渠道）分析。
- 产品分析。
- 客户分析。

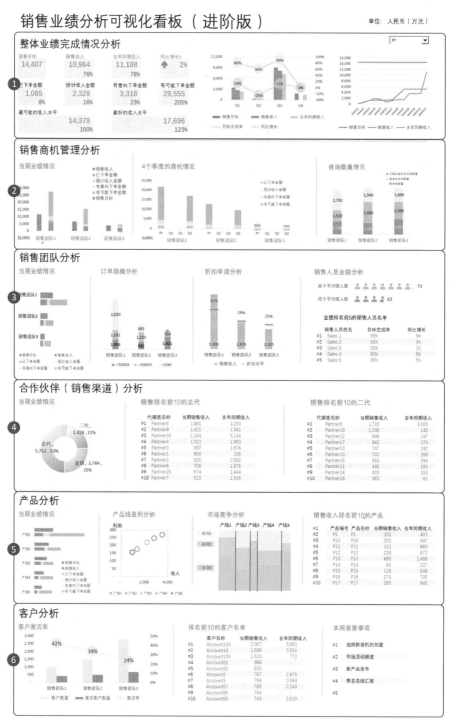

图 7.2-3

7.2.2　整体业绩完成情况分析

1. 图表 1：整体业绩完成情况分析

整体业绩完成情况分析如图 7.2-4 所示。

人民币（万元）

整体业绩完成情况分析

销售目标	销售收入	去年同期收入	同比增长%
14,407	10,964	11,188	⬆ 2%
	76%	78%	

已下单金额	预计收入金额	有意向下单金额	有可能下单金额
1,085	2,329	3,318	29,555
8%	16%	23%	205%

最可能的收入水平		最好的收入水平	
	14,378		17,696
	100%		123%

图 7.2-4

图表含义

该图表通过最简明的数值（绝对值和完成率）来呈现销售业绩现状。这样不仅可以突出显示绝对值，还可以突出显示完成率。突出显示的方法有调大字号、设置特殊颜色、设置显著背景色等。具体突出哪些指标，完全可以依据各自需求而定。

其中，销售目标（Target）、销售收入（Actual）、去年同期收入（PY）、同比增长%（YoY）是既定事实的、已完成的指标，其余指标是对未来进行预测的指标，用来更好、更精准地把握销售目标的完成进度。

这里出现了最可能的收入水平（Likely Finish）和最好的收入水平（Best Case）两个新的概念：

最可能的收入水平（Likely Finish）= 销售收入（Actual）+ 下单金额（Order）+ 预计收入金额（Forecast）

最好的收入水平（Best Case）= 销售收入（Actual）+ 下单金额（Order）+ 预计收入金额（Forecast）+ 有可能下单金额（Upside）

最可能的收入水平是到季度末或年末最有可能达成的业绩水平，其中销售收入、下单金额、预计收入金额都是很确定能够计入当期的销售业绩。再结合销售目标，就可以监控销售业绩的完成情况。

最好的收入水平是预计到期末能够做到最好的业绩，是在最可能的收入水平的基础上将有可能下单金额考虑在内的结果。

图表数据格式和取值

这里涉及的指标都是简单的数值呈现，所有数据通过销售明细表、商机明细表和销售任务表，以及历史数据使用 SUMIFS 公式进行统计。

此销售数据报表所有的动态图表的制作逻辑都是一致的，所以我们以图 7.2-5 为例详细说明动态图表的制作方法。

人民币（万元）

	V	W	X	Y	Z		AB		AC	AD	AE	AF	AG	AH
	Box		1.0		FY									
					Q1									
					Q2									
					Q3									
					Q4									
	Overall						Overall							
										FY	Q1	Q2	Q3	Q4
	销售目标		14,406.6				销售目标			14,406.6	3,373.3	267.6	9,005.6	1,760.1
	销售收入		10,964.2				销售收入			10,964.2	2,698.6	160.5	8,105.1	-
	去年同期收入		11,187.9				去年同期收入			11,187.9	2,361.3	214.1	7,204.5	1,408.1
	已下单金额		1,084.7				已下单金额			1,084.7	-	-	1,084.7	-
	预计收入金额		2,329.2				预计收入金额			2,329.2	-	-	1,801.1	528.0
	有意向下单金额		3,317.7				有意向下单金额			3,317.7	-	-	2,701.7	616.0
	有可能下单金额		29,554.5				有可能下单金额			29,554.5	-	-	22,514.1	7,040.5
	最可能的收入水平		14,378.1				最可能的收入水平			14,378.1	2,698.6	160.5	10,990.9	528.0
	最好的收入水平		17,695.9				最好的收入水平			17,695.9	2,698.6	160.5	13,692.6	1,144.1

图 7.2-5

第一步：插入宏控件中的组合框，内容为 FY（Full Year）、Q1、Q2、Q3、Q4，控件引用单元格 X1。

第二步：用 SUMIFS 公式计算图 7.2-5 中 AD 列到 AH 列的数据。

第三步：X 列通过 OFFSET 公式引用 AD 列到 AH 列的数值。当单元格 X1 中的数值为 1.0 时，X 列显示 AD 列的数值；当单元格 X1 中的数值为 2.0 时，X 列显示 AE 列的数值，以此类推。

第四步：以 X 列数据为基础，创建需要的图表。

这样当组合框选择不同选项时，单元格 X1 中的数值就会发生变化，OFFSET 公式引用的参数也会随之变化，从而形成动态报表。

2. 图表 2：季度销售业绩完成情况

季度销售业绩完成情况如图 7.2-6 所示。

图表含义

该图表将销售目标、销售收入和去年同期收入细化到季度，并结合销售收入的同比增长和目标完成率来监控每个季度销售业绩的完成情况。

图表数据格式和取值（见图 7.2-7）

人民币（万元）

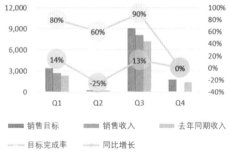

图 7.2-6

人民币（万元）

Chart	#2			
	Q1	Q2	Q3	Q4
销售目标	3,373.3	267.6	9,005.6	1,760.1
销售收入	2,698.6	160.5	8,105.1	-
目标完成率	80%	60%	90%	0%
去年同期收入	2,361.3	214.1	7,204.5	1,408.1
同比增长	14%	-25%	13%	0%

图 7.2-7

说明：

销售目标、销售收入、去年同期收入通过柱形图呈现，可以对比三者之间的差距。

目标完成率、同比增长通过折线图呈现，并将其设为次坐标轴，调大标记尺寸，并居中显示数据标签。

3. 图表 3：销售收入周节奏管理情况

销售收入周节奏管理情况如图 7.2-8 所示。

人民币（万元）

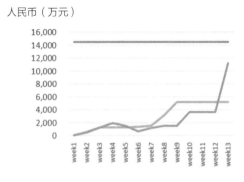

图 7.2-8

图表含义

该图表将销售目标、销售收入、去年同期收入细化到每周，用来精准了解销售业绩的完成情况，从而使企业可以根据进度情况及时采取相关销售行为。

图表数据格式和取值（见图 7.2-9）

人民币（万元）

Chart #3 累计	销售目标	销售收入	去年同期收入
week1	14,406.6	54.0	43.2
week2	14,406.6	593.7	534.3
week3	14,406.6	1,268.4	1,268.4
week4	14,406.6	1,271.6	1,907.3
week5	14,406.6	1,303.7	1,564.4
week6	14,406.6	1,343.8	671.9
week7	14,406.6	1,505.9	1,204.7
week8	14,406.6	3,126.9	1,563.5
week9	14,406.6	5,153.2	1,546.0
week10	14,406.6	5,153.2	3,607.2
week11	14,406.6	5,153.2	3,607.2
week12	14,406.6	5,153.2	3,607.2
week13	14,406.6	5,153.2	11,187.9

图 7.2-9

说明：

销售收入和去年同期收入均采用累计值，即 week2=week1+week2，week3=week1+week2+week3，以此类推。

7.2.3 销售商机管理分析

1. 图表 4：当期业绩情况

当期业绩情况如图 7.2-10 所示。

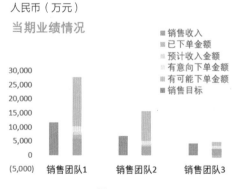

人民币（万元）

当期业绩情况

- 销售收入
- 已下单金额
- 预计收入金额
- 有意向下单金额
- 有可能下单金额
- 销售目标

图 7.2-10

图表含义

该图表按照销售团队，将销售目标、销售收入，以及已下单金额、预计收入金额、有意向下单金额、有可能下单金额进行了对比分析。为了将销售目标与其他指标独立，可在数据排列时单独罗列。

图表数据格式和取值（见图 7.2-11）

人民币（万元）

Chart #4	销售团队1		销售团队2		销售团队3	
	销售目标	收入	销售目标	收入	销售目标	收入
销售目标	11,597.0		6,747.0		4,146.0	
销售收入		5,903.4		2,876.0		2,184.8
已下单金额		1,337.3		607.9		-860.5
预计收入金额		1,199.4		492.2		637.6
有意向下单金额		1,793.9		995.3		528.5
有可能下单金额		17,451.1		10,696.1		1,407.3

图 7.2-11

说明：

为了将各个销售团队隔开，在数据表的"收入"一列的后面添加一个空列，这样就可以增加一个序列的宽度，使各销售团队之间的图形有明显的区隔空间。

2. 图表 5：4 个季度的商机情况

4 个季度的商机情况如图 7.2-12 所示。此图呈现 4 个时间区间的商机储备情况，假设当期为 Q4，图中呈现当年全年及未来 3 个季度的商机情况，包含商机的金额和赢率的状态。

人民币（万元）
4个季度的商机情况

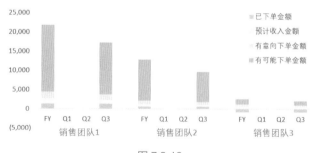

图 7.2-12

图表含义

该图表根据组合框选择内容的不同，显示了 4 个季度（当期及未来 3 个季度）的商机情况，并且按照不同的状态将商机进行分类显示。

图表数据格式和取值（见图 7.2-13）

人民币（万元）

Chart	#5													
current Q	FY													
销售团队1					销售团队2				销售团队3				
	FY	Q1	Q2	Q3	FY	Q1	Q2	Q3	FY	Q1	Q2	Q3	
已下单金额	1,337	-	-	1,337	608	-	-	608	-860	-	-	-860	
预计收入金额	1,199	-	-	883	492	-	-	360	638	-	-	558	
有意向下单金额	1,794	-	-	1,486	995	-	-	811	528	-	-	405	
有可能下单金额	17,451	-	-	13,508	10,696	-	-	7,880	1,407	-	-	1,126	

图 7.2-13

说明：

之前的图表都是展示当期的销售情况。但在实际销售管理中，无论是销售预测还是销售目标的设定，都需要提前设置，这些都要考虑到未来的商机情况和未来的市场情况。除此之外，还需要对未来商机储备进行精细化管理，以便从容地完成未来的销售目标，特别是销售周期长的产品。所以，老板通过这个图表不仅可以掌握当期的商机情况，还可以分析未来 3 个季度的商机情况。

3. 图表 6：咨询数量情况（Leads）

咨询数量情况如图 7.2-14 所示。

人民币（万元）

图 7.2-14

这里先说明什么是 Leads。Leads 是指销售机会，处于比创建商机明细更早的阶段。比如，客户在网站上注册账号进行试用，或者客户主动拨打客服热线进行咨询，这些行为都会被追踪并记录下来，我们将这些被记录的信息称为 Leads。由于 Leads 转变成实际订单的可能性较低，因此出于成本考虑，Leads 一般会由企业里面的电话销售人员（Inside Sales）进一步跟进。

对于可以确定的、有较为明确采购意向的 Leads，电话销售人员会将其转交给销售人员（Outside Sales）来负责，并且在系统中将 Leads 转化成商机（Pipeline），投入更大的精力进行追踪直至成功下单。

在对 Leads 进行分析时，由于每家企业划分标准不同，Leads 的跟进状态可以分为多阶段，如 Level1 为与新 Leads 尚未联系，Level2 为已成功联系并进一步跟进，Level3 为已转化成商机，Level4 为无购买意向等。细分 Leads 的跟进状态是为了更有效地将 Leads 转化成商机。所以，在监控 Leads 进展时，除了分析各阶段 Leads 的数量，还有一个重要的指标，即 Leads 的转化率。也就是说，Leads 的转化率=Leads 转化成商机的数量/Leads 数量。

图表含义

该图表通过堆积柱形图来展示各销售团队的 Leads 储备量。Leads 储备量可以从对应的销售团队角度进行分析，也可以从创建 Leads 的团队角度进行分析，还可以从跟进 Leads 的团队角度进行分析。

图表数据格式和取值（见图 7.2-15）

人民币（万元）

Chart #6		销售团队1	销售团队2	销售团队3
新咨询数量		2,700	1,940	1,880
跟进的咨询数量		1,520	2,880	2,380
已转化商机的咨询数量		1,740	1,500	2,050

图 7.2-15

7.2.4　销售团队分析

从销售团队角度入手，可以分析各个销售团队的销售能力和业绩完成情况。

1．图表 7：当期业绩情况

销售团队的当期业绩情况如图 7.2-16 所示。

图表含义

这个图表呈现了各销售团队的销售收入与销售目标的差距。这里将销售收入按照订单或商机的不同状态进行细分，可以有效地做到精细化管理。当老板在每周或季度末审阅销售进度时，可以有效地协助老板实现"心中有数"。

图表数据格式和取值（见图 7.2-17）

人民币（万元）

当期业绩情况

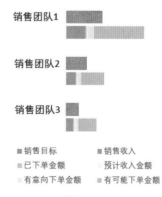

图 7.2-16

人民币（万元）

| | 销售团队1 | | | 销售团队2 | | | 销售团队3 | |
	销售目标	销售收入		销售目标	销售收入		销售目标	销售收入
Chart #7								
销售目标	11,597.0			6,747.0			4,146.0	
销售收入		5,903.4			2,876.0			2,184.8
已下单金额		433.9			379.7			271.2
预计收入金额		804.4			751.6			773.3
有意向下单金额		1,720.5			872.1			725.1
有可能下单金额		16,324.6			7,319.0			5,910.9

图 7.2-17

说明：

（1）将销售目标与其他指标分开，使其位于不同列。

（2）销售团队之间多添加一个空列，这样可以让代表销售团队的图形之间有一定的区隔。

2．图表 8：订单规模分析

订单规模分析如图 7.2-18 所示。

图表含义

该图表按照订单金额大小进行分组，并统计每组销售额的总值，这样可以看出每个销售团队的销售特点。从销售管理成本来看，大额订单管理成本低，小额订单管理成本高。如果集中力量攻克大额订单，则无论是对于企业的市场占有率、影响度，还是企业内部管理成本，都有很大的益处。另外，如果企业有很强的攻克大额订单的能力，则综合体现了企业具有很强的销售实力、运维或售后实力等。

人民币（万元）

订单规模分析

3,630

883

1,181
1,150

0
764

1,093
842
1,421

销售团队1　销售团队2　销售团队3

■ <5000K　■ >5000K　　>10M

图 7.2-18

图表数据格式和取值（见图 7.2-19）

人民币（万元）

Chart #8	销售团队1	销售团队2	销售团队3
<5000K	1,093	842	1,421
>5000K	1,181	1,150	764
>10M	3,630	883	-

图 7.2-19

说明：

（1）对于订单大小的分类，可以按照不同行业、不同目的进行划分。

（2）除了分析订单金额，还可以统计不同订单金额区间的订单数量。

（3）结合折扣率来分析，订单金额大、利润又高的订单，说明销售团队的销售能力很强。

3．图表 9：折扣申请分析

折扣申请分析如图 7.2-20 所示。

图表含义

该图表呈现了各销售团队的销售收入与折扣水平。一般销售收入高的销售团队，申请的折扣水平也高。

图表数据格式和取值（见图 7.2-21）

人民币（万元）

折扣申请分析

图 7.2-20

人民币（万元）

Chart　　#9	销售团队1	销售团队2	销售团队3
销售收入	5,903	2,876	2,185
折扣水平	41%	29%	25%

图 7.2-21

说明：

图 7.2-20 中的折扣水平（Discount off）采用次坐标轴进行设置，图形为折线图，但线条颜色为透明色，标记突出显示。

4．图表 10：销售人员业绩分析

销售人员业绩分析如图 7.2-22 所示。

人数（个）

销售人员业绩分析

高于平均值人数　👤👤👤👤👤👤👤 71

低于平均值人数　👤👤👤👤 63

图 7.2-22

图表含义

该图表分两行展示了高于或低于平均完成率的销售人员人数。

图表数据格式和取值（见图 7.2-23）

人数（个）

Chart	#10

	FY	Q1	Q2	Q3	Q4
高于平均值人数	71	71	63	69	64	71
低于平均值人数	63	63	63	50	45	32
		134	126	119	109	103

图 7.2-23

说明：

这里分别统计出全年及每个季度完成率的分布情况，并通过 OFFSET 公式进行引用，这样就可以通过控件进行控制，形成动态图表。

5. 图表 11：业绩排名前 5 的销售人员名单

业绩排名前 5 的销售人员名单如图 7.2-24 所示。

业绩排名前5的销售人员名单

	销售人员姓名	目标完成率	同比增长
#1	Sales 1	95%	9%
#2	Sales 2	93%	3%
#3	Sales 3	92%	2%
#4	Sales 4	90%	5%
#5	Sales 5	85%	5%

图 7.2-24

图表含义

该图表以列表的形式展示了业绩排名前 5 的销售人员的完成情况。

图表数据格式和取值（见图 7.2-25）

	Sales Name			FY			Q1			Q2			Q3			Q4		
	Parner Na	Current	PY	Salse Name	Att%	YoY%	Salse Name	Att%	YoY%	Salse Name	Att%	YoY%	Salse Name	Att%	YoY%	Salse Name	Att%	YoY%
#1	Sales 1	95%	9%	Sales 1	95%	9%	Sales 5	102%	6%	Sales 2	85%	7%	Sales 3	105%	8%	Sales 6	105%	9%
#2	Sales 2	93%	3%	Sales 2	93%	3%	Sales 5	95%	11%	Sales 4	82%	11%	Sales 4	100%	3%	Sales 4	100%	9%
#3	Sales 3	92%	2%	Sales 3	92%	2%	Sales 9	94%	7%	Sales 3	80%	8%	Sales 1	95%	2%	Sales 1	93%	9%
#4	Sales 4	90%	5%	Sales 4	90%	5%	Sales 1	91%	4%	Sales 1	80%	5%	Sales 5	94%	5%	Sales 5	92%	9%
#5	Sales 5	85%	5%	Sales 5	85%	5%	Sales 10	90%	7%	Sales 10	80%	8%	Sales 2	93%	5%	Sales 7	92%	9%
#6	Sales 6	81%	2%	Sales 6	81%	2%	Sales 3	90%	7%	Sales 9	79%	8%	Sales 10	90%	2%	Sales 2	91%	9%
#7	Sales 7	82%	5%	Sales 7	82%	5%	Sales 7	89%	6%	Sales 8	78%	7%	Sales 8	87%	5%	Sales 3	86%	9%
#8	Sales 8	80%	3%	Sales 8	80%	3%	Sales 6	89%	4%	Sales 4	76%	5%	Sales 6	84%	3%	Sales 3	81%	9%
#9	Sales 9	79%	6%	Sales 9	79%	6%	Sales 2	86%	-1%	Sales 7	75%	-1%	Sales 9	83%	5%	Sales 10	76%	9%
#10	Sales 10	78%	4%	Sales 10	78%	4%	Sales 8	85%	7%	Sales 6	71%	8%	Sales 7	82%	4%	Sales 9	71%	9%

图 7.2-25

说明：

先将全年和每个季度的完成率计算出来，也可以将多个数据透视表排列在一起；再通过 OFFSET 公式进行引用。

由于销售人员的销售任务和完成情况属于高度保密信息，因此这个公开的报表只显示目标完成率和同比增长。

7.2.5　合作伙伴（销售渠道）分析

不同行业代理商分析的方法不同，但思路是相同的。另外，针对主要代理商的业绩分析可以采用二八原则，并挑选主要代理商进行仔细观察。

图表 12：当期业绩情况（代理商）

代理商的当期业绩情况如图 7.2-26 所示。

图表含义

该图表采用圆环图来呈现各级代理商的收入占比。

图表数据格式和取值（见图 7.2-27）

人民币（万元）

当期业绩情况

图 7.2-26

人民币（万元）

Chart	#11
总代	5,752.4
二代	2,428.0
直销	2,783.8

图 7.2-27

说明：

如果在企业层面没有进行战略性的调整，则代理商的业绩比例一般不会有明显的变化，所以在日常监控时要常分析占比的变化趋势。

图表 12 和图表 13 是通过数据透视表实现的，方法同"业绩排名前 5 的销售人员名单"，见 Excel 表中的"Top List"工作表。

7.2.6　产品分析

1．图表 13：当期业绩情况（产品）

产品的当期业绩情况如图 7.2-28 所示。

图表含义

该图表通过堆积条形图从产品线角度进行分析，用来呈现实际销售完成情况与销售目标的差距，同时

当期业绩情况

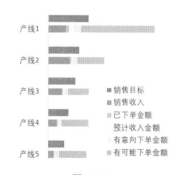

图 7.2-28

将商机进行细分，以便更精准地把握未来的商机。

图表数据格式和取值（见图 7.2-29）

人民币（万元）

`Chart`　`#14`

	产线1		产线2		产线3		产线4		产线5	
销售目标	销售收入	销售目标	销售收入	销售目标	销售收入	销售目标	销售收入	销售目标	销售收入
6,747		5,173		4,498		3,373		2,699	
	2,849		3,536		2,244		1,390		945
	542		217		141		141		43
	932		439		493		313		151
	1,130		651		407		407		723
	12,469		4,574		3,533		4,448		4,531

图 7.2-29

说明：

在制作条形图时记得在每个产品线的后面添加一个空列，用来增加代表产品线的图形之间的宽度。

2. 图表 14：产品线盈利分析

产品线盈利分析如图 7.2-30 所示。

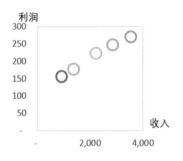

图 7.2-30

图表含义

该图表采用散点图，通过各产品线的收入和利润分布，可以清晰地看出各产品线的收入水平和盈利水平。在图 7.2-30 中，产线 2 属于收入最高、利润也很可观的产品线。

图表数据格式和取值（见图 7.2-31）

人民币（万元）

Chart	#15		收入	利润
	产线1		2,849	246
	产线2		3,536	269
	产线3		2,244	220
	产线4		1,390	175
	产线5		945	155

图 7.2-31

说明：

如前面章节所讲，散点图与四象限分析方法的结合可以发挥更好的作用。

3．图表 15：市场竞争分析

市场竞争分析如图 7.2-32 所示。

图表数据格式和取值

这个图表格式较复杂，请参考附件中的"Chart-Tree"工作表。

图表说明

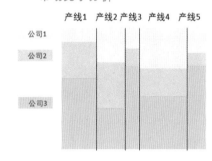

图 7.2-32

该图表通过特殊柱形图多维度地展示各公司市场占有情况，并精细化到各产品线，从而可以直观分析出每家公司的主打产品线和优势。

说明：

（1）这个图形的数据格式比较占空间，如果是使用数据报表的一部分，则建议在 Excel 中单独建一页工作表来存放。

（2）将全年和 4 个季度的数据格式一次性做好，并通过 OFFSET 公式进行引用，因为图表仅引用 OFFSET 公式的计算结果。

7.2.7　客户分析

客户分析的维度有很多，这里作为整体销售管理报表的一部分，就只展示宏观部分。

1．图表 16：客户激活率

客户激活率如图 7.2-33 所示。

图表说明

每年年初企业都会按照每个销售团队的特长及以往的业绩，结合企业新一年的战略，进行客户归属的划分。但是，为了提高客户的覆盖率，除了个别战略性的大型客户，每个销售人员都会负责多个客户。这时监控客户的激活率就很重要了。

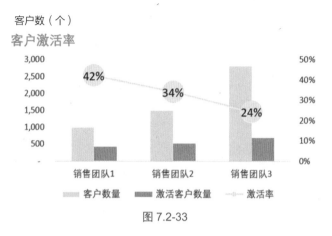

图 7.2-33

激活率=激活客户数量/客户数量。

因为客户数量是年初各销售团队分到的客户数量，激活客户数量是当年已有采购记录的客户数量，所以客户的激活率为激活客户数量/客户数量。

图表数据格式和取值（见图 7.2-34）

客户数（个）

Chart #17	销售团队1	销售团队2	销售团队3
客户数量	1,000	1,500	2,800
激活客户数量	420	510	680
激活率	42%	34%	24%

图 7.2-34

说明：

不同行业的客户激活率会不同。比如，对于大型客户，企业一般比较重视，会安排多个销售人员持续跟踪。但是，对于中小型客户，可能每个销售人员都会负责多个客户，所以客户激活率不能跨行业分析，更多的是观察本行业客户激活率的变化趋势。

如果报表以周为单位，则需要将这一周计划的重点事项记录下来；如果报表以月为单位，则需要将该月较为重要的工作事项记录下来。

2. 图表 17：排名前 10 的客户名单

方法同图表 11 中的"业绩排名前 5 的销售人员名单"。

3. 图表 18：本周重要事项

此部分为手动输入，用来记录本周的工作重点。

至此，销售管理报表的图表制作思路就介绍完了，读者可以参考电子文件进行练习。

7.3　案例 3：产品数据分析可视化报表（硬件厂商）

难度指标：★

技术点：

（1）图表的制作。

（2）SUMIFS 公式。

（3）数据透视表。

可视化报表效果图：

产品分析数据报表如图 7.3-1 所示。

7.3.1　可视化报表制作思路

企业除了追踪销售进度，还需要同步地关注产品建设，尤其像 IT 硬件厂商这类成本敏感性产品的厂商。通过对产品进行定期的数据分析，可以及时掌握成本变化情况、市场竞争形势，以便及时采取相应的定价措施进行促销、宣传等市场行为。本案例运用 Excel 绘制了一套 IT 硬件厂商的产品分析数据报表，并从整体业绩完成情况分析、市场竞争分析、各类部件成本分析等角度展开，为企业或部门的产品决策提供了充足的数据支持。

当然，数据只是表面呈现的结果，我们还需要通过数据多了解数据背后的情况。比如，哪家厂商最近有什么新品发布影响了收入排名；有哪些企业因为收购和并购影响了数据统计的规则；有哪些大的政策导向影响了部分厂商的配件供应，导致出货量不足等。了解数据背后的原因可以更好地进行下一步决策的部署。

接下来，我们按照以下 3 个部分进行详细的介绍，如图 7.3-2 所示。

- 整体业绩完成情况分析。
- 市场竞争分析。
- 各类部件成本分析。

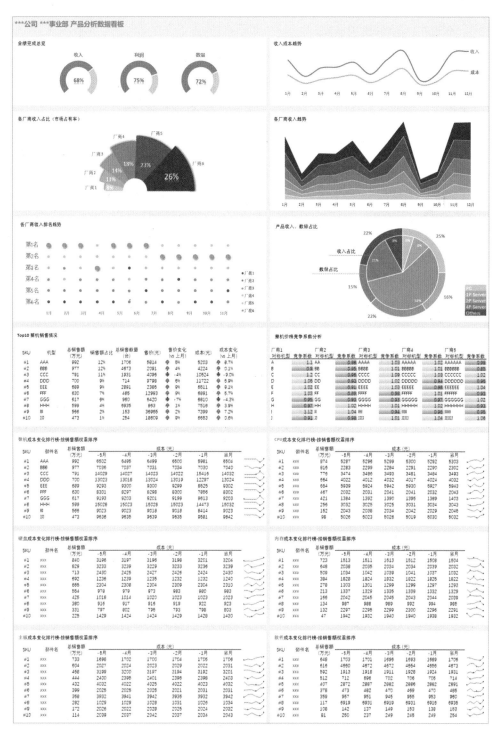

图 7.3-1

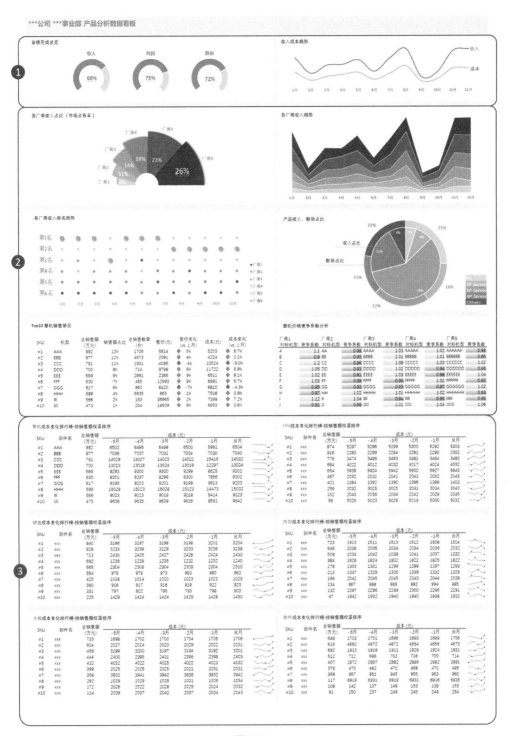

图 7.3-2

7.3.2 整体业绩完成情况分析

这部分包括两个图表：图表 1 和图表 2。

1. 图表 1：业绩完成总览

业绩完成总览如图 7.3-3 所示。

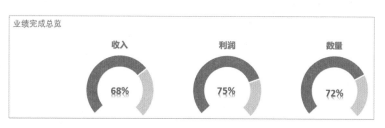

图 7.3-3

收入、利润、数量是企业衡量日常运营目标完成情况的最主要指标。这里不再展开介绍指标的重要性，而是着重介绍图表的制作。

图表数据格式和取值（见图 7.3-4）

说明：

（1）完成率为实际完成率数据，呈现为圆环图中的蓝色部分。

（2）1-完成率为目标未完成部分，呈现为圆环图中的灰色部分。

（3）33%为辅助列，呈现为圆环图中的空白部分。这里需要注意的是，33%可以按照需要空白部分的大小比例进行调整。如果想留白多一些，就将比例调大，反之就调小。

（4）因为增加了辅助列，所以这里需要注意的是，调整圆环图的第一扇区起始角度，使留白部分正好居中。在这个案例中，此角度被设置为 228°，如图 7.3-5 所示。

图表1	完成率	1-完成率	辅助列
收入	68%	32%	33%
利润	75%	25%	33%
数量	72%	28%	33%

图 7.3-4   图 7.3-5

2．图表 2：收入成本趋势

收入成本趋势如图 7.3-6 所示。

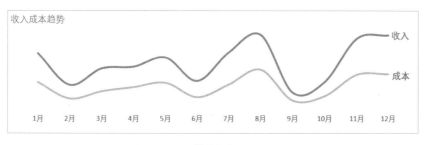

图 7.3-6

由于此类产品为成本敏感性产品，对于成本的追踪一般会精细到月或半月，当市场有突发情况时，也会随时进行特定部件的成本分析。在图 7.3-6 中按月份分析了收入和成本的变化趋势，方便我们了解过去盈利空间和未来发展趋势。这里没有单独罗列利润的折线图，收入和成本的差值就是利润，如图 7.3-7 所示。

图表数据格式和取值

人民币（万元）

Pictrue2	1月	2月	3月	4月	5月	6月	7月	8月	9月	10月	11月	12月
收入	702	302	510	532	649	353	713	937	207	338	889	930
成本	338	131	222	275	330	148	308	497	107	162	433	440

图 7.3-7

7.3.3　市场竞争分析

1．图表 3：各厂商收入占比（市场占有率）

各厂商收入占比（市场占有率）如图 7.3-8 所示。

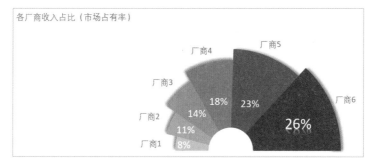

图 7.3-8

此图表着重从收入的角度分析全年的市场占比，从而可以让我们清楚地了解各厂商市场份额的分布情况，以及在市场中所处的位置。

假设我们为厂商6，这里特别将厂商6的数据标签的字号调大，进而突出显示。

图表数据格式和取值（见图 7.3-9）

Pictrue3	系列1	系列2	系列3	系列4	系列5	系列6	系列7	系列8	系列9	系列10	系列11	系列12
厂商1	8%	8%	8%	8%	8%	8%	8%	8%	8%	8%	8%	8%
厂商2	11%	11%	11%	11%	11%	11%	11%	11%	11%	11%	11%	11%
厂商3	14%	14%	14%	14%	14%	14%	14%	14%	14%	14%	14%	14%
厂商4	18%	18%	18%	18%	18%	18%	18%	18%	18%	18%	18%	18%
厂商5	23%	23%	23%	23%	23%	23%	23%	23%	23%	23%	23%	23%
厂商6	26%	26%	26%	26%	26%	26%	26%	26%	26%	26%	26%	26%
	100%	100%	100%	100%	100%	100%	100%	100%	100%	100%	100%	100%

图 7.3-9

2. 图表4：各厂商收入趋势

各厂商收入趋势如图 7.3-10 所示。

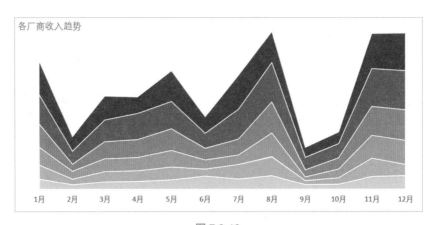

图 7.3-10

在日常工作中，我们除了分析静态的市场收入占比，还需要监测各厂商每个月的销售收入情况。这样可以清晰地分析出市场的整体情况是紧缩的，还是扩张的，以及我们与市场变化是紧随同步的，还是大幅度落后或超出的。

图 7.3-10 所示为简单的面积图，具体制作方法这里就不再赘述了。需要注意的是，为了数据报表的整体性，在同一套报表中不同图表的各种颜色最好代表相同的内容，这样报表阅读者会更容易理解和获取报表信息。比如，这里的不同蓝色代表不同厂商。

图表数据格式和取值（见图 7.3-11）

人民币（万元）

Pictrue4	1月	2月	3月	4月	5月	6月	7月	8月	9月	10月	11月	12月
厂商1	216	93	157	164	200	280	219	288	95	104	274	286
厂商2	297	128	216	225	275	149	302	396	87	143	376	240
厂商3	378	163	275	286	349	190	201	504	83	182	479	501
厂商4	486	150	353	368	449	244	330	648	143	234	616	644
厂商5	621	267	451	550	574	312	631	829	263	299	787	823
厂商6	702	302	510	350	649	353	713	650	207	240	740	790

图 7.3-11

3. 图表 5：各厂商收入排名趋势

各厂商收入排名趋势如图 7.3-12 所示。

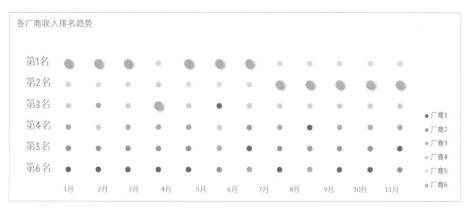

图 7.3-12

此图表展示了各厂商每个月收入的排名情况。各厂商除了要查看自己的排名变化，还需要关注其他竞争对手的排名变化。其他竞争对手的数据一般可以由第三方公司提供，也可以购买相关的数据服务产品，如 IDC、Gartner 等。

此图表采用带数据标记的折线图来制作，将折线图的线条设置为透明色，将厂商 6 的标记设置为数据报表主色调，并将标记大小调大，以突出显示。这里需要注意的是，纵坐标轴要选择为逆序列，这样图表才能按照从第 1 名到第 6 名的顺序排列。

图表数据格式和取值（见图 7.3-13）

Pictrue6	1月	2月	3月	4月	5月	6月	7月	8月	9月	10月	11月	12月
厂商1	6	6	6	6	6	3	5	6	4	6	6	5
厂商2	5	5	5	5	5	6	4	5	5	5	5	6
厂商3	4	3	4	4	4	5	6	4	6	4	4	4
厂商4	3	4	3	2	3	4	3	3	3	3	3	3
厂商5	2	2	2	1	2	2	2	1	1	1	1	1
厂商6	1	1	1	3	1	1	1	2	2	2	2	2

图 7.3-13

4．图表6：产品收入、数量占比

产品收入、数量占比如图 7.3-14 所示。

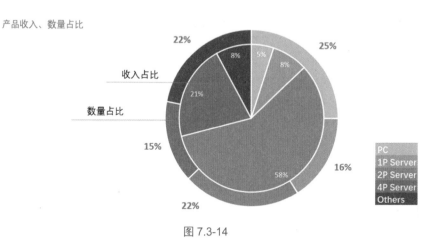

图 7.3-14

前面的几个图表都是分析总收入在市场中的竞争情况。图表 6 将收入和数量进行细分，从而可以让我们清晰地看出收入分别来自哪些产品类别，同时与数量占比进行对比，可以让我们分析出主流产品是否为高价值产品等。

图表数据格式和取值（见图 7.3-15）

PC	收入占比	5%
	数量占比	25%
1P Server	收入占比	8%
	数量占比	16%
2P Server	收入占比	58%
	数量占比	22%
4P Server	收入占比	21%
	数量占比	15%
Others	收入占比	8%
	数量占比	22%

图 7.3-15

5．图表7：Top10 整机销售情况

Top10 整机销售情况如图 7.3-16 所示。

Top10 整机销售情况

SKU	机型	总销售额 (万元)	销售额占比	总销售数量 (台)	售价(元)	售价变化 (vs 上月)		成本(元)	成本变化 (vs 上月)	
#1	AAA	992	12%	1706	5814	⬆	5%	5203	⬆	8.7%
#2	BBB	977	12%	4673	2091	⬆	4%	4224	⬆	0.1%
#3	CCC	791	11%	1931	4096	⬇	-4%	10524	⬇	-9.0%
#4	DDD	700	9%	714	9798	⬆	6%	11722	⬆	5.9%
#5	EEE	689	9%	2891	2385	⬆	9%	6511	⬆	9.1%
#6	FFF	630	7%	485	12993	⬆	9%	6891	⬆	5.7%
#7	GGG	617	6%	960	6420	⬇	-7%	6810	⬇	-4.3%
#8	HHH	599	4%	6935	863	⬆	1%	7516	⬆	3.9%
#9	III	566	2%	153	36965	⬆	2%	7399	⬆	7.2%
#10	JJJ	473	1%	254	18609	⬆	9%	6653	⬆	0.6%

图 7.3-16

此图表展示了主流产品的销售情况，以及成本和售价的变化情况。清单的选择依据为全年销售额占比排名前 10 的整机 SKU，并按照总销售额降序排列。这些是企业主营产品，对市场分析和成本分析具有代表性。

6. 图表 8：整机价格竞争系数分析

整机价格竞争系数分析如图 7.3-17 所示。

整机价格竞争系数分析

	厂商1		厂商2		厂商3		厂商4		厂商5
对标机型	竞争系数	对标机型	竞争系数	对标机型	竞争系数	对标机型	竞争系数	对标机型	竞争系数
A	1.1	AA	0.98	AAAA	1.03	AAAAA	1.02	AAAAAA	0.98
B	0.9	BB	0.95	BBBB	1.01	BBBBB	1.01	BBBBBB	0.85
C	1.2	CC	0.96	CCCC	1.09	CCCCC	1.03	CCCCCC	1.02
D	1.05	DD	0.93	DDDD	1.02	DDDDD	0.94	DDDDDD	0.95
E	1.02	EE	0.91	EEEE	1.03	EEEEE	0.98	EEEEEE	1.04
F	1.03	FF	0.89	FFFF	0.98	FFFFF	1.01	FFFFFF	0.93
G	0.95	GG	0.93	GGGG	0.93	GGGGG	0.97	GGGGGG	1.02
H	0.97	HH	1.02	HHHH	1.01	HHHHH	1.02	HHHHHH	0.93
I	1.12	II	1.04	IIII	0.94	IIIII	0.96	IIIIII	0.95
J	0.91	JJ	0.98	JJJJ	1.01	JJJJJ	1.04	JJJJJJ	1.06

图 7.3-17

竞争系数=该厂商产品的售价/竞争对手对标产品的售价，如果这个比值大于 1，则说明该厂商产品的售价高于竞争对手对标产品的售价；如果这个比值小于 1，则说明该厂商产品的售价低于竞争对手对标产品的售价，有一定的价格优势。由于硬件厂商成本敏感，因此每个月在监控成本变化时，可以通过调整售价来引导市场行为。

7.3.4　各类部件成本分析

通过细化每类部件，重点分析每类部件销售额占比排名前 10 的 SKU 的成本变化情况，进而采取更精准的定价方案。这里特别添加了迷你图，用来显示成本变化的趋势，以及最高点和最低点，如图 7.3-18 所示。

整机成本变化排行榜-按销售额权重排序

SKU	部件名	总销售额(万元)	成本(元) -5月	-4月	-3月	-2月	-1月	当月	
#1	AAA	992	6502	6495	6499	6500	5981	6504	
#2	BBB	977	7036	7037	7031	7034	7030	7040	
#3	CCC	791	14029	14027	14023	14022	15416	14032	
#4	DDD	700	13023	13018	13024	13019	12297	13024	
#5	EEE	689	9293	9300	9300	9300	8525	9302	
#6	FFF	630	8301	8297	8298	8300	7856	8302	
#7	GGG	617	9193	9203	9201	9199	9613	9203	
#8	HHH	599	15028	15023	15023	15023	14473	15032	
#9	III	566	9023	9023	9018	9018	8414	9023	
#10	JJJ	473	9636	9635	9639	9635	9581	9642	

CPU成本变化排行榜-按销售额权重排序

SKU	部件名	总销售额(万元)	成本(元) -5月	-4月	-3月	-2月	-1月	当月	
#1	xxx	874	5287	5296	5299	5300	5292	5303	
#2	xxx	816	2283	2299	2284	2291	2290	2302	
#3	xxx	776	3474	3486	3493	3481	3484	3493	
#4	xxx	664	4022	4012	4032	4017	4024	4032	
#5	xxx	654	5939	5924	5942	5930	5927	5943	
#6	xxx	467	2032	2031	2041	2041	2032	2043	
#7	xxx	421	1384	1392	1390	1395	1389	1403	
#8	xxx	256	3032	3025	3025	3031	3034	3043	
#9	xxx	152	2043	2038	2034	2042	2029	2045	
#10	xxx	98	5026	5023	5026	5019	5030	5032	

硬盘成本变化排行榜-按销售额权重排序

SKU	部件名	总销售额(万元)	成本(元) -5月	-4月	-3月	-2月	-1月	当月	
#1	xxx	840	3196	3197	3196	3198	3201	3204	
#2	xxx	829	3233	3239	3229	3233	3236	3239	
#3	xxx	713	2430	2425	2427	2426	2424	2430	
#4	xxx	692	1236	1239	1235	1232	1232	1240	
#5	xxx	665	2304	2308	2304	2309	2304	2310	
#6	xxx	554	978	979	973	983	980	983	
#7	xxx	415	1018	1014	1020	1023	1023	1023	
#8	xxx	380	916	917	916	919	922	923	
#9	xxx	331	797	802	795	793	798	803	
#10	xxx	225	1429	1424	1424	1429	1428	1430	

内存成本变化排行榜-按销售额权重排序

SKU	部件名	总销售额(万元)	成本(元) -5月	-4月	-3月	-2月	-1月	当月	
#1	xxx	723	1513	1511	1513	1512	1508	1504	
#2	xxx	648	2038	2035	2034	2034	2039	2032	
#3	xxx	509	1034	1042	1039	1041	1037	1032	
#4	xxx	384	1828	1824	1832	1822	1825	1822	
#5	xxx	278	1303	1301	1299	1299	1297	1293	
#6	xxx	213	1337	1329	1335	1339	1332	1329	
#7	xxx	166	2042	2045	2045	2043	2044	2039	
#8	xxx	134	987	988	989	992	994	985	
#9	xxx	132	2297	2295	2299	2300	2296	2291	
#10	xxx	47	1942	1932	1940	1940	1938	1932	

主板成本变化排行榜-按销售额权重排序

SKU	部件名	总销售额(万元)	成本(元) -5月	-4月	-3月	-2月	-1月	当月	
#1	xxx	733	1698	1702	1700	1704	1705	1706	
#2	xxx	604	2027	2024	2023	2029	2022	2031	
#3	xxx	458	3199	3200	3197	3194	3192	3201	
#4	xxx	444	2400	2395	2401	2396	2398	2403	
#5	xxx	432	4032	4032	4022	4029	4023	4032	
#6	xxx	399	2025	2025	2025	2021	2031	2031	
#7	xxx	358	3932	3941	3942	3935	3932	3942	
#8	xxx	282	1029	1029	1028	1031	1026	1034	
#9	xxx	172	2026	2022	2028	2025	2024	2032	
#10	xxx	114	2039	2037	2042	2037	2034	2043	

软件成本变化排行榜-按销售额权重排序

SKU	部件名	总销售额(万元)	成本(元) -5月	-4月	-3月	-2月	-1月	当月	
#1	xxx	648	1703	1701	1696	1693	1689	1706	
#2	xxx	616	4660	4672	4672	4654	4656	4673	
#3	xxx	592	1913	1918	1911	1928	1924	1931	
#4	xxx	512	712	696	702	706	705	714	
#5	xxx	407	2872	2887	2882	2886	2882	2891	
#6	xxx	378	473	482	470	490	470	485	
#7	xxx	359	957	951	945	955	953	960	
#8	xxx	117	6919	6931	6919	6931	6916	6935	
#9	xxx	108	142	137	149	153	138	153	
#10	xxx	81	250	237	249	245	249	254	

图 7.3-18

7.4 案例 4：产品数据分析可视化报表（软件/服务厂商）

难度指标：★

技术点：

（1）图表的制作。

（2）SUMIFS 公式。

（3）数据透视表。

可视化报表效果图：

产品分析数据报表如图 7.4-1 所示。

图 7.4-1

7.4.1　可视化报表制作思路

与硬件厂商相比，软件或服务产品的数据分析更关注收入。因为其成本分析会细分为人工成本、研发成本、服务成本等，而成本分析的结果会作为产品定价时的重要参考因素，所以在产品定价后，除专属产品部门或成本控制部门外，销售、运营团队等则更关注与收入相关的指标的完成情况。

接下来，我们按照以下 3 个部分进行详细的介绍，如图 7.4-2 所示。

- 整体业绩完成情况分析。
- 销售团队及产品业绩分析。
- 市场竞争分析。

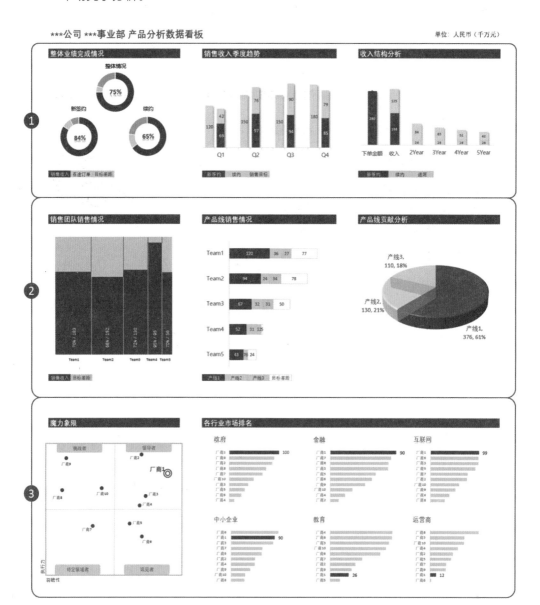

图 7.4-2

7.4.2　整体业绩完成情况分析

这部分为 3 个图表，其中图表 1 展示了整体业绩的完成情况，图表 2 展示了今年各季度销售收入的结构构成，图表 3 展示了今年新签约的合同对未来收益的影响。

软件或服务产品的收入一般分为新签约（New）和续约（Renewal，也被称为 ARR）两个部分。

- 新签约是指当前签约的合同且合同金额部分按照财务收入确认准则可计入当期的收入金额。
- 续约是指在首年购买软件或服务产品后，从第 2 年开始每年计入当期收入的金额，也可以理解为年费。图 7.4-2 中的续约则为去年或更早时签约的合同计入本期的收入金额。

为什么要将新签约和续约两个部分分别进行分析？

（1）新签约部分需要投入的人力、物力更大。从客户拓展到实现 POC，再到最后签约付款，无论是销售人员、项目组，还是整个企业层面，都可能为了拿下这个项目投入了很多。而续约部分更多的是维持现有客户关系，保证按时续费。

（2）新签约的订单往往偏向新产品的销售，从未来市场的扩张和企业战略的角度来说都是重中之重。

（3）新签约的订单也是未来续约收入的来源。

但是，新签约和续约又是相辅相成的，在持续的续约订单客户维护中，可以不断地接触客户，维护良好的客户关系和客户体验，进而创造新产品的销售机会。如果客户在续约期间对厂商不满，则对后续的续约收入和新签约的商机的把握都很不利。

1．图表 1：整体业绩完成情况

整体业绩完成情况如图 7.4-3 所示。

图表数据格式和取值（见图 7.4-4）

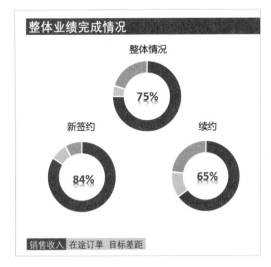

图 7.4-3

图表1 完成率	已完成	在途订单	与目标差距
整体情况	75%	5%	20%
新签约	84%	8%	8%
续约	65%	12%	23%

图 7.4-4

说明：

（1）整体情况包含新签约和续约两个部分。

（2）红色代表财务已经确认的销售收入部分；粉色代表在途订单，即已下单但尚未符合收入确认原则，如果没有特殊原因，基本可以确保计入当期收入的部分；灰色代表扣除上述红色和粉色的收入外，距离销售目标还存在的差距部分。

2. 图表2：销售收入季度趋势

销售收入季度趋势如图 7.4-5 所示。

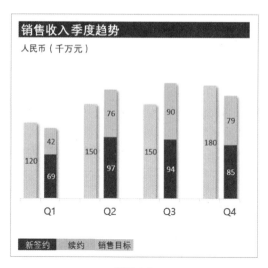

图 7.4-5

图表数据格式和取值（见图 7.4-6）

人民币（千万元）

图表2 各季度销售收入		Q1		Q2		Q3		Q4
销售目标	120	69	150	97	150	94	180	85
新签约		42		76		90		79
续约								

图 7.4-6

这个图表其实就是由最简单的堆积柱形图制作而成的，只需对柱形图的数据内容进行适当的调整，就会出现多维度的展示效果。从图 7.4-5 中可以看出 4 个季度的销售目标与其相应的销售收入的对比情况，由于销售收入被分为新签约和续约两个部分来呈现，因此可以让我们进一步了解销售收入的构成情况，以及各部分收入的发展趋势。

说明：

这个图表是由原始图表变形而来的。

原始图表如图 7.4-7 所示。

	Q1	Q2	Q3	Q4
销售目标	120	150	150	180
新签约	69	97	94	85
续约	42	76	90	79

图 7.4-7

变形后的图表如图 7.4-8 所示。

收入分季度

	Q1			Q2			Q3			Q4	
销售目标	120	69		150	97		150	94		180	85
新签约		42			76			90			79
续约											

图 7.4-8

其中，三列为一组，每组第一列为目标值，第二列为新签约和续约的收入，第三列为空列。基于这个数据表格插入堆积柱形图就可以绘制出我们需要的图表了。这里需要注意以下两点。

（1）空列是为了让每个季度的两条柱形图显得更紧密，更能体现每个季度为一组的感觉。

（2）柱形图的颜色除了不同序列填充不同颜色，针对新签约和续约的序列，需要手动修改颜色。

3．图表 3：收入结构分析

收入结构分析如图 7.4-9 所示。

此图表重在说明收入结构的分布情况。下单金额为当期签约的合同总

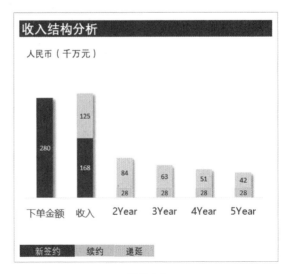

图 7.4-9

额，收入为当期可确认收入，灰色部分为往期递延到各期的收入，粉色部分为当期合同将递延到未来各期的收入。这些数据同时是制定未来销售目标的重要依据。

图表数据格式和取值（见图 7.4-10）

人民币（千万元）

图表3

下单金额	收入	2Year	3Year	4Year	5Year
280	168	28	28	28	28
0	125	84	63	51	42

图 7.4-10

7.4.3　销售团队及产品业绩分析

1. 图表 4：销售团队销售情况

销售团队销售情况如图 7.4-11 所示。

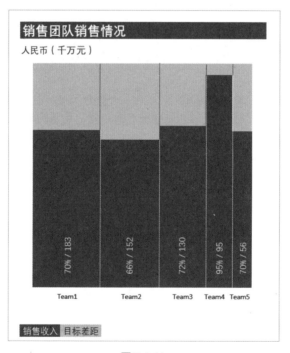

图 7.4-11

此图表可以清晰地看出每个销售团队对企业收入的贡献度。图表中代表各销售团队的柱形的面积越大，则收入占比越大；面积越小，则收入占比越小。此图表可以实现在同百分比的对比情况下进一步使分类量化。其中，红色代表已确认的销售收入部分，灰色代表与销售目标差距的部分。具体制作方法请参考前面章节介绍的不等宽百分比堆积柱形图的制作。

图表数据格式和取值（见图 7.4-12）

人民币（千万元）

	销售目标	销售收入	目标差距		完成率	未完成率	目标占比	目标占比累计
Team1	260	183	77		70%	30%	31%	
Team2	230	152	78		66%	34%	27%	58%
Team3	180	130	50		72%	28%	21%	79%
Team4	100	95	5		95%	5%	12%	91%
Team5	80	56	24		70%	30%	9%	100%
Total	850	616	234					

图 7.4-12

2．图表 5：产品线销售情况

产品线销售情况如图 7.4-13 所示。

图 7.4-13

将 5 个销售团队按照 3 个产品线进行细分，这样可以清楚地了解各产品线的销售情况，也可以由各产品负责人与相应销售团队有针对性地进行沟通、合作。

图表数据格式和取值（见图 7.4-14）

人民币（千万元）

图表5				
	产线1	产线2	产线3	目标差距
Team1	120	36	27	77
Team2	94	24	34	78
Team3	67	32	31	50
Team4	52	31	12	5
Team5	43	7	6	24

图 7.4-14

3．图表6：产品线贡献分析

有些企业的销售目标未必细分到各产品线，因此饼图可以最直接地呈现各产品线的销售占比情况，如图 7.4-15 所示。

图表数据格式和取值（见图 7.4-16）

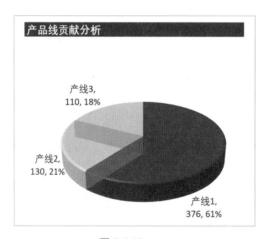

图 7.4-15

人民币（千万元）

图表6			
	产线1	产线2	产线3
合计	376	130	110

图 7.4-16

说明：

（1）立体效果的设置如图 7.4-17 所示。

（2）将颜色的透明度设置为 20%，如图 7.4-18 所示。

图 7.4-17

图 7.4-18

7.4.4　市场竞争分析

1．图表 7：魔力象限

这里将厂商 1 作为第一视角，所以将其标记突出显示，如图 7.4-19 所示。

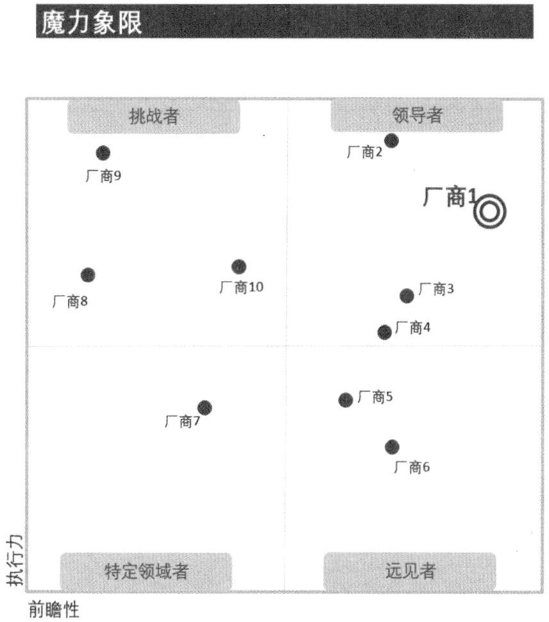

图 7.4-19

图表数据格式和取值（见图 7.4-20）

图表7	执行力	前瞻性
厂商1	932	953
厂商2	927	793
厂商3	124	919
厂商4	721	948
厂商5	753	607
厂商6	406	672
厂商7	626	379
厂商8	706	527
厂商9	722	276
厂商10	335	363

图 7.4-20

2．图表8：各行业市场排名

通过一组条形图，分析各厂商在各行业的收入排名，并将厂商1用红色特别标注。从这个案例中可以了解到厂商1在政府、金融、互联网的市场中处于领先地位，但是与第二名、第三名差距不大，领先优势并不明显，很容易被超越；在教育和运营商的市场中相对竞争力较弱，可以进一步分析原因并对症下药，如图7.4-21所示。

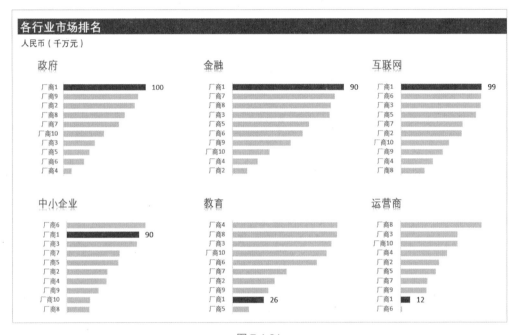

图 7.4-21

图表数据格式和取值（见图 7.4-22）

人民币（千万元）

图表8												
政府			金融			互联网			中小企业			教育			运营商	

政府		金融		互联网		中小企业		教育		运营商	
厂商1	100	厂商1	90	厂商1	99	厂商6	98	厂商4	86	厂商8	99
厂商9	90	厂商7	83	厂商6	99	厂商1	90	厂商8	85	厂商3	70
厂商2	86	厂商8	80	厂商3	98	厂商3	88	厂商3	81	厂商10	70
厂商8	74	厂商3	79	厂商5	92	厂商7	65	厂商10	77	厂商4	57
厂商7	67	厂商5	62	厂商7	76	厂商5	64	厂商6	69	厂商2	47
厂商10	50	厂商6	57	厂商2	75	厂商2	50	厂商7	44	厂商5	43
厂商3	39	厂商9	48	厂商10	59	厂商4	50	厂商2	35	厂商7	33
厂商5	32	厂商10	30	厂商9	51	厂商9	40	厂商9	29	厂商9	32
厂商6	25	厂商4	21	厂商4	39	厂商10	30	厂商1	26	厂商1	12
厂商4	10	厂商2	12	厂商8	29	厂商8	28	厂商5	14	厂商6	2

图 7.4-22

写在最后

20 年前的 Excel 工作表最多只可以存储 6 万多条记录，当数据量大时可以与 Access 结合使用。随后 Excel 发展到可以存储 100 多万条记录，但是这样的数据量会使 Excel 文件运行缓慢，因此读者可以考虑使用 Power Query 和 Power Pivot 进行数据的处理，并结合相应的公式和图表进行数据可视化分析。感兴趣的读者也可以使用 Power BI 完成可视化的呈现。由于篇幅的限制，本书没有对 Power BI 展开说明，读者可以查阅相关书籍了解相关知识。不过就在本书即将完成之际，ChatGPT 横空出世，随后又相继推出语音版 ChatGPT、ChatGPT-4。瞬间各大平台都遍布其相关的视频，主要的内容是新技术的出现将要取代我们的工作。经过几天的视频"轰炸"，我深刻意识到千万不要因为新技术的出现而感到焦虑，我们从来都无法阻止技术进步，只能保持持续学习，紧跟时代脚步。

我的观点是：

第一，对于一个不能持续学习的人，无论有没有新技术产生，都将被取代，只是新技术的出现让这个事情提早发生了。我们阻止不了技术的进步，这是必然的发展趋势，所以要不断学习，并以开放的心态去拥抱新事物的出现。同时，新技术可以帮助我们的知识加速迭代，促进我们进步。

第二，面对新事物的出现，我们一定要善于观察它的本质和内在逻辑。为此，我分析了 ChatGPT、Excel Formula Bot 和 ChatExcel 三个 AI 工具，其本质是聊天工具，可以理解为更智能的搜索引擎。当我问到有关 Excel 的问题时，它们给出的答案都被限定在 Excel 的使用逻辑框架内。比如，IF 公式的使用，数据透视表的建立。所以，当我们熟练掌握 Excel 的使用方法后，无论 AI 工具发展成什么形态，就算有一天被做成真人的外形站在我们面前，它也只是搜索引擎，而且按照现在技术的迭代速度，这一天很快就能到来。但是，AI 工具究其根源就是搜索引擎，可以帮我们更快捷地获取答案。如果不了解 Excel 的使用方法，或者不清楚行业特点、企业管理思路、报表搭建逻辑，即使再先进的 AI 工具，也可能在遇到问题时不知道如何描述我们的需求。以前有人问过我一些关于 Excel 的使用问题，这些问题在百度都可以查到，但他们就不知道该如何描述问题。所以，这不是新工具出现的问题，而是人们没有了解其本源。

第三，工具的使用效果与使用者的成长是相辅相成的。当工具给出的答案突破了我们现有的认知或者既定的思维模式时，其实是拓宽了我们的思路，所以合理地使用新工具更能够帮助我们进步，而不是取代我们的工作。相反，我们的知识得到了扩充，继而通过 AI 工具寻求帮助的问题难度也会加大，从而使 AI 工具可以更有效、更有价值地帮助我们解决问题。

综上所述，在这些 AI 工具出现之前就像我们的交通工具只有自行车，而它们出现后就像我们有了汽车，可以拓宽我们的活动范围，带我们去更远的地方。无论是自行车还是汽车，其本质都是交通工具。

另外，现阶段正是各种 AI 工具层出不穷的时期，有点像从传统按键手机向智能手机过渡的时期中间短暂的多普达智能手机时期，还没有彻底从按键手机跨越到智能手机的阶段。所以我们应静观其变，相信未来肯定还有更多超出我们想象的高科技的应用，不要惧怕，也不要恐慌，要积极学习、洞察本质，做到以不变应万变，让工具为我们所用，而不是为我们所累。

作　者

好书分享：助你技术升级、思维升级、认知升级

《企业经营数据分析：思路、方法、应用与工具》
用数据治理企业、改变企业！
- 在海量的数据中发现价值
- 分析数据产生差异或者没有差异的原因
- 找到事物的关键要素和非关键要素

《商业分析全攻略：用数据分析解决商业问题》
将"数据分析"与"商业问题"结合，揭秘商业分析的底层逻辑
理解商业模式，了解各业务部门对数据分析的需求·
初级分析方法，站在业务视角，全面解读数据含义·
中级分析方法，建立系统的业务评估、监控、诊断模型·
高级分析方法，攻破预测、多影响归因等复杂问题·
商业问题实战，看真实场景数据分析如何发挥作用·

《工作型图表设计：实用的职场图表定制与设计法则》
不同的商业场景下，选对合适的图表，才能迅速、有效地传达信息并产生价值
- 10 年图表学习和制作经验的总结与分享
- 适用政府类、企业类、新闻类等各种报告
- 基础知识＋实战分析，职场人士的好拍档

《管理者的数据能力晋级》
学会管理数据、分析数据、运用数据
用数据回答"发生了什么"·
用数据回答"为什么发生"·
用数据回答"将要发生什么"·
用数据回答"应该怎么做"·

《数据治理：工业企业数字化转型之道》
工业大数据应用技术国家工程实验室多年重要科研成果的总结和凝聚
- 一本数据从业者都需要的工作指南
- 14 个工业企业案例，均来自企业真实案例
- 既具有国际性理论高度，也具备面向中国工业企业的实操性
- 数据治理领域经典教材

《数据标准化：企业数据治理的基石》
工业大数据应用技术国家工程实验室多年重要科研成果的总结和凝聚
为各行业企业提供参考和指引·
经过实践检验的方法论·
构建完整的数据治理知识体系·

《数据化分析：用数据化解难题，让分析更加有效》
用数据化解难题，让分析更加有效，用数据赋能成长
- 掌握数据分析的思维和工具
- 去伪存真、化繁为简
- 通过现象看本质，找到问题的根本原因，进而睿智地解决问题

《DAX 权威指南：运用 Power BI、SQL Server Analysis Services 和 Excel 实现商业智能分析》
本书的目的，让你真正掌握 DAX！
商业智能语言 DAX 经典教材·
资深微软 BI 专家打造·
微软出版社官方出品·